中国社会科学院创新工程学术出版资助项目
中国"一带一路"战略研究丛书
总主编：金碚
丛书主编：杨世伟

百载商埠，海丝门户

——汕头与"一带一路"

胡少东　徐宗玲　著

Shantou

Centennial Commercial Port, Maritime Silk Road Portal

Shantou@The Belt and Road

经济管理出版社
ECONOMY & MANAGEMENT PUBLISHING HOUSE

图书在版编目（CIP）数据

百载商埠，海丝门户——汕头与“一带一路”/胡少东，徐宗玲著 .—北京：经济管理出版社，2018. 12
ISBN 978-7-5096-4146-0

Ⅰ. ①百… Ⅱ. ①胡… ②徐… Ⅲ. ①区域经济发展—研究—汕头 Ⅳ. ①F127. 653

中国版本图书馆 CIP 数据核字（2018）第 294302 号

组稿编辑：张永美
责任编辑：杨国强　张瑞军
责任印制：黄章平
责任校对：王纪慧

出版发行：经济管理出版社
（北京市海淀区北蜂窝 8 号中雅大厦 A 座 11 层　100038）
网　　址：www. E-mp. com. cn
电　　话：（010）51915602
印　　刷：三河市延风印装有限公司
经　　销：新华书店
开　　本：720mm×1000mm/16
印　　张：17
字　　数：253 千字
版　　次：2019 年 3 月第 1 版　　2019 年 3 月第 1 次印刷
书　　号：ISBN 978-7-5096-4146-0
定　　价：59. 00 元

春风又绿海两岸，百载商埠再扬帆

——《百载商埠，海丝门户——汕头与“一带一路”》序

汕头是我的家乡，樟林古港离我家不到十里地，而明朝大名鼎鼎的中国海外拓殖先驱——林道乾，居然与我是同一个村子的，因而从小就对“红头船”“火船”“过番”“讨海”和“老识字掠无蟛蜞”等与“海上丝绸之路”有关的词语耳熟能详。当然了，对这些词语所蕴含的丰富的历史文化意义能够真正了解，那要等到读了书、对潮人文化做了研究以后。1985 年在中山大学硕士毕业后我到汕头大学任教，正赶上汕头经济特区经济迅速发展的黄金十年，也经历了 1995 年以后走下坡路的衰疲期。作为一个汕头人，一个深深热爱这片生我养我的土地的一介书生，无时不刻不在巴望着，汕头能再一次迎来一个繁花似锦的春天！

看来，天时到了！国家“一带一路”建设的宏图大略正在施展，而汕头是海上丝绸之路的重要节点。

历史上，潮汕与台湾同位于“海上丝路”黄金航线上。早在 1974 年 6 月出版的中国台湾《历史语言研究所集刊》45 本 4 分册上，饶宗颐教授就发表过《海上丝绸之路与昆仑舶》一文，正式提出了“海上丝路”的名称（参阅王翔《谁最早提出“海上丝绸之路”?》，《人民日报》（海外版）1991 年 10 月 9 日）。1991 年 11 月，中国历史文献研究会第十一届年会暨潮汕历史文献与文化学术讨论会在汕头大学举行，饶宗颐教授亲临做学术演讲，他说：

“参与潮州瓷器的研究，我认为那是古代潮州历史文化的一个很重

要的部分。”“有关汉唐中国对外贸易的途径，我在拙作《蜀布与Cinapatta——论早期中、印、缅之交通》一文中（载《选堂集林·史林》）曾有论及，我认为西北新疆一带之交通贸易是通过陆上丝路，南方交广一带，则由海上丝路，故文中专立一章附论《海道之丝路与昆仑舶》。……在潮州来说，应该是海上陶瓷之路一重要站。”（见饶宗颐《中国历史文献研究会第十一届年会暨潮汕历史文献与文化学术讨论会演讲摘要》，载黄挺编《饶宗颐潮汕地方史论集》，汕头大学出版社1996年版）

南澳岛、程洋岗古港、樟林古港和汕头市，都曾经是“海上丝绸之路”的重要港口和门户，其在今天的“一带一路”建设上的重要性，自不待言。尤其是1860年开埠之后的汕头，无论在学术上，还是在现实中，更具研究价值。习近平总书记在2018年10月视察广东时的重要讲话中，也做出重要指示：“要加快珠海、汕头两个经济特区发展，同时把汕头、湛江作为重要发展极，串珠成链，打造现代化沿海经济带。”（参阅《坚定汕头自信　再创特区辉煌》，《汕头日报》2018年11月22日）

“好雨知时节，当春乃发生。”在这个时间节点上，胡少东和徐宗玲两位教授推出了他们的调查研究成果《百载商埠，海丝门户——汕头与“一带一路”》，专门以汕头市做个案研究，我认为来得正是时候。

从去年12月下旬他们给我书稿，到现在我陆陆续续拜读了一遍，终于有了学习体会，这里就把它写出来与大家分享：

（1）让大数据说话。本书采用历史的视角，从1860年汕头开埠开始，用比较详尽的数据分析汕头与东南亚的贸易及华侨在汕头的投资情况。这是比较先进的研究方法：做大数据分析，让大数据说话，而不是空口无凭的瞎喊话。

（2）让客观事实说话。本书突出汕头市在“一带一路”中的独特优势：第一，港口优势。汕头港条件良好。第二，地缘优势。汕头自开埠以来，一直与东南亚保持密切经贸联系，即便在计划经济时期也保持对东南亚的出口。第三，亲缘优势。海外潮籍华人华侨众多，是汕头与东南亚各国“民心相通”的基础；这也是当年汕头经济特区、现今汕头华侨经济文化合作试验区立区之本。第四，潮商优势。潮商网络遍布海内外，财力雄厚，可以为汕头参与“一带一路”建设提供重要社会资本。写到这里，刚好看到他信和英拉兄妹俩要来投资汕头港口的新闻报道，这无疑为本书的观点提供了强有力的支撑佐证。

当然，本书最重要的特点，是利用政府有关工作报告、发展规划及有关文件，阐述了汕头市作为“海丝门户”的定位，梳理了汕头市参与“一带一路”的战略行动计划，并对这些战略行动计划的实施情况进行分析论证，剖析了当前汕头市参与“一带一路”建设的现状与不足，并为汕头市建设21世纪海上丝绸之路门户城市建言献策。我认为，本书的这些建议，实践性和可操作性都相当高，对于推进汕头积极参与“一带一路”建设，再次发挥经济特区对外开放窗口作用，进一步深化改革开放，实现全面振兴发展具有一定的价值和意义。写这篇序言时我查阅了有关汕头地方研究的文献资料，文史研究方面的资料汗牛充栋，而涉及经济研究者则如凤毛麟角；尤其是在时研究者，更是寥若晨星，这也更显胡、徐两位教授这本著作之如春雨之宝贵。

20年前，曾经有一位热血青年在微博上发表了一篇叫作《潮汕的春天还会到来吗？——一个潮汕游子的热切和忧伤》。他叫谢海生，三年前，已经是深圳一名高级公务员的他又在南方日报出版社出版了一本厚达40多万字的同名专著。他认为，潮汕的春天是一定会到来的！我和胡少东、徐宗玲教授与谢海生一样，其实，几乎所有的潮汕父老乡亲都一样，也坚信汕头、潮汕的春天一定会到来！

我们等待着：春风又绿海两岸，百载商埠再扬帆！

林伦伦

2019年1月8日

前　言

2013年秋，中国国家主席习近平西行到哈萨克斯坦、南下至印度尼西亚，先后提出建设“丝绸之路经济带”和“21世纪海上丝绸之路”重大倡议。近5年来，中国与“一带一路”沿线国家共搭合作之桥、友谊之路，推动政策沟通、设施联通、贸易畅通、资金融通、民心相通，串联起共同繁荣的发展之路。

2013年“一带一路”倡议提出后，引起许多专家学者的关注，并对“一带一路”相关议题展开研究。有关“一带一路”的研究起初比较侧重从宏观层面、理论层面进行解读、论述，随着“一带一路”建设的推进，地方政府参与“一带一路”建设日渐受到关注，但从现有的研究看，从地方政府层面研究“一带一路”建设还很不足，研究的领域集中于为地方政府对接“一带一路”建设，并提出有关战略规划或政策建议，研究内容比较空泛。

汕头是海上丝绸之路最早的发祥地之一，从古代到现代，海上贸易活动从未中断，并始终与海上丝绸之路沿线诸国保持着频密的经贸联系，为中华文明与世界文明的交流发挥着重要的窗口作用。由海内外潮人构成的商业网络更是覆盖了潮汕地区和东南亚各国，这为汕头参与“一带一路”建设提供了得天独厚的优势。

无论是改革开放之初设立汕头经济特区，还是《推动共建丝绸之路经济带和21世纪海上丝绸之路的愿景与行动》中把汕头港列为21世纪海上丝绸之路上的15个重要港口之一，国务院同意汕头作为21世纪海上丝绸之路重要门户的定位等，都体现了汕头在海上丝绸之路上的重要地位和国家对汕头参与“一带一路”建设寄予的厚望，期望汕头能发挥侨乡优势，进一步扩大开放，深化改革，为我国深化改革开放做出贡献。

本书以21世纪海上丝绸之路重要港口城市——汕头市为研究对象，从近代到当下、从历史的视角，用详尽的数据，全面分析汕头的对外贸易、华侨投资和对外交流等。在对汕头市委市政府、广东省委省政府有关报告、规划文件研究的基础上，我们识别了汕头参与"一带一路"倡议行动计划，主要包括华侨经济文化合作试验区建设、中以（汕头）科技创新合作区建设、打造国际枢纽港、发展跨境电商和完善营商环境等。我们对这些战略行动计划实施的现状、面临的问题或挑战进行分析，进而为把汕头建设成21世纪海上丝绸之路门户城市建言献策。这对于汕头积极参与"一带一路"建设，再次发挥经济特区在改革开放中的窗口作用，进一步深化改革开放，实现全面振兴发展具有重要的价值和意义，也能丰富"一带一路"研究在地方政府层面研究的不足。

本书的数据资料主要来源于史料、政府统计资料、有关政府报告和规划文件、媒体报道和政府网站等，我们也对有关政府部门进行调研以获取第一手资料。不过，由于近年来汕头市领导的调动，我们未能对汕头市主要领导进行访谈，对于有关战略行动计划的分析可能不够全面和深入。另外，在本书撰写及出版过程中，随着政治、经济、社会环境的发展变化，汕头市参与"一带一路"建设的行动计划也在进行调整，书中的内容可能无法反映汕头市参与"一带一路"建设的最新情况。加上笔者自身的知识和理论水平有限，书中的错误和偏颇在所难免，希望专家和读者不吝指出。

在本书的撰写过程中，研究生钟志山、江丽枝，本科生邹军伟、杨绮淇、谭康宏在资料收集、整理等方面提供了帮助，在此表示感谢！

本书的出版得到汕头大学出版基金、汕头大学粤台企业合作研究院的资助；在出版过程中，得到经济管理出版社的大力支持，在此一并致谢！

目　录

第一章
引　论

第一节　“一带一路”的国家愿景

一、历史上的“一带一路”

河西走廊，古称雍州、凉州，是中国内地通往西域的要道。西汉开国之初，河西走廊并未真正纳入中华版图。当时这条西域各国与西汉往来的必由之路被匈奴牢牢占据，借此道通行的商贩和行人，十有八九要被匈奴人加以盘剥，甚至落得人财两空。为了解决匈奴对汉帝国的封锁，打通和西域各国的联系并切断匈奴与羌族部落的勾结，公元前121年，汉武帝任命19岁的霍去病为“骠骑将军”出击河西走廊，驱逐匈奴。霍去病亲率所部骑兵1万余人，采用大纵深迂回战术，深入匈奴境内2000余里，在祁连山与合黎山之间的弱水上游地区，从浑邪王、休屠王军侧背发起猛攻，杀敌3万人。大败匈奴后，西汉控制了兵家必争之地——河西走廊，打通了中国内地通往西域的内陆通道。这为后来的张骞第二次出使西域打下了坚实的基础。张骞出使西域始于政治，但却大大促进了汉朝与西域各国的贸易往来。这条东起长安，经河西走廊到中亚、西亚，并连接地中海各国的陆上通道成为后来的“丝绸之路”。通过丝绸之路，中原的优质手工艺品传到了西域，西域的核桃、葡萄、石榴等水果传到了中原。正是有了这条丝绸之路，扩大了中国与西域各国的贸易范围，互通有无，促进了中国和西域各国的经济发展。同时也加强了中国与周边国家的联系，促进文化交流并维护区域稳定。

唐宋期间，随着经济重心的南移以及航海技术的发展，福建、广东等沿海地区出现了大型的对外贸易港口，如广州、泉州等。中国的丝绸、瓷器、茶叶等手工业品通过海港运往日本、东南亚、印度乃至非洲。到了明朝，郑和的七下西洋，大大加强了中国明朝政府与海外各国的联系，向海外诸国传播了先进的中华文明，促进了各国文明的交融。海上丝绸之路因其低廉的运输成本和便利稳定的运输条件渐渐替代了陆上丝绸之路成为中国对外贸易的主要通道。历史上的海上丝绸之路不仅是一条贸易通道，还是一座增进中国与世界各国沟通和理解的桥梁。

陆上丝绸之路和海上丝绸之路在特定的历史时期都发挥了重要的作用，它们既促进了中国和各国的经济发展，也加强了中国和贸易国的文化交流，发展了睦邻友好关系，在一定程度上维护了区域的稳定，但历史上中国与贸易各国并不是真正的平等合作关系，历史上的丝绸之路在开放领域和层次上也相当有限。进入以和平、发展、合作、共赢为主题的新时代，共建“一带一路”既要对历史的学习和借鉴，更要赋予新的时代内涵。

二、新时代下中国倡导的“一带一路”

2008 年金融危机席卷全球，美国、欧洲、日本等发达经济体首当其冲，遭受重创；大部分新兴经济体也未能幸免，经济发展受挫。2009 年，希腊债务危机爆发，欧洲深陷债务泥潭，进一步挫伤了全球经济。在中国与亚洲地区的主要经济体——日本、韩国、印度以及东盟之间，领土主权等政治领域的摩擦一直存在。非洲、俄乌、中东局势等地缘政治形势恶化，造成了区域不稳定，打压了投资者的信心，抑制了贸易往来（刘伟、郭濂，2016）。当今世界正发生复杂深刻的变化，世界经济缓慢复苏、发展分化，国际投资贸易格局和多边投资贸易规则酝酿深刻调整，各国面临的发展问题依然严峻。与此同时，中国经济正在向新常态转换，经济下行压力不断凸显：金融危机后，我国规模以上工业增加值增速逐年下降，自 2002 年以来于 2013 年首次跌破 10%（刘伟、郭濂，2016）；中国经济发展进入“新常态”，从高速增长转向中高速增长，从规模速度型粗放增长转向质量效益型集约增长。

正是在这样的时代背景下，2013 年 9 月和 10 月，中国国家主席习近平在出访中亚和东南亚国家期间，先后提出共建“丝绸之路经济带”和“21 世纪海上丝绸之路”（以下简称“一带一路”）的重大合作倡议。

2015 年 3 月，经国务院授权，国家发改委、外交部和商务部发布了《推动共建丝绸之路经济带和 21 世纪海上丝绸之路的愿景与行动》（以下简称《愿景与行动》）纲领性文件。《愿景与行动》全面阐述了“一带一路”的时代背景、共建原则、框架思路、合作重点以及合作机制等国际社会关心的问题。文件指出，共建“一带一路”顺应世界多极化、经济全球化、文化多样化、社会信息化的潮流，秉持开放的区域合作精神，致力于维护全球自由贸易体系和开放型经济。推进“一带一路”建设既是中国扩大和深化对外开放的需要，也是加强和亚欧非及世界各国互利合作的需要，中国愿意在力所能及的范围内承担更多的责任义务，为人类和平发展做出更大的贡献。中国政府在这个文件中提出了共建“一带一路”的基本原则，即恪守联合国宪章的宗旨和原则，坚持开放合作，坚持和谐包容，坚持市场运作和坚持互利共赢。

三、共建“一带一路”愿景与重点合作领域

共建“一带一路”的愿景是把“一带一路”建设成共同发展、实现共同繁荣的合作共赢之路，增进理解信任、加强全方位交流的和平友谊之路。“一带一路”建设秉持“和平合作、开放包容、互学互鉴、互利共赢”的理念，共同打造政治互信、经济互补、文明互鉴、社会互容的利益共同体、责任共同体乃至命运共同体。打造全人类命运共同体是“一带一路”的终极愿景。

“一带一路”的重点合作领域可以概括为“五通”，即政策沟通、设施联通、贸易畅通、资金融通、民心相通。《愿景与行动》对“五通”的内涵都有详细阐述，简述如下：

政策沟通。加强政策沟通是“一带一路”建设的重要保障。世界各国的政治经济制度、文化传统和具体国情等都有较大差异，发展道路和发展模式也各不相同（郭业洲，2016），要想在世界范围内推广“一带一路”倡议，必须加强政府间合作，积极构建多层次政府间宏观政策沟通交流机制，深化利益融合，促进政治互信，达成合作新共识。沿线各国可以就经济发展战略和对策进行充分交流对接，共同制定推进区域合作的规划和措施，协商解决合作中的问题，共同为务实合作及大型项目实施提供政策支持。

设施联通。基础设施互联互通是“一带一路”建设的优先领域。设施联通是指不同国家、区域之间基础设施的相互联通。在尊重相关国家主权和安全关切的基础上，沿线国家宜加强基础设施建设规划、技术标准体系的对接，共同推进国际骨干通道建设，逐步形成连接亚洲各区域以及亚欧非之间的基础设施网络。基础设施的概念十分广泛，既包括公路、铁路、桥梁、港口、机场等交通基础设施，也包括电力、石油和天然气管道、跨境光纤光缆等能源和通信基础设施，还包括文化教育、医疗卫生、商业服务等社会公共服务设施。设施联通将为“一带一路”沿线国家人员往来和贸易提供更多便利，降低交通费用和交易成本，促进各国经济增长。

贸易畅通。贸易畅通是“一带一路”合作的核心内容。通过推进投资贸易便利化、消除投资和贸易壁垒，构建区域内和各国良好的营商环境，促进区域内生产要素的自由流动，实现资源高效配置，激发释放合作潜力，做大做好合作“蛋糕”，带动沿线国家共同发展。

资金融通。资金融通是“一带一路”建设的重要支撑。大型基础设施建设项目通常具有资金投入密集与投资周期较长的特点，发展中国家通常国内储蓄不足，推进大型基础设施建设面临资金短缺等诸多困难。中国目前拥有充裕的国民储蓄与外汇储备资源等，能够通过深化金融合作，充分发挥丝路基金、亚投行以及各国主权基金作用，引导各路资金共同参与“一带一路”建设，为“一带一路”建设提供支撑作用。

民心相通。民心相通是“一带一路”建设的社会根基。“一带一路”作为一项沟通多元文明、众多族群和国家的合作倡议，能否获得成功，从根本上取决于沿线国家人民能否跨越历史恩怨、民族矛盾、宗教冲突和文化差异等障碍，搭建民心相通的桥梁和纽带，为深化双边和多边合作奠定坚实的民意基础（郭业洲，2016）。民心相通所涉及的领域非常广泛，包括教育、旅游、文化、科技、卫生等方面的交流与合作。

"一带一路"贯穿亚欧非大陆，一头是活跃的东亚经济圈，一头是发达的欧洲经济圈，中间广大腹地国家经济发展潜力巨大。丝绸之路经济带重点畅通中国经中亚、俄罗斯至欧洲（波罗的海）；中国经中亚、西亚至波斯湾、地中海；中国至东南亚、南亚、印度洋。21 世纪海上丝绸之路重点方向是从中国沿海港口过南海到印度洋，延伸至欧洲；从中国沿海港口过南海到南太平洋。

根据"一带一路"走向，陆上依托国际大通道，以沿线中心城市为支撑、以重点经贸产业园区为合作平台，共同打造新亚欧大陆桥、中蒙俄、中国—中亚—西亚、中国—中南半岛等国际经济合作走廊；海上以重点港口为节点，共同建设通畅安全高效的运输大通道。中巴、孟中印缅两个经济走廊与推进"一带一路"建设关联紧密，要进一步推动合作，取得更大进展（见图 1-1）。

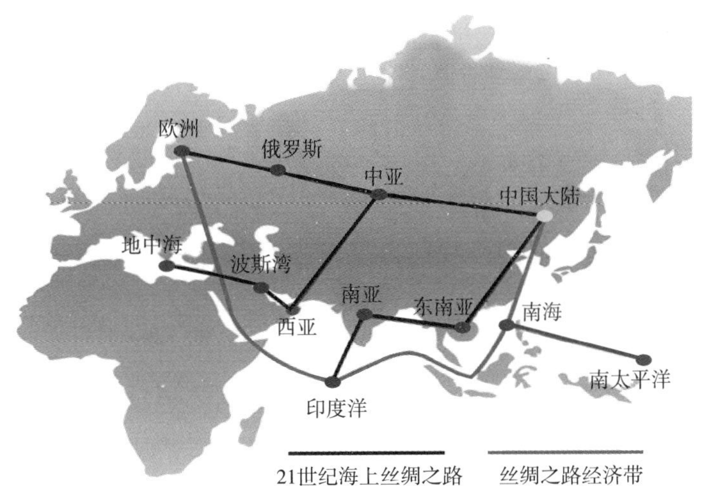

图 1-1 "一带一路"规划

四、“一带一路”的实施保障

“一带一路”倡议提出于2013年，完善于2014年，2015年正式实施。共建“一带一路”的顺利推进无疑会给中国与世界各国带来巨大的收益。作为共建“一带一路”的倡导者和最主要推动者的中国何以能保证共建“一带一路”的顺利推进呢？

首先，中国在国际经济中的地位越来越重要，中国在全球价值分工体系中发挥着越来越重要的作用。自1978年中共十一届三中全会，中国确立了改革开放，以发展经济为主线的基本国策以来，中国进入了一个持续高速的增长周期。统计数据显示，1979~2013年，我国GDP年平均增长率为9.8%，而世界同期为2.8%，对世界GDP贡献率超过20%。在2010年第三季度超越日本成为世界第二大经济体后，仅仅过去4年，2014年，中国经济总量已经是日本的2.25倍，比德国、法国和英国之和还要多。2014年，中国经济已经从1990年占全球的1.6%上升到了13.3%，提升了11.7个百分点。与此同时，中国与北美、西欧以及日韩等发达经济体和越南、印度、柬埔寨等发展中国家的进出口贸易额逐年高速增长。截至2014年，中国对北美贸易净出口额是日本的5.4倍；中国对北美进出口贸易总额是日本的3倍。2013年，中国对东南亚七国净出口额是日本的6.3倍；中国对东南亚七国进出口贸易总额是日本的1.4倍（刘伟、郭濂，2016）。2017年，中国创造了82.7万亿元GDP，相当于5.9个俄罗斯、7.7个英国、11.4个韩国。①

其次，“一带一路”东起中国，经“中间广大腹地国家”至欧洲经济圈和非洲，航线上有着众多发展潜力巨大的发展中国家或地区。这些国家或地区与具有强大的“中国制造”和“中国建造”的中国合作，是一种优势互补的合作，能带来共赢的结果。

① 统计局：《2017年中国GDP总量超82万亿，全年增速6.9%》，网易财经，2018年1月18日，http：//money.163.com/18/0118/15/D8ELIMCU002581PP.html。

近十年来，我国制造业持续快速发展，总体规模大幅提升，综合实力不断增强，不仅对国内经济和社会发展做出了重要贡献，而且成为支撑世界经济的重要力量。2013 年，我国制造业产出占世界比重达到 20.8%，连续 4 年保持世界第一大国地位；[①] 据 WTO 相关数据显示，2017 年，我国以 4.1 万亿美元对外货物贸易额高居世界首位。[②] 当然，中国不能满足于制造业第一大国的地位，我国内部也面临着产业结构、技术结构调整，向创新型经济转变等问题。正因如此，中国需要更高层次的开放，从“引进来”到“走出去”。相对于发达国家，中国的工业结构与这些“一带一路”沿线国家的更为相似，中国企业对这些处于大规模开发阶段的东道国投资更能促进当地的就业和消费，而“中国建造”是“中国制造”实现东道国的资源优势变成产品优势的有力保障。

在“走出去”大背景下，我国参与“一带一路”共建产业布局的企业多为上游资本密集型行业的中央直属企业。代表着“中国建造”的这些企业在铁路、通信、桥梁、电力等众多领域取了世界领先的技术水平。再考虑到成本和产能因素，这无疑使得这些企业在国际竞争中更具优势。这些“走出去”的企业以自身的技术和产能优势，结合沿线国家经济发展需要参与共建，共建领域主要集中在基础设施和能源领域。

2018 年 1 月 1 日，非洲第一条跨国标准轨现代电气化铁路——亚吉铁路开通商业运营。亚吉铁路连接埃塞俄比亚首都亚的斯亚贝巴和吉布提首都吉布提市，由中国铁建所属中国土木工程集团有限公司（中土集团）和中国中铁所属中铁二局集团有限公司（中铁二局）共同承建。[③] 中老（中国至老挝）等铁路已开工建设，中泰（中国至泰国）铁路等一批铁路项目也在加快推进。其中，高铁“走出去”成效显著，雅万

① 《工信部解读中国制造 2025 之二：已成世界制造业第一大国》，新华网，http：//www.xinhuanet.com/fortune/2015-05/19/c_127818497.htm，2015 年 5 月 19 日。

② 《关于中美经贸摩擦的事实与中方立场》，人民网，http：//paper.people.com.cn/rmrbhwb/html/2018-09/25/content_1883047.htm，2018 年 9 月 25 日。

③ 《中企在非洲首条跨国电气化铁路上从“中国制造”向“中国运营”转型》，搜狐网，http：//www.sohu.com/a/222722945_100017627，2018 年 2 月 14 日。

（印度尼西亚雅加达至万隆）高铁等一批高铁项目成为“一带一路”建设的亮丽名片。

在能源领域，我国企业的技术输出对东道国的经济发展的促进作用同样不容忽视。中国石油承建的中俄、中哈、中缅原油管道，中俄、中亚、中缅天然气管道等项目，有效解决了油气资源输出难的问题；国家电网在俄罗斯等周边国家建设的 10 条输电线路，三峡集团、中国电建、中核集团建设的中巴经济走廊重点电力项目，中广核的马来西亚埃德拉电力项目，也都为促进当地经济发展做出了重要贡献。①

最后，大规模基础设施建设需要大量先行投入融资安排，“一带一路”主要倡导与协调国家必须拥有充裕的国民储蓄和充足资本形成能力。美国、日本等发达国家储蓄率偏低和固定资产投资不足，其他发达国家或发展中国家外汇储备和国民储蓄存量与中国更是存在着量级的差距。在这一背景下，美日等发达经济体或其他国家自然没有很多余力帮助发展中国家进行大规模的基础设施投资。在这方面，他国的劣势恰恰是中国的优势。2008 年，中国国民储蓄规模超过美国，2010 年中国资本形成规模超过美国（卢锋，2015）。多年来的贸易顺差使我国积累了巨额的外汇储备，截至 2018 年 2 月末，外汇储备规模为 31345 亿美元。这都表明，中国有能力保持国内投资需求较快增长的同时，帮助沿线国家进行大规模的基础设施投资。中国的巨额外汇储备和国民储蓄，是实施“一带一路”合作倡议的重要支撑。

无论是中国在全球价值分工体系中发挥的作用，还是强大的“中国制造”+“中国建造”和资本形成能力，都是共建“一带一路”合作倡议顺利推进的重要保障。更重要的是，中国愿意在力所能及的范围内承担更多的责任和义务，为人类和平发展做出更大的贡献。

---

①《中国高铁“走出去”大爆发：一批高铁项目成亮丽名片》，凤凰财经，http://finance.ifeng.com/a/20170509/15362370_0.shtml，2017 年 5 月 9 日。

第二节 国家对汕头在“一带一路”中的定位

一、国家层面的总体布局

“一带一路”国家愿景在《愿景与行动》中有了清晰的阐述，即坚持开放合作、和谐包容和市场运作原则，重点发展“五通”领域，实现合作共赢。要实现这一伟大合作构想，对外要积极沟通推进，对内要合理布局，充分发挥“一带一路”各沿线城市的比较优势。国家的“一带一路”布局从“全国一盘棋”的思想出发，充分考虑各城市或地区的区位优势、营商环境、产业基础、国际化程度等因素，对各城市或地区的发展领域、辐射地区、对接的国际贸易国家进行合理的安排。避免各地方出现的“一哄而上”和无序竞争造成的资源浪费，最大化“一带一路”建设的成果。《愿景与行动》中对我国各地区和城市参与“一带一路”建设的角色有了较明确的安排。

西北、东北地区。发挥新疆独特的区位优势和向西开放重要窗口作用，深化与中亚、南亚、西亚等国家交流合作，形成丝绸之路经济带上重要的交通枢纽、商贸物流和文化科教中心，打造丝绸之路经济带核心区。

西南地区。发挥广西与东盟国家陆海相邻的白优势，加快北部湾经济区和珠江—西江经济带开放发展，构建面向东盟区域的国际通道，打造西南、中南地区开放发展新的战略支点，形成21世纪海上丝绸之路与丝绸之路经济带有机衔接的重要门户。

沿海和港澳台地区。利用长三角、珠三角、海峡西岸、环渤海等经济区开放程度高、经济实力强、辐射带动作用大的优势，加快推进中国（上海）自由贸易试验区建设，支持福建建设21世纪海上丝绸之路核心区。充分发挥深圳前海、广州南沙、珠海横琴、福建平潭等开放合作区作用，深化与港澳台合作，打造粤港澳大湾区。推进浙江海洋经济发展示范区、福建海峡蓝色经济试验区和舟山群岛新区建设，加大海南国际旅游岛开发开放力度。加强上海、天津、宁波—舟山、广州、深圳、湛江、汕头、青岛、烟台、大连、福州、厦门、泉州、海口、三亚等沿海城市港口建设，强化上海、广州等国际枢纽机场功能。以扩大开放倒逼深层次改革，创新开放型经济体制机制，加大科技创新力度，形成参与和引领国际合作竞争新优势，成为“一带一路”特别是21世纪海上丝绸之路建设的排头兵和主力军。发挥海外侨胞以及香港、澳门特别行政区独特的优势作用，积极参与和助力“一带一路”建设。

二、汕头在“一带一路”中的定位

在国家层面对各城市参与“一带一路”建设的战略设计是布局，落实到各城市如何对接国家“一带一路”倡议，是各城市参与“一带一路”建设的定位。《愿景与行动》中指出，“加强上海、天津、宁波—舟山、广州、深圳、湛江、汕头、青岛、烟台、大连、福州、厦门、泉州、海口、三亚等沿海城市港口建设，强化上海、广州等国际枢纽机场功能。以扩大开放倒逼深层次改革，创新开放型经济体制机制，加大科技创新力度，形成参与和引领国际合作竞争新优势，成为‘一带一路’特别是21世纪海上丝绸之路建设的排头兵和主力军”。这为汕头市参与“一带一路”建设明确了定位，即汕头港是21世纪海上丝绸之路15个沿海城市港口之一，汕头市是参与21世纪海上丝绸之路建设的一支排头兵和主力军。

2017年3月27日，《国务院关于汕头市城市总体规划的批复》中肯定了汕头作为海上丝绸之路重要门户的定位。至此，国家对汕头参与“一带一路”建设中的定位更为明确。

汕头主要参与“一带一路”的重要分支——21世纪海上丝绸之路的建设。21世纪海上丝绸之路重点方向是从中国沿海港口过南海到印度洋，延伸至欧洲；从中国沿海港口过南海到南太平洋。作为著名侨乡，汕头在“一带一路”建设中可重点对接泰国、马来西亚、印度尼西亚等东南亚国家，发挥海外侨胞独特的优势作用，积极参与和助力“一带一路”

建设。按照《愿景与行动》中要求，作为21世纪海上丝绸之路建设的一支排头兵和主力军，汕头要以扩大开放倒逼深层次改革，创新开放型经济体制机制，加大科技创新力度，形成参与和引领国际合作竞争新优势。

第三节 广东省对汕头在“一带一路”建设中的期许

作为海上丝绸之路最早的发祥地之一，广东是中国2000多年唯一从未中断海上贸易的省份，并始终与海上丝绸之路沿线诸国保持着频密的经贸联系，为中华文明与世界文明的交流发挥着重要的窗口作用。1978年后，广东更是成为了改革开放的主力军，在经济发展、制度建设等方面取得了丰硕的成果。中国政府提出的共建“一带一路”倡议，对外是开放与合作，对内则是重大发展战略。参与“一带一路”尤其是21世纪海上丝绸之路建设，是新时期广东贯彻落实中央政府部署、增创对外开放新优势的重要举措。广东省根据国家部署，结合省实际，于2015年12月制定出台了《广东省参与丝绸之路经济带和21世纪海上丝绸之路建设实施方案》。该方案指出，广东省参与“一带一路”建设的重点任务，包括促进重要基础设施互联互通、加强对外贸易合作、加快投资领域合作、推进海洋领域合作、推动能源领域合作、拓展金融领域合作、深化旅游领域合作、密切人文交流和健全外事交流机制共九项重点任务，这为汕头市参与“一带一路”建设指明了方向。在《广东省国民经济与社会发展“十三五”规划》《广东省海洋经济发展“十三五”规划》《粤东港口群发展规划（2016~2030）》等重要规划中对汕头参与“一带一路”也提出了重要的要求与期望。

一、汕头市：东南沿海现代化港口城市、省域副中心城市

《广东省国民经济与社会发展“十三五”规划》对汕头市的发展定

位：粤东区域中心城市，建设创新型经济特区、东南沿海现代化港口城市、区域交通枢纽、科技中心和商贸物流中心。

《广东省海洋经济发展“十三五”规划》中提出建设“粤东海洋经济重点发展区”，对汕头的要求是，建设华侨经济文化合作试验区，积极推进南澳省级海洋综合开发试验县建设，打造创新型经济特区、东南沿海现代化港口城市和粤东中心城市。并提出重点发展广州、深圳、珠海、汕头、湛江五大滨海城市和南澳岛等六大群岛的滨海旅游业，支持汕头等城市与东盟友好城市共建港口联盟等。

《广东省沿海经济带综合发展规划（2017~2030年）》中提出：支持汕头市加快创建省级创新型城市，充分发挥汕头作为省域副中心城市的带头作用，打造粤东有特色的区域创新极，引导潮州、揭阳等市围绕特色产业加强区域创新体系建设，突出后发优势，推动粤东沿海地区加快创新发展转型。

可见，作为21世纪海上丝绸之路的重要门户，广东省域副中心城市，汕头无疑是广东打造“21世纪海上丝绸之路”国家门户的重要支撑和组成部分。

二、汕头港：广东世界级港口群的重要支撑和组成部分

《广东省国民经济和社会发展第十三个五年规划纲要》提出要统筹港口资源，优化功能布局，协调推进珠三角、粤东、粤西三大港口群发展，打造亚太国际航运枢纽和“21世纪海上丝绸之路”国家门户。并进一步提出：构建国际航运服务体系，以汕头港等港口为支撑，联合香港构建错位发展、合作共赢的世界级港口群，推动国际航线开发，加强港口国际合作，积极参与瓜达尔港及中巴经济走廊建设。

《粤东港口群发展规划（2016~2030）》对汕头港的战略定位：国家沿海主要港口和公共物流枢纽港，广东参与21世纪海上丝绸之路建设的海上合作战略支点和海上通道重要支点之一。对粤东港口群的战略定位：发展成为21世纪海上丝绸之路的主要节点之一，广东省区域性交通枢纽，连接闽西南和赣东南的主要海港交通枢纽，以及粤东地区对

外开放和对台经贸合作的重要平台。

可见，汕头港作为“21世纪海上丝绸之路”我国沿海15个加强建设的港口之一，是广东建设世界级港口群的重要支撑和组成部分，是广东参与21世纪海上丝绸之路建设的重要支撑。希望汕头加强汕头港建设，构建国际航运服务体系，推动国际航线开发，结合沿线国家经贸和港口合作需求，建立沿线港口与物流合作机制，加强港口国际合作，积极参与沿线国家港口园区建设。

三、华侨经济文化合作试验区：广东省对外合作重大平台

2015年12月14日，广东省人民政府发文批复《华侨经济文化合作试验区发展规划（2015~2030年）》。[①] 批复指出，华侨经济文化合作试验区的建设要充分发挥华侨华人资源优势，围绕“四个全面”战略布局，遵循创新、协调、绿色、开放、共享的发展理念，积极融入国家“一带一路”建设，通过实施改革开放主导、港城融合互动、自主创新驱动、高端产业支撑、中华文化引领、绿色低碳发展等一系列战略举措，把华侨经济文化合作试验区建设成为面向海外华侨华人聚集发展的创新平台和21世纪海上丝绸之路的重要门户，鼓励海外华商参与“一带一路”建设。

在《广东省国民经济和社会发展第十三个五年规划纲要》中，进一步将“汕头华侨经济文化合作试验区”列为广东省对外合作重大平台。要求华侨经济文化合作试验区要充分利用全球华侨华人优势，加强与港澳台地区及东盟国家的合作，重点发展现代服务业与海洋产业，打造更加开放的全球侨资侨智集聚发展平台。

作为广东对外合作重大平台，汕头华侨经济文化合作试验区，一是发挥载体作用，拓展经贸合作领域，鼓励海外华商参与“一带一路”建设。二是充分发挥华侨华人融通中外的独特作用，加强与沿线国家潮籍华侨华人的联谊交流，将汕头建设成为我国促进与沿线国家华侨华人

① 因行文需要，华侨经济文化合作试验区简称为华侨试验区或试验区。

交流合作的示范区。

四、中以（汕头）科技创新合作区：国际创新合作平台

为推动创新驱动发展，汕头在《汕头市国民经济和社会发展第十三个五年规划纲要》中提出规划建设“中以（汕头）科技创新合作区”。以合作、创新、服务为主题，以创新技术引进、转化路径为导向，依托广东以色列理工学院、汕头大学和汕头高新区西片区，规划建设“中以（汕头）科技创新合作区”，促进中以在政府、高校、科研机构、企业、行业组织等不同层面，开展经济技术交流与应用合作，积极对接转化以色列、欧美科技创新成果，吸引国内外著名高校、大型企业和各种投资基金进入，推进以色列风情居住区建设，力争打造成为国家“一带一路”国际科技创新合作引领区、广东实施创新驱动发展战略平台、粤东地区高端产业发展新兴基地和国际化田园生态智慧城区。

中以（汕头）科技创新合作区得到广东的重视和支持，并在广东“十三五”规划中将“中以（汕头）科技创新合作区”列为广东对外合作重大平台之一。要求“中以（汕头）科技创新合作区”依托以色列理工学院科研成果及技术资源优势，引进先进技术，培养创新人才，加快推进广东与以色列创业创新资源的耦合对接，推动高新技术产业发展。

《广东省沿海经济带综合发展规划（2017~2030年）》提出：国家深入推进“一带一路”建设，沿海经济带地处我国与21世纪海上丝绸之路沿线国家经贸合作的前沿地带，有利于在更广范围、更深层次上参与国际经济竞争合作、拓展新空间，加快“走出去”和“引进来”，打造内外联通、陆海交汇、开放包容的开放合作战略枢纽和重要引擎。提出加快建设“中以（汕头）科技创新合作区”国际创新合作平台，通过积极吸引和对接以色列乃至全球创新资源，促进国内外创新资源与汕头创新创业环境有机融合，打造具有国际竞争力的科技创新高地。

第二章
“一带一路”建设的现实背景

第一节　我国推动“一带一路”建设的现实背景

一、国际背景

（一）经济全球化与逆全球化风潮出现

国际货币基金组织（IMF）认为：“经济全球化是指跨国商品与服务贸易及资本流动规模和形式的增加，以及技术的广泛迅速传播使世界各国经济的相互依赖性增强。”经济全球化是世界经济活动超越国界，通过对外贸易、资本流动、技术转移、提供服务、相互依存、相互联系而形成的全球范围的有机经济整体的过程，是商品、技术、信息、服务、货币、人员、资金、管理经验等生产要素跨国跨地区的流动，使世界经济日益成为紧密联系的一个整体。经济全球化是当代世界经济的重要特征之一，也是世界经济发展的重要趋势。

近几十年来，经济全球化促进了全球贸易与生产的蓬勃发展，推动了全球生产体系的兴起。经济全球化在带来繁荣和发展的同时，也带来了贫困、冲突、分配不公和环境污染等问题。特别是2008年国际金融危机爆发后，全球经济并没有迎来理想的复苏，相反贸易保护主义再次抬头，并出现了逆全球化风潮，全球经济陷入持续的结构性低迷（范黎波、施屹舟，2017）。逆全球化就是与全球化推行的自由贸易相反，就是对世界经济、国际贸易设置种种新的限制和关卡，反对贸易和投资的自由化，反对人员自由流动和移民，以优先维护自己的私利（戴磊，2017）。逆全球化采用的是与邻为壑的政策，严重威胁全球化的发展。

1. 逆全球化风潮的主要表现及影响

近年来，全球范围内的逆全球化暗流涌动。2016 年，英国公投脱欧与特朗普当选美国新一任总统无疑成为这一浪潮中的标志性事件。随着新兴经济体的崛起，西方发达国家意识到原来统治地位的动摇，为了维护自己的利益，纷纷开始采取贸易保护措施，设置贸易壁垒，加大对自身产业的保护力度，提出"再工业化"等。

金融危机后，世界主要经济体推出的保护主义措施不断增加，严重威胁国际贸易和投资的自由化。据 2017 年 7 月英国经济政策研究中心（CEPR）发布的《全球贸易预警》报告显示，2008 年 11 月至 2017 年 6 月，二十国集团（G20）的 19 个成员国（不包括欧盟）总计出台了 6616 项贸易和投资限制措施，相比而言，贸易和投资自由化措施仅为 2254 项。其中，美国成为全球保护主义措施的主要推手。数据显示，金融危机后美国累计出台贸易和投资限制措施 1191 项，居全球首位，占 G20 成员国家保护主义措施总数的 18%，比排名第二的印度多 462 项，是中国的 4.5 倍多（徐秀军，2017）。

在此背景下，全球贸易增长日趋放缓，2008~2015 年全球贸易平均增速仅为 3%左右，远低于危机前水平（王虎、袁琁，2018）。全球经济复苏缓慢，2017 年 10 月，国际货币基金组织（IMF）数据显示，2016 年全球经济增长率为 3.2%，创 2010 年以来新低。其中，发达经济体经济增长率为 1.7%，比新兴市场与发展中国家的经济增长率低 2.6 个百分点。得益于一些国家进行的经济改革和政策调整，2017 年全球经济出现向好迹象。IMF 估计数据显示，2017 年全球经济增长率为 3.6%，创 2012 年以来全球经济增速的最高水平。其中，新兴市场与发展中国家的经济增速为 4.6%，较上年增加 0.3 个百分点；发达经济体的经济增速为 2.2，较上年增加 0.5 个百分点。包括中国在内的亚洲新兴市场与发展中国家总体仍保持较高增速，为6.5%（徐秀军，2017）。

虽然2017年世界经济增长有所改善，特别是广大发展中国家对全球经济增长贡献不断提升，但仍面临各种风险与挑战。其中，贸易、投资和金融保护仍是世界经济环境改善的潜在威胁，世界经济复苏道路仍将充满崎岖。

2. 从全球化进程视角看逆全球化

对于逆全球化风潮的影响和全球化发展前景，需要从全球化如何发展的历史进程中寻找答案。学术界认为，全球化进程从19世纪末开始，至今共经历了三次发展高潮和数次调整。

（1）第一次全球化浪潮：古典金本位时代的国际贸易（1870~1914年）。

经济全球化最早可以追溯到15世纪的地理大发现，新航路的开辟打破了世界各国相互隔绝的状态，使得商品、技术向全球扩散成为可能，东西方经济、文化之间的联系也随之加强，以商品交换为主的世界性贸易市场初步形成，为经济全球化的兴起创造了重要条件。

全球化在19世纪经历了一个持续稳定的发展时期，并在第一次世界大战前达到了一个相当高的水平。19世纪初，全球贸易还处在相对较低且稳定的水平。1820~1850年，全球贸易额年均增长速度大约为2.3%。1850~1870年，这一速度上升到5%。整个19世纪，全球贸易增长快于世界收入的增长。对所有西方国家来说，至19世纪中叶，出口占国内生产总值大约为5%，而到1880年则提升到10%。贸易保护的减少和交通运输成本的降低是全球贸易增长的主要动因，当然，贸易的扩张随着工业革命的成功和通信基础设施的完善而日渐融合成整体（戴维·赫尔德，2001）。

在19世纪后期到第一次世界大战期间，工业化进一步推动了全球贸易的快速发展。蒸汽动力广泛应用于铁路和航运极大改善了国际交通运输状况，降低了运输成本，海外投资和技术扩散促进了英国以外的其他国家的工业化进程与国际市场竞争，工业化带来原材料需求急剧上升。到1913年，有155个国家和地区参与了国际贸易，而在19世纪早期这个数字还不到1913年的一半（戴维·赫尔德，2001）。19世纪70

年代确立的金本位制，通过借助黄金来确定世界主要货币的价格，进而保证一个稳定的国际支付体系，进一步促进了全球贸易的增长。全球贸易量在1870~1914年以大约年均3.5%的速度增长，而同期世界产出的年均增长速度大约是2.7%。不过，到第一次世界大战前，贸易占产出的比重连续几年增长缓慢，为了保护本国工业，歧视性保护重新抬头。许多国家1914年的关税率高于1878年的关税率，一些国家放弃了最惠国待遇原则（戴维·赫尔德，2001）。

这一时期虽然不存在制度化的国际贸易体制，国际贸易往来大多是通过双边的谈判进行。随着国际贸易的扩展，产生了统一贸易标准和规则的需求。在各国政府和私人部门的共同努力下，通过签署一系列协议，共同的贸易标准和惯例开始在国际范围内发展起来，同样，国际交通运输和通信基础设施的国际性安排在国际贸易中也发挥了重要作用。

这一阶段的全球化是殖民扩张和世界市场形成阶段。15世纪末的地理大发现后，西方国家历经两次工业革命，对市场和原料的需求不断增大。它们靠巧取豪夺、强权占领、殖民扩张，到第一次世界大战前基本完成了对世界的瓜分。西方国家主宰着全球化，并获得巨大利益，而广大发展中经济体主要充当工业化国家的原料产地和工业品市场。世界市场的形成，加强了各国社会经济的相互联系，国际分工日益明显，推动了世界经济体系的形成（王德蓉，2010）。

（2）两次世界大战期间：世界贸易的崩溃。

第一次世界大战爆发后，崩溃的世界贸易体系没能重建起来，全球贸易趋于崩溃。1913~1929年这段时期，世界贸易仅以年均2.2%的速度增长，大约与产出一致，但远低于1870~1914年的增长率3.5%。1929年大萧条以后，贸易保护主义死灰复燃，各国纷纷提高关税，壁垒森严，实行损人利己的保护政策，导致世界贸易急剧下滑。1929~1937年，世界贸易年均增长率下降至0.4%，同期世界产出年均增长速度为0.8%（戴维·赫尔德，2001）。

（3）第二次全球化浪潮：第二次世界大战后全球贸易秩序的兴起。

在两次世界大战期间，随着金本位制的瓦解，国际货币体系分裂成几个相互竞争的货币集团，各国货币竞相贬值，动荡不定。在第二次世界大战后期，美英两国政府出于本国利益的考虑，构思和设计战后国际货币体系，并于1944年建立布雷顿森林体系。布雷顿森林体系不仅建立了一个固定汇率体系，而且建立了一个多边贸易秩序的基础。作为布雷顿森林体系的补充，1947年，关贸总协定（GATT，WTO前身）建立，以监督贸易体系的运作。关贸总协定大幅度削减关税，促进了贸易自由。随着全球贸易体系的重构，贸易增长大大超过了产出，全球化才再度兴起。1950~1973年，贸易额以年均5.8%的速度增长，而世界产出则以空前的年均3.9%的速度增长（戴维·赫尔德，2001）。

虽然大多数国家都被纳入了当代的全球贸易体制，但是介入方式的不同和地区间的不平衡显示了全球贸易分层的事实。“二战”后广大发展中国家对于是否参与全球化多持谨慎和怀疑态度，在全球化进程中多处于依附地位或边缘位置，而社会主义阵营国家则由于冷战和意识形态因素被隔绝于西方市场之外。因此，20世纪80年代以前，全球化基本是美欧以及后来的日本之间的富国俱乐部游戏。直至20世纪90年代，发达国家一直主导“二战”后的国际贸易（徐坚，2017）。1950年，发达国家占世界出口的64%，1970年是75%、1996年是70%（戴维·赫尔德，2001）。因此，处在全球化边缘或者外围的广大发展中国家，对全球化的批评多于褒扬（徐坚，2017）。

（4）第三次全球化浪潮：新兴经济体的崛起。

从20世纪80年代中期以后，作为一个整体，进口石油的发展中国家相对于石油出口国和发达经济体，才扩大了它们在世界贸易中的份额。发展中国家贸易份额的增长主要归功于“亚洲四小龙”（韩国、新加坡、中国台湾、中国香港）的崛起（戴维·赫尔德，2001）。

随着冷战的结束，越来越多的发展中国家以及向市场经济转轨的原计划经济体制国家参与，全球化开始又一次转型，包容性、开放性、公正性逐步增强。尤其是21世纪以来，全球化的富国游戏色彩进一步弱化，有利于发展中国家特别是新兴国家的元素增多，发展中国家参与经济全球化日益深入（徐坚，2017）。新兴与发展中国家在世界经济发展中的地位也逐渐变化，在21世纪初，全球GDP增长构成中，发达国家贡献80%，新兴与发展中国家贡献20%，到2010~2013年危机时期，全球经济增长构成中发达国家的贡献逆转为19%，而新兴和发展中国家贡献逆转为81%（卢锋，2015），相应地，新兴与发展中国家在国际贸易的地位也日渐提升。

冷战结束后的这轮经济全球化，在速度、深度、广度上远远超过经济全球化的前两个阶段，其突出表现为市场、资金、资源、信息、人才等高度全球化，各国经济相互联系、相互作用、相互依存的程度日益深化。2008年国际金融危机后，经济全球化强劲发展的势头受到了严重削弱，但并未改变经济全球化深入发展的大势（王德蓉，2018）。

（5）经济全球化进入阶段性调整期。

2008年国际金融危机后，经济全球化速度放缓，经济全球化进入阶段性调整期，并出现逆全球化风潮，大有愈演愈烈之势。英国脱欧、特朗普当选美国总统、极右势力给法、德、意等欧洲主要国家政治生态带来巨大冲击，加上近期美国挑起贸易摩擦等，从不同角度折射出逆全球化思潮在西方国家已呈泛滥之势。在一些发展中国家，保护主义和民族主义近年来也有不同程度抬头，反映出逆全球化并非仅限于发达国家，而是一种全球范围的现象（徐坚，2017）。

逆全球化风潮与贸易保护主义抬头并非偶然，而是有着深刻的背景，这与经济全球化加剧了不同国家和个体间的不平等密切相关。

从国家层面看，一是全球化虽然催生了一批新兴经济体，促进了发展中国家的群体性崛起，但同时也产生了一批被边缘化的国家。这类国家在全球化中获益有限，但面临的风险和压力不断增加，导致它们与发达国家甚至是新兴国家之间的差距进一步拉大（徐坚，2017）。瑞士信贷研究所（CSRI）最新出炉的《2017全球财富报告》显示，全球财富总额现已达到280万亿美元，比十年前金融危机爆发时高出27%。在过去的12个月中，全球财富总额增长了6.4%，美国占全球财富增长一半以上。在2017年的财富总值中，北美占36.04%，欧洲占28.41%，非洲仅占0.89%，拉丁美洲占2.89%。亚太区（包括中国和印度）占31.77%。二是近20年来，新兴经济体，特别是新兴大国的崛起，有力地推动了世界向多极化发展。不过，在世界经济下行压力下，新兴经济体的崛起也加剧了发达国家与新兴国家之间在国际秩序上的矛盾。尤其是在国际金融危机之后，美欧等西方发达国家面临许多发展困境，发达国家与新兴国家间矛盾变得更加突出（徐坚，2017）。

从个体层面看，虽然经济全球化促进了经济增长，创造了巨大的价值，但不同群体在参与经济全球化过程中得到的好处并不相同，不同群体的收入差距日趋扩大。一是在全球化条件下，发达国家跨国公司能够按照全球价值链更好地在全球配置资源，把失去比较优势的制造业转移到发展中国家，出现产业空心化现象，导致发达国家劳动岗位减少，失业率上升，蓝领阶层甚至白领阶层面临失业威胁，中低收入者受到严重冲击（福建师范大学福建自贸区综合研究院，2017）。数据显示，1980～2010 年，美国制造业增加值占 GDP 比重从 21.1%降低到 11.7%，制造业就业人数占总就业人数比重从 21.6%下降到 8.9%。1996～2007 年，工业占欧盟 GDP 的比重从 21%降至 18%，工业部门吸收的就业人数从 20.9%降至 17.9%（戴磊，2017）。二是在市场经济条件下，不同经济要素带来的收益存在显著差异，其中资本与其他生产要素之间的差异最为突出，从而造成了收入的不平等。在《21 世纪资本论》中，皮凯蒂（2014）认为，收入不平等现象不会自动消失，资本收益率将持续大于经济增长率，且这种趋势将延续。这就意味着“钱生钱”是收入和财富增长的最主要方式，必然导致富者愈富，贫者愈贫。全球化给资本提供了更大的盈利空间，资本所有者比其他生产要素所有者能够更加充分利用全球化市场带来的便利获取更大的利益，而劳动所有者却难以从全球化中得到好处。这也是为什么西方国家反全球化人士多来自中下阶层群体的原因。

3. 正确看待逆全球化

从历史演进上看，全球化发展浪潮往往兴起于全球经济扩张周期，伴随着新科技革命和国际贸易与金融的快速发展，而以贸易保护主义为主要特征的逆全球化的出现往往发生在大国对立甚至战争时期，或者发生于全球范围内的危机和衰退（王虎、袁琁，2018）。

全球化在不同时期具有不同的历史形态，而不同形态的全球化给不同国家带来的利益和风险很不平衡。由于全球化利益分配存在不平衡，同一时期不同国家对全球化的态度向来存在明显差异，同一类国家对全球化的态度在不同时期也存在显著差异。批评、质疑甚至是反对全球化的思潮历来存在，只不过大多出现在发展中国家，而现在则转移到了发达国家（徐坚，2017）。

从全球化进程中我们可以看到全球化进程具有可逆属性。如果一定时期的全球化产生的矛盾得不到解决，积累到一定程度必将引发更大冲突，导致全球化进程放缓、停滞甚至发生系统崩溃。相反，如果能够找到化解矛盾的有效途径，使全球化实现转型，则全球化不仅可以持续，而且将获得更大发展空间（徐坚，2017）。总的来看，全球化进程在过去数十年间仍呈稳步发展态势，近期出现的逆全球化思潮或只是新一波全球化浪潮前夕的调整和能量积聚（王虎、袁琁，2018）。

在后危机时代，发达国家受其深层结构困难制约，或复苏乏力，或仍在衰退边缘徘徊，难以引领全球经济增长，而广大发展中国家不仅对全球经济增长实际贡献提升，而且未来经济增长潜力巨大（卢锋，2015）。中国提出的“一带一路”倡议，以“五通”（即政策沟通、道路联通、贸易畅通、货币流通、民心相通）为重点的建设内容，坚持合作共赢，追求共同发展，倡导平等对话，尊重道路选择。这种包容发展的理念，符合大多数国家的利益，体现了新型经济全球化的新观念，将为沿线国家的经济深度互动创造条件（福建师范大学福建自贸区综合研究院，2017），无疑为经济全球化发展增加了新的动力。

（二）应对全球区域经济一体化的新形势

全球金融危机后，经济全球化不断深入，区域经济一体化进程日益加快，以美国为代表的世界主要发达经济体掀起了跨太平洋伙伴关系协定（TPP）和跨大西洋贸易与投资伙伴协议（TTIP）等区域贸易安排新浪潮，合作地域之广，合作领域之宽，合作水平之高前所未有，而广大发展中国家或新兴经济体，基于地缘因素和发展水平的限制难以加入到如此高水平的区域经济合作之中。与此同时，它们迫切希望参与区域经济合作以激活自身发展的内在动力，迅速提升经济发展水平。习近平主席提出的“一带一路”倡议，以中国扩大开放为契机，在推动本国经济发展的同时，也促进与“一带一路”区域内各国之间的相互融合，形成更加紧密的经济联系，为各国发展创造新机遇，也为各国参与广泛的区域经济合作搭建了新平台（刘华芹，2015）。

（三）全球经济增长格局和我国经贸环境的变化

一方面，进入21世纪以来，全球经济增长格局发生明显变化，中国与广大发展中国家在全球经济增长中相对贡献历史性提升，全球经济增长重心已经从发达国家转向新兴经济体与发展中国家。21世纪初，在全球GDP增长构成中，发达国家和新兴与发展中国家分别贡献80%和20%，到2010~2013年后危机时期，全球经济增长构成中，发达国家和新兴与发展中国家贡献分别逆转为19%和81%（卢锋，2015）。

另一方面，中国与广大发展中国家经济联系加强，中国对外经贸增长重心正在从发达国家转向新兴经济体与广大发展中国家。在中国的出口增长中，发展中国家已经成为中国增长最快、未来发展潜力最大的贸易伙伴。

从中国的出口比重看，2000年G7国家、其他发达国家、金砖国家、其他发展中国家等四类经济体占比分别为48%、35.2%、2.7%、13.9%，2014年分别变化为33.9%、30.8%、6.2%、29.2%，发展中国家份额上升19个百分点。从出口增量贡献比指标观察，2000~2001年G7国家、其他发达国家、金砖国家、其他发展中国家贡献比分别为46.3%、32.1%、3.1%、18.5%，到2013~2014年分别变化为24.3%、22.5%、6.4%、46.8%，发展中国家增量贡献率达到53.2%，绝大部分来自金砖国家以外的广大发展中国家（卢锋，2015）。

无论是全球经济增长格局的变化，还是我国对外贸易环境的变化，都说明了与广大发展中国家加强经济合作具有重大的意义。鉴于很多发展中国家经济持续增长潜力面临基础设施不足与体制政策局限两方面瓶颈制约，通过共建“一带一路”破解中国周边与亚洲众多发展中国家的瓶颈，将对沿线国家经济较快增长发挥促进作用，有助于培育全球经济新增长点，同时也对全球可持续增长提供新的解决思路和方案（卢锋，2015）。

（四）经济外交环境的变化

一方面是全球经济治理体系与现行全球经济增长格局不相适应。全球经济治理结构的核心仍然是布雷顿森林体系，这个体系包括两大政策框架，一是汇率体系，这个汇率体系在 1971 年美元与黄金脱钩以后就不复存在了，代之以美元为核心的国际货币体系，各国逐步采用了浮动汇率制。二是国际组织。即世界银行和国际货币基金组织，前者负责反贫困，后者负责维护国际金融稳定。全球经济治理推行“华盛顿共识”政策主张，在很多事务上美国有一票否决权，完全是由美国等发达国家所控制。这个体系显然与全球经济的实际越来越脱节。自 1980 年以来，发展中国家特别是新兴市场的经济增速不断提高，它们占全球经济的比重已经超过一半。在 2010~2013 年的全球经济增长中，发展中国家贡献了 81%，但这些国家基本都被排斥在国际经济治理的体系之外，世界重大事务仍然由 G7 或者美国独立决断（黄益平，2015）。针对经济全球化格局的变化与现行全球经济治理结构基本框架不相适应的现实矛盾，依托共建“一带一路”合作发展的务实要求，通过建立亚投行、金砖国家银行等机构，推动对现行全球经济治理体制的增量改革。

另一方面是美国把战略重心转移到亚太，实施亚太再平衡战略。进入 21 世纪特别是后危机时期以来，全球经济格局发生深刻变化，中国经济在世界经济体系中的相对重要性与影响力快速提升，相应地，中国在亚太地区的经济影响力日渐提升。针对这一形势，2011 年的亚太经合组织（APEC）峰会上，美国总统奥巴马高调亮出“转向亚洲”战略，大力实施重返亚太与亚太再平衡战略，将其作为美国后危机时代全球战略调整的重中之重。美国在亚太高调增加军事部署，伴随区域内少数国家借机对中国领土提出声索并发起挑衅，对中国维护和平发展需要的和睦周边环境带来不利影响（卢锋，2015）。

实施共建“一带一路”，把中国新一轮扩大开放与贯彻奋发有为新外交方针结合起来，把永不称霸合作共赢方针与共谋发展合作行动结合起来，把睦邻安邻的善意与帮邻富邻的义举结合起来，用置信度更高的方式讲述中国和平发展理念，对于营造与巩固有利于中国和平发展的外部环境具有重要的现实意义与深远的历史影响（卢锋，2015）。

二、国内背景

（一）中国综合国力不断增强，国际地位显著提升

经过40年的改革开放，中国经济发展取得了举世瞩目的成就。中国人均GDP从1978年的200多美元逐步提升到2017年的8800美元，成为中等偏上收入国家，7亿多人摆脱贫困，对全球减贫的贡献率超过70%（林毅夫，2018）。

2010年，中国GDP达397983亿元，占世界的比重从2005年的5.0%上升到2010年的9.5%，超越日本，成为全球第二大经济体。截至2017年，中国GDP达827122亿元，自2010年以来稳居全球第二大经济体，在全球经济增量贡献比中，中国遥遥领先于美国等其他经济体，无疑是全球经济增长的发动机，中国经济总量超越美国指日可待。

在工业制造方面，中国已经建立起独立的、比较完整的、有相当规模和较高技术水平的现代工业体系，2010年，工业制造规模第一次超过美国，成为全球工业制造规模最大的国家。据世界银行统计，2012年，中国制造业增加值为2.34万亿美元，超过美国的1.85万亿美元，位居世界第一，在全球制造业占比达20%（徐希燕等，2016）。与美日等发达国家相比，中国现阶段工业制造能力与技术仍存在较大差距。但中国目前工业制造生产结构相对落后的某些特征属性，恰恰与“一带一路”沿线经济后进国家大规模开发阶段具体需求具有更高契合度，构成中国与这些国家共建“一带一路”的独特优势条件（卢锋，2015）。

在对外承包工程方面，中国建造对外承包工程完成额，从21世纪初不到100亿美元上升到2014年的近1400亿美元。承包工程年末在外员工数从21世纪初的5万多人上升到近年的30多万人。得益于国内大规模的开发建设，中国在铁路、公路、港口、桥梁等基础设施建设方面已走在世界前列，中国对外承包工程额快速增长，可见中国建造在国际竞争中具有较强的竞争力。

制约发展中国家经济发展的一个重要瓶颈是基础设施比较落后，要想富，先修路。不过，大型基础设施建设项目通常具有资金投入密集与投资周期较长特点，发展中国家通常国内储蓄不足，因而自行解决基础设施不足，面临很多困难。中国目前拥有充裕的国民储蓄与外汇储备资源，再加上中国建造能力，可为“一带一路”沿线国家基础设施的互联互通提供大力支持。

（二）面临经济结构调整

中国 GDP 增速从 2012 年起开始回落，2012 年、2013 年、2014 年上半年增速分别为 7.7%、7.7%、7.4%，是经济增长阶段的根本性转换。中国告别过去 30 多年平均 10%左右的高速增长，中国经济呈现出新常态，经济结构优化升级是新常态的特征之一，也是新常态经济发展的主要内容。中国经济未来要实现“双中高”目标，关键在于全面深化改革，完善开放型市场经济体制，发挥市场机制的决定性作用和政府的引导作用，持续有效地推进中国产业结构、技术结构的合规律调整。“一带一路”将为中国经济结构调整提供更为广阔的平台与全新的环境，是未来结构调整新战略的重要内容。

随着劳动力、土地资源和环境等要素的比较优势的逐步丧失，在供给侧改革的推动下，中国的产业结构、经济结构将加快调整。共建“一带一路”将扩大中国与沿线国家在不同行业以及特定行业上下游之间的投资范围，为中国与沿线国家产能合作与产业结构调整升级提供广阔平台。比如，随着劳动力工资、土地价格等要素成本的上升，中国的一些劳动力密集型产业或产业区段，可逐步转移到经济发展阶段较低的发展中国家。与中国在 20 世纪八九十年代承接劳动密集型产业国际转移并获得发展机遇一样，中国劳动密集型产业向沿线发展中国家转移可为这些国家在外汇创造、非农就业岗位创造、各类人力资源素质提升、推进经济外向度与国际化方面获得巨大利益（卢锋，2015）。

（三）进一步对外开放的需要

从 1978 年对外开放以来，中国已经形成了由经济特区、沿海经济开放区，以省会城市为中心的内陆开放区和沿边开放带构成的全方位对外开放的格局，但是，这样的开放格局主要是通过利用外商直接投资的方式形成的。中国多年来一直是利用外资的大国，不过，进入 21 世纪后，中国企业“走出去”步伐加快，“走出去”的形式主要是对外投资、工程承包等。2002~2015 年，中国对外直接投资实现连续 13 年快速增长，占全球流量的份额由 2002 年的 0.4%提升到 2015 年的 9.9%。2015 年，中国对外直接投资创下 1456.7 亿美元的历史新高，首次位列世界第二，中国对外投资超过同期中国实际利用外资的 1356 亿美元，实现资本项下净输出，正式成为资本净输出国，这预示着中国对外开放进入一个新阶段，但事实上，中国经济对外的关联度并不太高，也就是没有真正形成开放型经济体制。因此，提高对外开放水平，就需要适应经济全球化新形势，推动对内对外开放相互促进、“引进来”和“走出去”更好结合，促进国际国内要素有序自由流动、资源高效配置、市场深度融合，加快培育参与和引领国际经济合作竞争新优势，以开放促改革（胡键，2016）。

（四）区域发展不平衡

改革开放创造了中国经济奇迹，但应该看到，中国的发展是严重不平衡的。与发达的东部沿海地区相比，中西部地区的经济发展严重滞后。西部大开发战略、中部崛起计划已经提出了多年，但受多种因素的影响，这些战略设想推进并不理想，或者说没有切实可行的战略抓手。“一带一路”倡议构想的提出和实施，将给中国边陲地区经济发展带来全新机遇，为中国国内区域经济结构调整注入新动力，对于推进中国西部大开发的战略布局具有重大意义。实施共建“一带一路”，有望实质性改变这些地区经济发展的政策优先度与环境条件，推动中国边疆地区经济较快发展与中国区域经济结构朝更为平衡合理方向演变调整，并为应对与化解某些少数民族地区的深层矛盾产生积极的影响（卢锋，2015）。

第二节 汕头参与“一带一路”建设的现实背景

积极参与“一带一路”建设，特别是通过建设21世纪海上丝绸之路的重要门户，汕头能够更好发挥侨乡的优势，推动全面开放和国际创新合作，密切与华侨的联系与合作，增强区域竞争力，引领粤东地区发展。

一、区域竞争的需要

在改革开放之初，汕头是广东第二大城市，1978年，汕头GDP为8.71亿元，占广东GDP的4.69%。在1981年设立汕头经济特区后，特区政策为汕头的领先发展提供了有利的制度条件，经济发展迅速，汕头GDP占全省比重一度高达4.95%，吸引外商直接投资占广东比重一度高达9%；但随着我国改革开放的推进，特别是沿海城市的对外开放，特区政策优势日渐丧失，随着珠三角城市群的崛起，汕头的发展更是相形见绌。截至2017年，汕头GDP为2351亿元，占广东GDP的2.62%，人均GDP为4.2万元，为广东人均GDP的51.83%，与同期成立的其他三个特区相比，差距更大，2017年，深圳的GDP和人均GDP分别为22438.39亿元和18.3万元，珠海的GDP和人均GDP分别为2564.73亿元和14.91万元；厦门的GDP和人均GDP分别为4351.18亿元和11.0万元。

在吸引外资方面，汕头更是不能与其他三个经济特区相比。2017年，汕头实际利用外资为3.55亿美元，而深圳为74.01亿美元，珠海为24.33亿美元，厦门为23.71亿美元；在进出口方面，汕头也是大大落后于其他三个经济特区，唯有社会消费品零售总额汕头为1683.16亿元，高于珠海和厦门。总的来讲，汕头在吸引外资、对外贸易方面要明显落后于其他三个经济特区（见表2-1）。

表 2-1 2017 年四个经济特区主要经济指标情况

城市	GDP（亿元）	人均 GDP（万元）	实际利用外资（亿美元）	进出口（亿元）	出口（亿元）	进口（亿元）	社会消费品零售总额（亿元）
汕头	2351	4.2	3.55	594.83	453.24	141.59	1683.16
深圳	22438.39	18.3	74.01	28011.46	16533.57	11477.89	6016.19
珠海	2565.73	14.91	24.33	2990.12	1882.98	1107.14	1128.18
厦门	4351.18	11.0	23.71	5816.04	3253.65	2562.39	1446.74

注：厦门的实际利用外资、汕头的进出口额用美元对人民币 2017 年汇率 6.7518 进行换算。

资料来源：2017 年汕头、深圳、珠海、厦门的国民经济和社会发展统计公报。

二、巩固粤东中心城市地位

自近代以来，汕头一直是潮汕地区的经济、文化和政治中心。1991 年 12 月，潮汕三市分立后，广东也将汕头市定位为粤东中心城市，在 2011 年发布的《海峡西岸经济区发展规划》中，汕头也被定位为区域中心城市，是汕头—潮州—揭阳—梅州—龙岩—赣州发展轴的龙头，是粤东沿海发展区的龙头。

汕头也一直以粤东中心城市为发展定位，但随着揭阳的崛起，加上潮汕机场落户揭阳，汕头作为粤东中心城市的地位备受挑战。2013 年，揭阳 GDP 一度超越汕头后，汕头作为粤东中心城市的地位更是受到打击。2016 年，汕头 GDP 重回粤东第一位置，并在 2017 年拉开与揭阳的差距，汕头 GDP 比揭阳 GDP 高出 200 亿元，汕头作为粤东中心城市地位有所巩固。

2017 年 10 月 27 日，广东省政府发布了《广东省沿海经济带综合发展规划（2017~2030 年）》，提出“支持汕头、湛江等市加快创建省级创新型城市，充分发挥汕头、湛江作为省域副中心城市的带头作用，打造粤东、粤西各具特色的区域创新极，引导潮州、揭阳、阳江、茂名、汕尾等市围绕特色产业加强区域创新体系建设，突出后发优势，推动粤东、粤西沿海地区加快创新发展转型”。明确把汕头作为广东省域副中心城市，希望汕头起到带头作用，推动粤东加快创新发展。

汕头积极参与“一带一路”建设，特别是建设国际化大港口，加快了华侨经济文化合作试验区建设，密切了与华侨的联系等，将有助于汕头作为广东省域副中心城市的建设，巩固汕头作为粤东中心城市的地位（见图 2-1、表 2-2）。

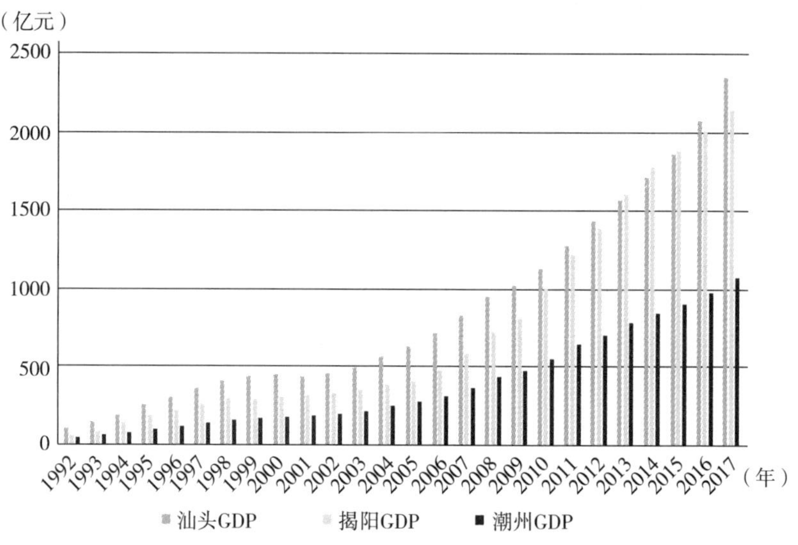

图 2-1　粤东三市 GDP 情况（1992~2017）

资料来源：《汕头市统计年鉴》（2017）、《揭阳市统计年鉴》（2017）、《潮州市统计年鉴》（2017）、《2017 年汕头市国民经济和社会发展统计公报》《2017 年揭阳市国民经济和社会发展统计公报》《2017 年潮州市国民经济和社会发展统计公报》。

表 2-2　粤东三市 GDP 情况（1992~2017）

年份	汕头 GDP（亿元）	揭阳 GDP（亿元）	潮州 GDP（亿元）
1992	109.10	62.65	49.06
1993	147.21	87.39	66.47
1994	195.25	143.34	81.24
1995	259.28	192.84	103
1996	308.84	227.43	122.45
1997	366.11	267.79	142.93
1998	412.67	303.37	158.66

续表

年份	汕头 GDP（亿元）	揭阳 GDP（亿元）	潮州 GDP（亿元）
1999	439.83	292.89	169.96
2000	450.16	311.09	177.87
2001	443.37	319.84	188.9
2002	459.39	334.61	200.51
2003	498.43	359.07	221.36
2004	571.31	385.78	252.01
2005	635.88	414.00	282.39
2006	718.70	480.22	320.72
2007	829.49	585.99	372.8
2008	951.81	724.23	438.08
2009	1022.24	816.09	480.18
2010	1132.23	1005.24	559.24
2011	1279.08	1223.88	648.38
2012	1430.72	1393.02	707.85
2013	1573.73	1605.35	784.24
2014	1716.51	1780.44	850.22
2015	1868.03	1890.01	910.11
2016	2080.97	2006.90	976.83
2017	2351.00	2151.43	1074.07

资料来源：《汕头市统计年鉴》（2017）、《揭阳市统计年鉴》（2017）、《潮州市统计年鉴》（2017）；《2017 年汕头市国民经济和社会发展统计公报》《2017 年揭阳市国民经济和社会发展统计公报》《2017 年潮州市国民经济和社会发展统计公报》。

三、新生代华侨对祖籍地的情感在消退

近年来，华侨在汕头的投资热情在消退，特别是来自泰国、新加坡的外资更是有所减少。爱国爱乡是影响华侨投资家乡的一个重要因素，但随着时间的流逝，华侨华人对祖籍国情感有所淡化。特别是新生代华侨华人大多生在海外，长在海外，对祖籍家乡故土缺乏感知，对祖籍国传统宗亲观念更是缺乏认知，有些华裔新生代不懂中文，不了解潮汕文

化。目前，新生代华侨华人对祖籍国的情感，主要还是靠老一辈华侨华人社团以及家庭中保留着的中华文化及观念，对其子孙产生潜移默化的影响，并在新生代意识中或多或少植下了中华文化的“根基”，但随着老一辈的离世，这种影响也难以长期保持。

因此，汕头可以通过国际旅游、国际教育合作、国际学术交流等活动，积极参与“一带一路”建设，特别是要加强与东南亚地区华人华侨的交流互动，组织华侨回乡寻根活动，以增进感情，强化文化联系。

第三章
文献综述与理论基础

第一节　研究综述

自2013年“一带一路”倡议提出后，引起许多专家学者的关注，并对“一带一路”倡议进行论述，深入探讨“一带一路”倡议的背景和理论基础，分析其战略意义和对我国政治、经济、社会等方面的影响，同时也揭示实施“一带一路”面临的困难与挑战（徐希燕等，2016；赵磊，2015；冯并，2015；卢锋，2015等），一些专家学者则进一步探讨“一带一路”倡议实施的思路和路径（赵磊，2015）。

随着“一带一路”的推进，开始有研究机构和学者围绕“一带一路”建设的“五通”内容做进一步的研究，出现了许多有关“一带一路”的研究报告。如广东海洋大学东盟研究院（2016），从政策沟通、设施联通、贸易畅通、资金融通、人文相通研究中国与东盟国家的合作现状，分析存在问题，提出政策建议等。华侨大学海上丝绸之路研究院（2017）编写的《21世纪海上丝绸之路研究报告》，主要探讨中国与东南亚、南亚、西亚等沿线国家的合作问题。梁海明（2016）从经济学角度，剖析中国与沿线国家经贸合作、文化合作、产能合作及企业走出去的机遇与挑战。北京大学“一带一路”五通指数研究课题组（2016）出版的《“一带一路”沿线国家五通指数报告》，用“五通指数”量化了“一带一路”沿线国家互联互通的水平与进展，该指数结合各国的基本现状与发展态势，对比分析了“一带一路”沿线国家的政治、经济、文化等方面与中国的联通情况。国家信息中心“一带一路”大数据中心（2016）则推出“一带一路”大数据报告，在“五通”内容的基础上构建量化指标，分析“一带一路”沿线国家与中国的合作情况，并对各省份参与“一带一路”建设情况进行评估。

在地方政府参与“一带一路”建设研究方面，既有比较综合性的研究，也有一些比较细化的研究。综合性研究主要围绕地方政府如何对接“一带一路”倡议展开，分析地方政府参与“一带一路”建设的现状及存在问题，从城市的基础与优势出发，提出相应的战略规划行动及政策建议等。如杨善民（2017）梳理了青岛市委市政府等有关部门在对接国家“一带一路”倡议的行动计划和政策措施、青岛市与“一带一路”沿线国家的交流合作活动，并介绍了青岛各行业企业参与“一带一路”建设情况。中国人民大学重阳金融研究院（2015）编写的《“一带一路”国际贸易支点城市研究》从“一带一路”愿景与规划出发，研究哪些城市可作为国际贸易支点城市加以布局建设有助于推进国际贸易合作、实现贸易畅通，进而对这些国际贸易支点城市进行分析，并给出政策建议等。

也有一些研究从某一领域出发，探讨地方政府参与“一带一路”建设的重要问题，相关研究领域有：一是主要探讨地方政府参与“一带一路”建设的战略发展。如谢启标（2018）认为，厦门特区应加快建设海洋经济强市建设，着力推动海洋经济加速发展，积极主动地融入“一带一路”，打造“21世纪海上丝绸之路”战略支点城市。连云港市哲学社会科学界联合会（2017）分析了连云港参与“一带一路”建设的总体要求和意义，提出连云港参与“一带一路”建设的总体思路和战略目标，进而在分析连云港参与“一带一路”建设现状分析的基础上给出政策建议。张晓光等（2018）以连云港为例，研究“一带一路”背景下港口城市综合交通发展战略。刘一又、赵西（2018）采用SWOT分析理论模型，分析青岛在参与“一带一路”过程中的优势、劣势、机遇与威胁，并提出相应的意见和建议。

二是在参与“一带一路”建设背景下城市的产业发展与合作等。如陈玉红等（2018）利用主成分——因子分析法对青岛市的30个产业及“一带一路”国家的产业竞争力进行分析，选择出青岛的优势制造产业，如铁路、船舶、航空航天和其他运输设备制造业，电气机械和器材制造业，金属制品业等。认为青岛可优先与北亚地区在能源的引进和基建的输出上开展合作，与中东欧地区主要集中于电信、清洁能源领域的合作，与东南亚地区在铁路、船舶、航空航天和其他运输设备制造业领域开展合作，与南亚地区集中于农产品、畜牧产品的引进和基建的输出等。杨金土、张西廷（2015）以湖州茶叶产业为例，认为地方政府要挖掘湖州产业的历史，找准定位，抓住商机，采取切实举措，发挥当地丝绸、茶叶等特产优势，积极参与“一带一路”建设，着力提升当地经济发展在全国乃至世界的战略地位。刘洪昌、刘洪（2018）认为，战略性新兴产业承载着打破发达国家技术封锁和突破产业发展技术瓶颈的重大使命，连云港要在参与国家“一带一路”建设中起到示范带动作用，要加快提升连云港战略性新兴产业突破性创新能力，并就连云港战略性新兴产业突破性创新发展提出了路径建议。

三是研究地方政府在参与“一带一路”中的竞合关系等。如李杰（2018）在分析地方政府间竞争与合作关系的基础上，进一步分析了地方政府竞争与合作所带来的影响，进而提出“一带一路”背景之下地方政府关系的路径选择。

总的来讲，有关“一带一路”的研究起初比较侧重从宏观层面、理论层面进行解读、论述，随着“一带一路”建设的推进，地方政府参与“一带一路”建设日渐受到关注，但从现有研究来看，从地方政府层面进行的研究还很不足，研究的领域也比较集中于地方政府对接“一带一路”的有关战略行动规划，研究内容过于空泛，缺乏实证支持。本书将以 21 世纪海上丝绸之路重要港口城市汕头为例，从近代到当下，从历史的视角，用详尽的数据，历史、全面地分析汕头参与“一带一路”建设的情况，并重点围绕汕头市对接“一带一路”的战略规划，剖析当前汕头市参与“一带一路”建设的现状与不足，为汕头市建设 21 世纪海上丝绸之路门户城市建言献策。这对于汕头积极参与“一带一路”建设，再次发挥经济特区对外开放窗口作用，进一步深化改革开放，实现全面振兴发展具有重要的价值和意义，也能丰富“一带一路”研究在地方政府层面研究的不足。

第二节 理论基础

一、国际贸易理论

国际贸易理论的发展大致经历了古典、新古典、新贸易理论以及新兴古典国际贸易理论四大阶段。

古典和新古典国际贸易理论以完全竞争市场等假设为前提，强调贸易的互利性，主要解释了产业间贸易。古典的国际贸易理论产生于18世纪中叶，是在批判重商主义的基础上发展起来的，主要包括亚当·斯密的绝对优势理论和大卫·李嘉图的比较优势理论，古典贸易理论从劳动生产率的角度说明了国际贸易产生的原因、结构和利益分配。

19世纪末20世纪初，新古典经济学逐渐形成，在新古典经济学框架下对国际贸易进行分析的新古典贸易理论也随之产生。代表性理论为要素禀赋理论，即H-O模型。与古典贸易模型的单要素投入不同，H-O模型以比较优势为贸易基础并有所发展，在两种或两种以上生产要素框架下分析产品的生产成本，用总体均衡的方法探讨国际贸易与要素变动的相互影响。该理论认为，在两国技术水平相等的前提下，产生比较成本的差异有两个原因：一是两国间的要素充裕度不同；二是商品生产的要素密集度不同。各国应该集中生产并出口那些充分利用本国充裕要素的产品，以换取那些密集使用其稀缺要素的产品。这样的贸易模式使参与国的福利都得到改善。

“二战”后，国际贸易的产品结构和地理结构出现了一系列新变化。同类产品之间以及发达工业国之间的贸易量大大增加，产业领先地位不断转移，跨国公司内部化和对外直接投资兴起，这与传统比较优势理论认为的贸易只会发生在劳动生产率或资源禀赋不同的国家间的经典理论是相悖的。

古典与新古典国际贸易理论都假定产品市场是完全竞争的，这与当代国际贸易的现实也不相吻合，在这样的国际环境下，新贸易理论应运而生。主要的理论有新生产要素理论、偏好相似理论、动态贸易理论、产业内贸易理论、国家竞争优势理论等。

新生产要素理论赋予了生产要素除了土地、劳动和资本以外更丰富的内涵，认为它还包括自然资源、技术、人力资本、研究与开发、信息、管理等新型生产要素，从新要素的角度说明国际贸易的基础和贸易格局的变化。偏好相似理论则第一次从需求方面寻找贸易的原因，认为工业品双向贸易的发生是由相互重叠的需求决定的。动态贸易理论主要从动态角度分析国际贸易产生与发展的原因。产业内贸易理论又称差异化产品理论，以不完全竞争市场和规模经济为前提，从动态角度出发考虑需求情况，更符合实际。由于产业内贸易规模的不断扩大，20 世纪 80 年代以来，许多经济学家陆续建立模型对这一问题从不同角度进行探讨。波特提出的国家竞争理论从企业参与国际竞争这一微观角度解释国际贸易，弥补了比较优势理论在有关问题论述中的不足。波特认为，一国的竞争优势就是企业与行业的竞争优势，一国兴衰的根本原因在于它能否在国际市场中取得竞争优势，而竞争优势的形成有赖于主导产业具有优势，关键在于能否提高劳动生产率，其源泉是国家是否具有适宜的创新机制和充分的创新能力。

新兴古典经济学是 20 世纪 80 年代以来新兴的经济学流派。新兴古典贸易理论依托新兴古典经济学的新框架，将贸易的起因归结为分工带来的专业化经济与交易费用两难冲突相互作用的结果，从而对贸易的原因给出了新的解释思路，使贸易理论的核心重新回到分工引起的规模报酬递增，是一种内生动态优势模型，是贸易理论和贸易政策统一的模型，是国内贸易和国际贸易统一的模型，能够整合各种贸易理论，是贸易理论的新发展。

二、国际投资理论

（一）西方主流国际直接投资理论

“二战”后，国际直接投资活动发展迅猛，为解释国际直接投资经济现象，国际直接投资理论也得到快速发展，并形成了垄断优势理论、内部化理论、生命周期理论、国际生产折衷理论、比较优势理论等西方主流国际直接投资理论。

1. 垄断优势理论

垄断优势理论是关于垄断优势的国际直接投资理论。垄断优势理论最初由美国经济学家海默（S. Hymer）在其论文《国内公司的国际经营：对外直接投资研究》中首先提出，认为国际直接投资是结构性市场不完全尤其是技术和知识市场不完全的产物；企业在不完全竞争条件下获得的各种垄断优势，如技术优势、规模经济优势、资金和货币优势、组织管理能力的优势，是该企业从事对外直接投资的决定性因素或主要推动力量；跨国公司倾向于以对外直接投资的方式来利用其独特的垄断优势。

该理论虽然对西方发达国家的企业的对外直接投资及发达国家之间的双向投资现象作了很好的理论阐述，但它无法解释自20世纪60年代后期以来，日益增多的发达国家的许多并无垄断优势的中小企业及发展中国家企业的对外直接投资活动。

2. 内部化理论

所谓市场内部化，是指由于市场不完全，跨国公司为了其自身利益，以克服外部市场的某些失效，以及由于某些产品的特殊性质或垄断势力的存在，导致企业市场交易成本的增加，而通过国际直接投资，将本来应在外部市场交易的业务转变为在公司所属企业之间进行，并形成一个内部市场。也就是说，跨国公司通过国际直接投资和一体化经营，采用行政管理方式将外部市场内部化。内部化理论与垄断优势论分析问题的角度是一致的，都是从跨国企业的主观方面寻找其对外投资的动因和基础。内部化的决策过程完全取决于企业自身特点，忽视了国际经济环境的影响因素，如市场结构、竞争力量的影响等，因而对于交易内部化为什么一定会跨国界而不在国内实行，仍缺乏有力的说明，也未能对横向一体化、无关多样化的跨国扩展行为进行合理解释。

3. 产品生命周期理论

1966年，美国哈佛大学教授雷蒙德·弗农（Raymond Vernon）从动态角度，根据产品的生命周期过程，提出“产品生命周期”直接投资理论。

产品生命周期（Product Life Cycle，PLC）是产品的市场寿命，即一种新产品从开始进入市场到被市场淘汰的整个过程。弗农认为：产品生命是指上市的营销生命，产品和人的生命一样，要经历形成、成长、成熟、衰退这样的周期。就产品而言，也就是要经历一个开发、引进、成长、成熟、衰退的阶段，而这个周期在不同的技术水平的国家里，发生的时间和过程是不一样的，期间存在一个较大的差距和时差。正是这一时差，表现为不同国家在技术上的差距，它反映了同一产品在不同国家市场上的竞争地位的差异，从而决定了国际贸易和国际投资的变化。为了便于区分，弗农把这些国家依次分成创新国（一般为最发达国家）、一般发达国家、发展中国家。

从应用范围讲，产品生命周期理论不能解释非代替出口的工业领域方面投资比例增加的现象，也不能说明今后对外投资的发展趋势。该理论没能解释清楚发展中国家之间的双向投资现象。此外，该理论对于初次进行跨国投资，而且主要涉及最终产品市场的企业较适用，对于已经建立国际生产和销售体系的跨国公司的投资，它并不能作出有力的说明。

4. 国际生产折衷理论

国际生产折衷理论是关于国际生产的统一的、综合的理论，由英国邓宁在 1977 年出版的《贸易、经济活动的区位与跨国企业：折衷理论的探索》一文中提出，并在 1981 年出版的《国际生产与跨国企业》一书中系统阐述。认为企业从事国际直接投资由该企业本身所拥有的所有权优势、内部化优势和区位优势三大基本因素共同决定，跨国企业所拥有的所有权优势、内部化优势以及区位优势的不同组合，决定了它所从事的国际经济活动的方式。邓宁认为，所有权优势和内部化优势只是企业对外直接投资的必要条件，而区位优势是对外直接投资的充分条件。因此，可根据企业对上述三类优势拥有程度的不同，以解释和区别绝大多数企业的跨国经营活动。企业若仅拥有所有权优势，则选择技术授权；企业若具有所有权优势和内部化优势，则选择出口；企业若同时具备三种优势，才会选择国际直接投资。

邓宁的国际生产折衷理论克服了传统的对外投资理论只注重资本流动方面的研究不足，他将直接投资、国际贸易、区位选择等综合起来加以考虑，使国际投资研究向比较全面和综合的方向发展。

国际生产折衷理论可以说是几乎集西方直接投资理论之大成，但它毕竟仍是一种静态的、微观的理论，所提出的对外直接投资条件也过于绝对化，使之有一定的片面性。

5. 比较优势理论

日本一桥大学教授小岛清于 20 世纪 70 年代中期研究发展了比较优势理论，称其为边际产业扩张论。小岛清认为，各国经济情况均有特点，所以根据美国对外直接投资状况研究出来的理论无法解释日本的对外直接投资。他认为，日本对外投资之所以成功，主要是由于对投资企业能够利用国际分工原则，把国内失去优势的部门转移到国外，建立新的出口基地；在国内集中发展那些具有比较优势的产业，使国内产业结构更趋合理，促进对外贸易的发展。由此，他总结出“日本式对外直接投资理论”，即对外直接投资应该从投资国已经或即将陷于比较劣势的产业，即边际产业依次进行。

（二）发展中国家的直接投资理论

20 世纪 80 年代以来，发展中国家和一些新兴工业化国家对外直接投资发展迅猛。依照西方主流国际直接投资理论难以解释发展中国家对外投资的优势与动机。如何解释发展中国家对外投资趋势成为许多专家学者的研究话题，经过多年的研究积累，形成了小规模技术理论、技术地方化理论、投资发展阶段理论、投资诱发要素组合理论等重要理论。

1. 小规模技术理论

小规模技术理论是关于发展中国家跨国公司的理论。由哈佛大学的刘易斯·威尔斯（Louis T. Wells）提出，他认为发展中国家跨国公司的竞争优势来自低生产成本，这种低生产成本与其母国的市场特征相关。发展中国家跨国公司的竞争优势主要表现在：拥有为小市场需要服务的小规模生产技术；就地取材和同种族的优势（服务于国外同一种族团体）；接近市场优势和低价产品营销战略（刘易斯·威尔斯，1986）。小规模技术理论对于分析发展中国家如何将现有技术与自身特点结合起来，从而在国际竞争中形成竞争优势具有现实指导意义。不过，从本质上看，小规模技术理论仍然属于技术被动论，认为发展中国家主要采用“降级技术”。

2. 技术地方化理论

英国经济学家拉奥（Sanjaya Lall）在 1983 年出版了《新跨国公司：第三世界企业的发展》一书，提出用“技术地方化理论”解释发展中国家对外直接投资行为。拉奥深入研究了印度跨国公司的竞争优势和投资动机，认为发展中国家跨国公司的技术特征尽管表现为规模小、使用标准化技术和劳动密集型技术，但这种技术的形成却包含着企业内在的创新活动。拉奥认为，在引进发达国家的成熟技术后，发展中国家能够通过消化改进，使技术更适应发展中国家的需要，更适应东道国的要素条件和市场需求，即把这种技术知识当地化。在技术知识当地化过程中，包含了企业内在的创新活动，而正是这种创新活动给发展中国家的企业带来了“垄断优势”。

拉奥的技术地方化理论对于发展中国家企业对外投资具有重要的现实指导意义。与小规模技术理论暗含的技术被动性不同，技术地方化理论弥补了小规模技术理论的不足，指出发展中国家的企业不是被动地接受“降级技术”，而是能够根据当地的生产、需求条件，主动地改进和创新技术，从而形成自己独特的竞争优势。

3. 投资发展阶段理论

20 世纪 80 年代初，邓宁将其国际生产折衷理论动态化，创立了国际直接投资发展阶段理论（Dunning，1981）。在该理论中，邓宁按照人均国民生产总值指标将经济发展划分为不同的阶段。

第一阶段（人均 GNP 低于 400 美元或等于 400 美元）。不会产生直接投资净流出的现象，这是由于一个国家的企业还没有产生所有权优势。同时在这一阶段外资总的流入量不大，也是由于东道国各种条件的制约。

第二阶段（人均 GNP 在 400~1500 美元）。在这一时期内，外资流入量增加，但主要是利用东道国原材料及劳动力成本低廉的优势，进行一些技术水平较低的生产性投资。在对外投资方面，东道国的投资流出仍停留在很低的水平上，只是在邻近国家进行了一些直接投资活动，并通过引进技术及进入国际市场等形式，来实现进口替代投资的经济发展战略。

第三阶段（人均 GNP 在 2000~4750 美元）。由于东道国企业所有权优势和内部化优势大大增强，人均净投资流入开始下降，对外直接投资流出增加。标志着一个国家的国际直接投资已经发生了质的变化，即专业化国际直接投资过程的开始。

第四阶段（人均 GNP 在 2600~5600 美元）。这一时期是国际直接投资净流出的时期。随着该国经济发展水平的提高，这些国家的企业开始具有较强的所有权优势和内部化优势，并具备发现和利用外国区位优势的能力。

邓宁认为，在不同的阶段，由于其经济发展水平的差异，其所有权优势、内部化优势、区位优势都发生相应的变化，导致其对外投资流入量与流出量之间的变化，最终改变其国际投资地位。

4. 投资诱发要素组合理论

国际经济学者为了克服以往对外直接投资理论的片面性和局限性，提出了“投资诱发要素组合理论”。该理论的核心观点是：任何形式的对外直接投资都是在投资直接诱发要素和间接诱发要素的组合作用下而发生的。

直接诱发要素是对外直接投资产生的主要要素。它主要是指各类生产要素，包括劳动力、资本、技术、管理及信息等。

间接诱发要素是指除直接诱发要素以外的其他诱发对外直接投资的因素。间接诱发要素在当代对外直接投资中起着重要作用。间接诱发要素包括：

（1）投资国政府诱发和影响对外直接投资的因素：鼓励性投资政策和法规；政治稳定性及政府与东道国的协议和合作关系。

（2）东道国诱发和影响对外直接投资的因素：投资硬环境状况（交通设施；通信条件；水、电、原料供应；市场规模及前景；劳动力成本等）；投资软环境状况（政治气候、贸易障碍、吸引外资政策、融资条件及外汇管制、法律和教育状况等）；东道国政府与投资国的协议和关系。

（3）世界性诱发要素和影响对外直接投资的因素：经济生活国际化以及经济一体化、区域化、集团化的发展；科技革命的发展及影响；国际金融市场利率及汇率波动；战争、灾害及不可抗力的危害；国际协议及法规。

发展中国家的对外直接投资，在很大程度上是间接诱发要素在起作用，而且这种作用在当代对外直接投资中越来越重要。该理论在阐述对外直接投资的决定因素时注意了东道国的需求和条件所产生的诱发作用，以及国际环境条件对投资的作用，克服了先前理论中只注重投资目的、动机和条件，忽视东道国和国际环境的因素对投资决策影响作用的片面性。

三、城市竞争力理论

城市竞争力主要指一个城市在竞争和发展过程中同其他城市相比较，具有多快好省地创造财富和价值收益的能力。城市价值收益的获得及获得的多少决定于城市创造价值的能力，决定于城市的竞争力（倪鹏飞，2008）。

国外关于城市竞争力研究兴盛于20世纪80~90年代。其中最具代表性的研究是由美国哈佛大学商学院的波特（Michael E. Porter）教授提出的国家竞争优势理论。在《国家竞争优势》一书里，波特提出了国家竞争优势理论，用于分析一个国家某种产业为什么会在国际上有较强的竞争力。波特认为，决定一个国家的某种产业竞争力有四个因素：①企业战略、企业结构和竞争对手。②相关产业和支持性产业的表现。③生产要素。④需求条件。与此同时，波特也强调了机会和政府有相当大的影响，形成了著名的“钻石”体系，即波特的国家竞争优势模型。

虽然城市竞争力不同于产业竞争力，但其中蕴含的内容却有相似之处。因此，“钻石体系”模型经常被借鉴用于构建城市竞争力理论模型。

城市竞争力的研究涉及很多指标体系的选取，而不同指标的选取所依赖的是国内外学者从不同方面对城市竞争力的理解与定义。美国巴克内尔大学 Peter Karl Kresl（1999）认为，城市竞争力是指城市创造财富、提高收入的能力。他强调，在评估城市竞争力时，指标的选择至关重要，并且对城市竞争力与国家竞争力加以区别是评价城市竞争力的关键，其城市竞争力及评价框架是显示性框架和解释性框架的结合。美国斯坦福大学 Douglas Webster（2000）认为，城市竞争力是指一个城市能够生产和销售比其他城市更好的产品的能力，提高城市竞争力的主要目的是提高城市居民的生活水平。评价竞争力的 4 个因素是经济结构（产业构成、生产力水平、国内外投资等）、区域禀赋（区位、基础设施、适宜性、生活商务成本等），人力资源（价值链移动的活度和范围）和制度环境。

世界银行的城市竞争力评估主要聚焦于能被地方控制和严重影响的因素，评估指标分为四类：一是经济结构因素，包括经济组合、生产率、产出和增加值、国内外投资；二是区位禀赋，涉及与给定区位不可贸易的要素，例如区位、基础设施、自然资源、气候环境、生活和营商成本以及城市区域形象；三是人力资源，涉及城市区域劳动力的技术水平、可得性及其成本；四是制度和文化氛围，涉及商业文化、治理、政策框架（包括激励结构）和社会网络。在此基础上，设计了相应的指标体系。世界经济论坛的城市竞争力指数框架则由三大项组成：科技创新、宏观经济环境和公共部门质量。

随着我国城市经济的发展，城市竞争力的研究在 20 世纪 90 年代后受到许多学者的关注，其中比较有影响力的是中国社会科学院财贸所中国城市竞争力项目组的研究成果《中国城市竞争力报告》，从 2003 年开始，中国社会科学院财贸所中国城市竞争力项目组开始发表年度《中国城市竞争力报告》，报告认为，城市竞争力是一个复杂的混沌系统，它由许多子系统组成，同时又是更大系统的子系统。城市竞争力系统的构成是复杂的，其众多的要素和环境系统以不同的方式存在，又处在不同的维度和层次上，它们共同构成城市综合竞争力，决定城市的价值收益。报告使用两套指标即城市竞争力的显示性指标和解释性指标，其中解释性指标又有两套：以弓弦模型为基础的指标体系和以飞轮模型为基础的模型。这些指标涵盖了城市综合竞争力、人才本体竞争力、企业本体竞争力、主要产业本体竞争力、公共部门竞争力、生活环境竞争力、商务环境竞争力、创新环境竞争力、社会环境竞争力等，分别从不同的角度反映和评估城市竞争力表现和影响因素（倪鹏飞，2008）。

总的来讲，城市竞争力指标体系不管从什么角度，也不管着眼于什么地方或焦点在哪里，其体系中都离不开那些重要的方面，即经济结构、人力资本、外部联系和技术创新这几个方面，但也不得不承认，到目前为止这些研究还没有能够以一个可靠的理论基础，建立一个一致的分析框架，形成一套能如实反映城市竞争力的简明、逻辑严密的指标体系（倪鹏飞，2008）。

四、社会网络理论

社会网络的概念最早是在英国著名人类学家 R. 布朗对结构的关注中提出来的。布朗所探讨的网络概念聚焦于文化是如何规定有界群体（如部落、乡村等）内部成员的行为，他的研究比较简单，实际的人际交往行为要复杂得多。较成熟的社会网络的定义是 Wellman 于 1988 年提出的“社会网络是由某些个体间的社会关系构成的相对稳定的系统”，即把“网络”视为是联结行动者（Actor）的一系列社会联系（Social Ties）或社会关系（Social Relations），它们相对稳定的模式构成社会结构（Social Structure）。随着应用范围的不断拓展，社会网络的概念已超越了人际关系的范畴，网络的行动者（Actor）既可以是个人，也可以是集合单位，如家庭、部门、组织。社会网络与企业知识、信息等资源的获取紧密相关。网络成员有差别占有各种稀缺性资源，关系的数量、方向、密度、力量和行动者在网络中的位置等因素，影响资源流动的方式和效率。

交换行为得以发生的基础是双方必须有一定程度的相互信任。格兰诺维特认为，信任来源于社会关系网络，信任嵌入在社会关系网络之中，而人们的经济行为也嵌入在社会关系网络的信任结构之中（Granovetter，1985）。所谓“嵌入”，指的是各类经济交易活动都受到其所处的社会结构限定，这种社会结构决定了交易的形式与结果。

林南（Lin，1982）认为，那些嵌入个人社会关系网络中的社会资源——权力、财富和声望并不为个人直接占有，而是通过个人的直接或间接的社会关系来获取。个体社会关系网络的异质性、社会关系网络行动者的社会地位、个体与社会关系网络行动者的关系力量决定该个体所拥有的社会资源的数量和质量。在社会资源理论的基础上，林南又提出了社会资本理论。林南认为社会资本是“投资在社会关系中并希望在市场上得到回报的一种资源，是一种镶嵌在社会结构之中并且可以通过有目的的行动来获得或流动的资源”。简要地讲，社会资本是嵌入社会网络关系中的可以带来回报的资源投资。一种社会网络如果只停留在网络意义上，没有为行动者所利用，没有给行动者带来利益，那么网络就不是资本。社会网络一旦被人们加以工具性地利用，社会网络就已经资本化了。社会资源仅仅与社会网络相联系，而社会资本是从社会网络中动员了的社会资源（杨瑞龙、杨其静，2005）。

第三节　研究框架

本书从历史的视角，从近代汕头被开辟为通商口岸出发，主要运用国际贸易理论、国际投资理论、社会资本理论等分析近代以来汕头与东南亚各国密切的贸易往来、华侨在汕头的投资活动等，进而分析近代以来汕头城市经济社会的发展。

作为近代通商口岸，特别是作为著名侨乡，汕头成为我国改革开放的第一批经济特区之一，是我国对外开放的前沿阵地。在“一带一路”倡议提出后，汕头作为21世纪海上丝绸之路我国加强建设的沿海15个港口城市之一，成为参与国家“一带一路”建设的重要一员。在国家对汕头的定位和广东省委省政府的期许下，汕头市委市政府对汕头参与“一带一路”建设进行了探索和谋划，并最终形成一系列重要战略行动，包括建设华侨经济文化合作试验区、建设中以（汕头）科技创新合作区、打造国际枢纽港、发展跨境电商和建设国际化、法治化和便利化的营商环境等。这些战略行动对于推动“政策沟通、设施联通、贸易畅通、资金融通、民心相通”建设都具有重要的推动作用。

无论是华侨试验区的建设、中以（汕头）科技创新合作区的建设、打造国际枢纽港、发展跨境电子商务，还是建设国际化、法治化和便利化的营商环境，其中心内容无非都是进一步促进汕头的全面深化对外开放，发挥海内外华侨华人网络的作用，扩大对外贸易、扩大对外双边投资与合作等，从而促进汕头城市经济社会发展，提升城市竞争力。

本书将综合运用国际贸易理论、国际投资理论、社会网络理论、城市竞争力理论等对汕头参与“一带一路”建设进行分析论证，形成研究结论，对汕头参与“一带一路”建设取得的成绩与不足进行评价并给出政策建议。如图 3-1 所示。

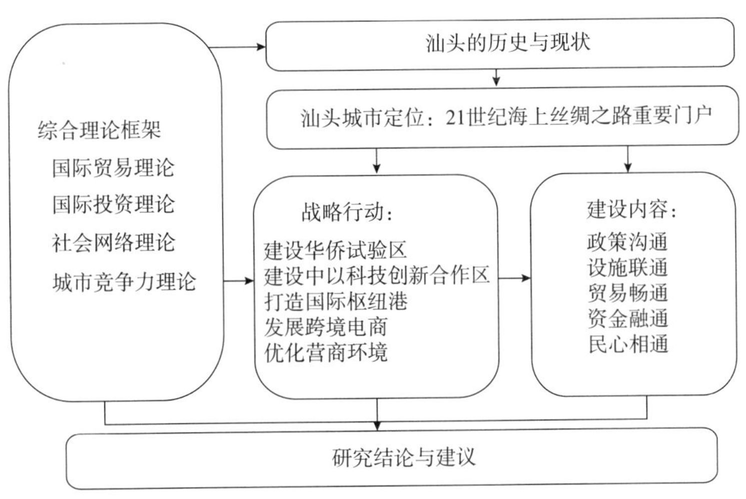

图 3-1　研究框架

第四章

汕头对“一带一路”建设的战略支撑

第一节　港口：岭东之门户

一、港口与城市共生

潮汕地区位于粤东南部，东南濒临南海，境内江河密布，有韩江、榕江、练江、黄岗河和龙江5大水系64条支流；沿海港湾众多，全境有大陆岸线567.5千米，岛屿岸线167.37千米，水路交通四通八达。这种得天独厚的地理位置和自然环境，成为发展港口和航运的巨大优势，并在经济发展和社会进步中发挥着重大作用。

潮汕地区的港口源远流长。早在西汉时期就有了海上交通的记载，在宋代以前，本区主要商港是古潮州港，后随着韩江三角洲不断向东南拓展，凤岭港继潮州港之后成为潮汕地区古代中心港口，其遗址在今澄海程洋岗乡外的韩江边。凤岭港作为潮州古老的对外贸易口岸，当时出口外销主要是陶瓷产品。宋代，潮州的陶瓷工业已经相当发达，潮州笔架山上有百窑村生产的大量陶瓷产品，用小船经过韩江运抵凤岭港集中，然后用大船或远洋船运往上海、广州以及东南亚等地销售。凤岭港在宋代一直保持着本区主要商贸港的地位。只是到南宋后，由于横陇洲的成陆，南北堤逐渐向海滨修筑，东溪成为韩江排洪干道，凤岭港因此失去优势，逐渐被庵埠港、东陇港、辟望港（南关港）、樟林港和柘林港所取代。随着韩江三角洲不断扩展和樟林港、庵埠港的衰落，汕头港日渐成为近现代潮汕地区对外海运贸易的中心港口。

鸦片战争前，汕头已初具商埠雏形，汕头港成为国内一个运输十分繁忙的中转港。汕头开埠前，西方国家的帆船已驶到妈屿岛海面，进行倾销洋货（主要是鸦片）和贩运人口等非法活动。清咸丰八年（1858年），恩格斯在《纽约每日论坛报》发表的《俄国在远东的成功》一文中指出，汕头是五口通商之后“唯一有一点商业意义的口岸”。[①] 第二次鸦片战争失败，根据中美、中英、中法签订的《天津条约》规定，汕头于1860年被迫辟为对外通商口岸，称“汕头埠”，属澄海县鮀浦司管辖。

汕头开埠后，外国商船纷至沓来，英、美、法、德、日以及挪威、丹麦、荷兰、俄国9个国家先后来汕设立领事馆，开办洋行、教会和航运机构，建设码头、仓库，开展海运贸易事业。同治元年（1862年），英国汽船首次公开抵汕，随后，美、法、德、日等12个国家的船舶相继来汕。外国船舶来汕运进的外国货物，除了少量的棉花、布匹、工业品外，大部分是鸦片。在汕头海运贸易快速发展的同时，也兴起了一股移民高潮，移民有一部分是自由移民，有一部分是以“契约华工”身份出国。汕头开埠后，“从此举凡潮州出入口贸易者皆以汕头为吐纳，汕头与新加坡、暹罗、海防、苏门答腊各地商贸日繁，贸易额也以次激增”[②]。至民国成立前，汕头对外贸易的对象主要是中国香港、新加坡、曼谷、西贡以及英、美、日等地区和国家。

二、港口的枢纽地位

汕头港地理位置重要，区位优势明显。汕头港的直接经济腹地是汕头、潮州、揭阳、梅州4市所辖的广大地区，其间接腹地包括闽西南及赣南部分地区，是粤东、赣东南、闽西南的商品集散地，素有“岭东之门户，华南之要冲”的称誉。汕头港扼韩江、榕江、练江之出海口，邻近西太平洋国际黄金航道，居福州至广州黄金海岸线的中点，是泛珠三角经济圈和海西经济带的重要节点。汕头港东临台湾海峡，距高雄214

① 《马克思恩格斯选集》第二卷，第38页。
② 温廷敬：《大埔县志·民生志上·贸易》。

海里，距香港187海里，历来是粤东、闽西、赣南物资的重要集散地和海上门户，也是广东省距离台湾最近的港口。

汕头港随着基础设施的建设，国际航线的开通，促进了港口海运贸易的发展，到20世纪30年代，汕头海运商贸达到了鼎盛时期。据《潮海关史料汇编》资料显示，“1932~1937年各年往来外洋船舶艘吨数均占全国第三位”,① 仅次于上海、广州。

1949年，中华人民共和国成立后，在历次的港口布局规划中，汕头港均被定为国家层面的主枢纽港。改革开放促进了汕头港海运贸易事业的发展。1980年汕头经济特区创办之后，港埠企业应运而生，截至2010年，全市拥有港务、航运、船务、船舶代理和境外航运商常驻机构105家，为汕头港海运贸易发挥了应有作用。

改革开放40年以来，汕头港发生了翻天覆地的变化，既是全国沿海25个主要港口之一，也是粤东唯一的国家沿海主要港口，规模、区位、资源、交通等方面优势明显。汕头港是华南地区对外贸易的重要口岸，是广东五大枢纽港之一，也是广东首个对台直航的港口。目前，汕头港已与世界57个国家和地区的268个港口有货物往来。已开通至地中海、中东、菲律宾、南美、西非、东南亚等国际集装箱班轮航线和内贸集装箱航线共计25条。2016年，全港货物吞吐量达到5000万吨、集装箱完成124万标箱，分别占粤东三港总量的56.5%、99%。

第二节　城市：世界潮人之都

一、汕头是近代华侨出入境的主要口岸

汕头开埠后，成为中国最大的华侨出入国口岸之一。每年有大量人

① 中国海关学会汕头海关小组、汕头市地方志编纂委员会办公室：《潮海关史料汇编》，1988年，第141-142页。

员经汕头港出国往东南亚各国谋生。潮汕华侨和邻近的梅州、诏安等地华侨往返南洋多从汕头口岸进出，每年从汕头口岸进出的华侨有数万乃至十几万之多，汕头行驶南洋轮船航线平均每月达到36艘次。在出入国华侨中，以潮汕籍华侨为数最多。汕头开埠后至民国时期，是潮汕人出国谋生的高峰期。民国16年（1927年）是最高潮，出国22.2万人，归国14.5万人。

二、汕头市的建设与华侨密不可分

近代华侨在汕头的投资以房地产业、商业和金融业为主，华侨投资推动了汕头城市建设的发展和商业的繁荣。20世纪20年代，汕头进行市政改革，大力开展市政建设，华侨投资成为市政建设的重要力量，在华侨投资的支持下，外马路、瑞平路、中山路、民主路、至平路、镇邦路、安平路、瑞平路、商平路、国平路以及西堤路等主要街道在20世纪二三十年代陆续建成，形成了以小公园为中心的老市区。据1959年汕头市房地产管理局提供的材料，当时汕头市房屋有4000多幢，其中产权属于华侨的有2000多幢，占50%以上。

华侨除了投资房地产促进市政建设，也投资商业、金融业，促进了汕头商业繁荣。华侨多经营进出口商品，主要与泰国、新加坡、越南和缅甸等国家进行贸易。侨批局也多由华侨出资经营，在小公园一带，坐落着近百家侨批局，为东南亚华侨和潮汕侨眷提供侨批递送服务；① 华侨还经营百货公司，如小公园附近的4家百货公司——南生、平平、广发、振源，都是华侨投资创办的。服务业中最大的酒家（永平酒店、中央酒店等）、旅馆（如西南通、富春以及东南旅馆），也都是华侨经营的。

今天，这些街道构成了以小公园为中心的汕头开埠文化街区，是海外潮人缅怀先辈“过番”和寻根的必访之地，是海内外潮人的共同心灵家园。

改革开放后，最早到汕头来投资的也是华侨。汕头经济特区首家外

① 侨批，通常是指海外侨胞通过民间渠道及后来的金融邮政机构寄回国内、连带家书或简单附言的汇款凭证，其基本特征是“银信合封”，即书信、钱物一并递送。侨批局是专门经营、传递华人移民侨批的私营商业性服务机构，是一种兼有金融与邮政双重职能的经济组织。

资企业——正大康地汕头有限公司，正是由泰国著名企业家、潮汕籍华侨谢国民投资的。[①] 汕头的外商投资主要来自香港，多数为华侨资本，一些香港华侨委托汕头的亲戚经营工厂，主要从事"三来一补"等外贸加工业务。依托华侨关系，一些人开始创业，从事贸易、加工等，从而促进了汕头经济的发展。作为潮汕地区唯一一所综合性大学，汕头大学的发展更是离不开著名侨领李嘉诚先生的大力支持。

三、汕头是潮汕地区的经济文化中心

近代，汕头不仅是华侨出入国口岸、是货物的集散地、是对外贸易的重要港口，汕头的金融业更是触及潮汕各地村落，如众多侨眷赖以生活的侨汇，多数要经过汕头进行分发，汕头是粤东侨汇的集中地和中转站。汕头无疑是潮汕地区的经济中心。

新中国成立后，1950 年 3 月 15 日成立汕头市人民政府。1956 年，设置汕头专区。汕头专区辖今潮阳区、潮安区、澄海区、饶平、南澳、揭阳、普宁、惠来、丰顺、梅县区、大埔、五华、兴宁、平远、蕉岭等区县。1965 年 7 月，原兴梅 7 县（丰顺、梅县区、大埔、五华、兴宁、平远、蕉岭）从汕头专区分出，归属梅县专区。直到 1991 年 11 月，汕头市行政区域调整为汕头、潮州、揭阳三个地级市。汕头市历史沿革如表 4-1 所示。

也就是说，从新中国成立后到 1991 年 11 月，汕头市一直是潮汕地区的经济、政治和文化中心。

表 4-1　汕头历史沿革简表

时间	大事略记
1921 年 3 月	设汕头市政局
1921 年 7 月	成立市政厅，与澄海分治
1930 年	准予设市，隶属广东省政府
1950 年 3 月 15 日	成立汕头市人民政府

① 谢国民：《带来汕头的首家外企》，《潮商》，2011 年第 4 期，第 11 页。

续表

时间	大事略记
1956 年	设置汕头专区。汕头专区辖今潮阳区、潮安区、澄海区、饶平、南澳、揭阳、普宁、惠来、丰顺、梅县区、大埔、五华、兴宁、平远、蕉岭等区县
1965 年 7 月 19 日	国务院第 157 次会议决定，由汕头专区揭阳县划出西北部 13 个公社（镇），陆丰县划出 2 个公社，成立揭西县。因县地大部为原揭阳县西部境地而得名揭西，县政府驻河婆镇，属汕头专区管辖 1965 年 7 月，设立梅县专区，原兴梅 7 县从汕头专区分出，归属梅县专区
1981 年 10 月 16 日	经国务院批准，在汕头市郊龙湖划出 22.6 平方千米土地建立汕头经济特区
1983 年 7 月	汕头地市合并，汕头市为省直辖市，下辖今揭阳、饶平、澄海区、南澳、潮阳区、普宁、惠来、揭西、海丰、陆丰、潮州市 10 县 1 市及安平等 5 区。同年 12 月 22 日，实行市管县体制，撤销汕头地区，原地区所属海丰、陆丰拆出（注：两县并为地级市汕尾市），余 8 县 1 市并入汕头市
1984 年 11 月	经国务院批准，汕头经济特区的区域面积扩大为 52.6 平方千米，分龙湖和广澳两片区
1991 年 4 月	经国务院批准，汕头经济特区的区域扩大到整个汕头市区，面积 234 平方千米。同年 11 月，汕头市行政区域调整为汕头、潮州、揭阳三个地级市，揭西县划为揭阳市管辖
2003 年	经国务院批准，汕头行政区划作出重大调整，潮阳、澄海撤市建区，原市区 5 个区调整合并为 3 个区，其中河浦、达濠两个区合并为濠江区；升平、金园两区合并为金平区；龙湖区保留，将原属澄海市的外砂镇、新溪镇划归龙湖区；澄海市撤市设区；潮阳市撤市分设潮阳、潮南两个区。调整后，市区面积从原来的 310 平方千米扩大到 1956 平方千米，市区人口从原来的 120 万增加到 487.5 万
2011 年 5 月 1 日	经国务院批准，汕头特区范围扩大至汕头市

注：广东省应急办官网、汕头市政府官网以及李宏新：《潮汕分市纪事（1991）》，《潮汕地区历史沿革》，1991 年。

资料来源：百度百科。

虽然自 1991 年 11 月后，汕头市行政区域分拆为汕头、潮州、揭阳三个地级市，但汕头毕竟在经济、教育、医疗、文化等方面有着厚实的基础，一直扮演着粤东中心城市的角色（见图 4-1）。

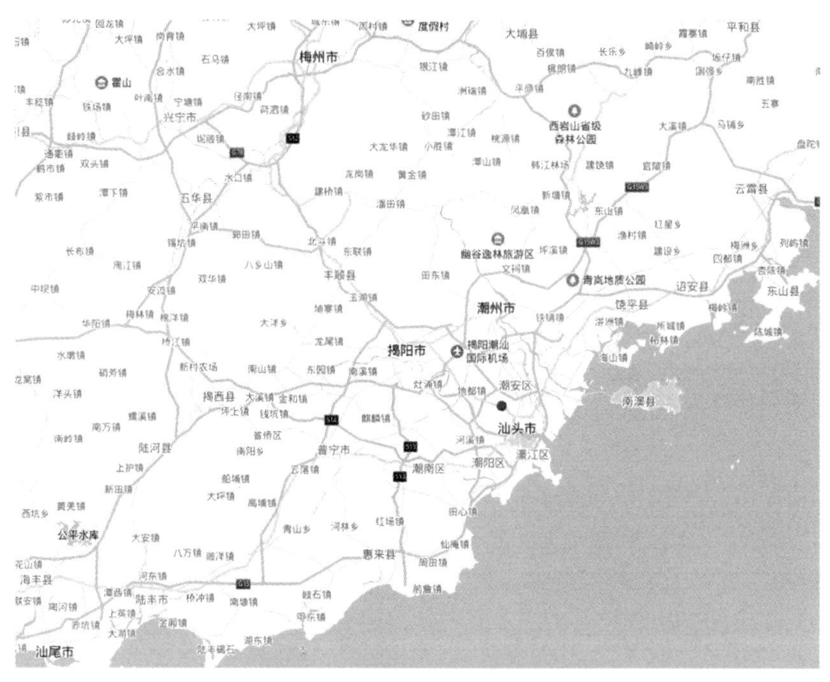

图 4-1　潮汕地区及周边地区

图片来源：百度地图。

作为侨乡，汕头拥有丰富的华侨文化资源，如樟林古港、小公园开埠文化区、陈慈黉故居、福成侨批局等。从海外华侨数量讲，汕头籍华侨也是数量较多的，潮汕地区著名侨乡也多数在澄海、潮南、潮阳。今天，华侨文化已成为潮汕文化的重要部分。许多海外华侨返乡探亲，或者潮籍华侨后代到潮汕探亲寻根，汕头是他们缅怀先辈“过番”和寻根的必访之地。

第三节　海内外华侨华人：民心相通的基础

一、海内外潮籍华侨华人的数量与分布

据不完全统计，目前海外华侨华人约5000万，其中潮籍华侨华人近1500万（陈瑞娟、陈泽松，2018）。潮籍华侨华人遍布全球各地，“有潮水的地方就有潮汕人”。东南亚是海外华人最集中的地方，也是潮籍华侨华人的主要聚居地。据统计，在东南亚潮人比较集中的国家，泰国有近500万人，马来西亚有60多万人，印度尼西亚有100余万人，新加坡有60万人，柬埔寨也有60万人（张应龙，2015）。

潮籍华侨华人在数量上人数众多，潮人社团（简称潮团）更是遍布世界各地。据不完全统计，全球潮属社团超过1万个（陈瑞娟、陈泽松，2018）。海外潮人社团是随着潮汕人移民国外逐步发展起来的。海外潮团的组织模式与其他族群的侨团一样，经历从神庙到地缘会馆、血缘会馆再到商会一类行业会馆的演变过程，其基本宗旨也是团结互助、服务乡亲、传承文化等。

随着海外潮团国际化的推进，国际潮团总会和国际潮青联合会已经成为海外潮团国际化的重要支柱和推进海外潮团国际化的牵引力。国际潮团总会会员逾百个，来自全球数十个国家和地区，大多都是所在地有实力及影响力之社团（张应龙，2015）。通过潮属社团的有效凝聚，形成了覆盖全球潮人的社会网络。人数众多的潮籍华侨华人和海外潮团无疑是“民心相通”的重要基础。

很多潮商经济实力雄厚、社会地位显赫，对所在国的经济社会发展做出了突出的贡献。在华商500强中，有1/3以上的华商在东南亚各国，然而东南亚80%的华侨华人是潮汕籍。2015年有34位潮汕人登上福布斯全球华人富豪榜。潮籍华侨华人在科技创新方面同样有不少建树。以国

际潮籍博士联合会为例，已联络海内外潮籍博士专家超过2000名，会聚了各学科、各领域的潮籍知识精英和领军人物（陈瑞娟、陈泽松，2018）。潮籍华侨华人在经济、科技、文化等领域的实力和海外潮团所构成的社会网络，有助于中国企业特别是潮汕本土企业更好地“走出去”。

二、潮籍华侨华人是“民心相通”的基础

“一带一路”沿线包括64个国家，六大经济走廊，地域跨越广袤，族群构成复杂，社会制度、文化背景各有特色，不同国家或族群对“一带一路”建设的态度也互不相同，有支持、协助、共建，也有质疑、阻碍、破坏。东盟国家对中国“海上新丝路”计划也存在不同的疑虑、担心和质疑声音。

习近平主席在论述“一带一路”构想时，特别强调了“民心相通”的重要性：“国之交在于民相亲，民相亲在于心相通”。不同国家国情不尽相同，只有构建人民之间交流的纽带，让人民从相识到相知，从相知到信任，从信任到密切合作，建立真诚的互利互信与合作共赢，才是国与国关系走向稳固的根基。“民心相通”不仅是“一带一路”“五通”建设的一个维度，同时也可为其他“四通”建设提供坚实的社会和民意基础，是确保“一带一路”建设顺利推进的重要前提。与基础设施建设相比，“民心相通”似乎并不紧迫，而实际上这是任重而道远的治本之道，其构建难度也远远超过具体可触的有形障碍。

在“一带一路”倡议建设过程中，我国与沿线国家在文化冲突、语言差异等方面会造成一定的“心理距离”，而海外华人华侨在促进“民心相通”，缩短“心理距离”方面有着重要的作用。在《“一带一路”沿线国家五通指数报告》中，民心相通指数前6个国家为新加坡、泰国、俄罗斯、马来西亚、巴基斯坦和印度尼西亚（北京大学“一带一路”五通指数研究课题组，2016）。可见华侨华人在促进东南亚国家与中国民心相通方面起到重要作用。例如，马来西亚虽然距离比巴基斯坦更远，“一带一路”项目规模也远远不及，然而由于华人在政商界的强大势力，两地华人“同文同种”的文化亲缘关系，对于“一带一路”

倡议在文化层面更为关注，心理上的距离反而更近。这也为中国在“一带一路”对外传播中重视和运用“侨民”群体打开了新思路。

海外潮人集中于东南亚各国，海外潮团数量众多，应当成为中国与东南亚国家从经济合作到文化沟通之中最为高效和实际的推动力，更好地向所在国讲述“一带一路”倡议，在夯实“民心相通”方面贡献力量，为“一带一路”提供支撑和保障。

如新加坡潮州节，是增进新加坡与中国“民心相通”的重要举措和平台。首届新加坡潮州节于 2014 年 9 月 27 日在新加坡义安城正式开幕。新加坡副总理兼国家安全统筹部长及内政部长张志贤、中国驻新加坡大使段洁龙出席开幕仪式。首届潮州节为期 11 天，通过多元活动，让民众体验地道潮汕文化艺术。展区更设有潮汕文化馆，向民众讲述潮汕先辈到南洋谋生的历史。潮州节让新加坡人民更好地了解中国、了解潮汕地区，拉近了两地人民的心理距离。

汕头要发挥“世界潮人之都”的侨乡优势，依托海外潮人潮团，推动海内外潮商的合作，将华侨经济文化试验区打造成为海内外华侨华人文化交流的平台，为“民心相通”夯实基础。“一带一路”将促进海内外潮商的合作，海外潮团在助力中国“走出去”等方面将能发挥更加重要的作用。海内外潮商通过紧密合作和交流，吸收中外先进文化理念，发挥彼此的优势，携手共进，从而增强潮商的国际影响力。除了经济合作和交流之外，海外潮人、潮团在发展华文教育、组织潮籍华裔来中国参加夏令营、寻根问祖活动，推动文化交流，增进“民心相通”等方面都具有重要的作用。

第四节　产业：与东盟国家有广阔的合作空间

一、产业结构与东南亚国家有较高的契合度

改革开放后，汕头在对外贸易、个体户经营快速发展，批发、零

售、餐饮等商业活动非常活跃，以至于服务业增加值占 GDP 比重从改革开放伊始就处于较高比重，1980 年占 40.9%，三大产业的比重结构为 25.0∶34.1∶40.9，此后，服务业增加值占 GDP 比重波动上升至 1992 年的 46.4%，1992 年三大产业的比重结构为 16.7∶36.8∶46.4。作为港口贸易城市，汕头工业基础本来就比较薄弱，在 1964 年国家开始“三线建设”后，又把汕头的一些工业企业迁到内地，改革开放后工业虽然也得到一定发展，工业增加值呈上升态势，但发展速度慢于第三产业，以致在 GDP 占比中出现下降，并于 1984 年处于低点，占比仅为 26.9%，三产比重结构为 32.5∶26.9∶40.7，后工业增加值占比开始呈上升趋势，产业结构从“三二一”向“二三一”演进，并于 2008 年占比达到 55.1%，三产比重结构为 5.7∶55.1∶39.2，至 2017 年三产结构演化为 4.6∶50.2∶45.2。结合目前汕头人均 GDP 数据，2017 年汕头人均 GDP 为 42025 元，大约合 6200 美元，按照钱纳里工业化阶段理论，可以判断汕头处于工业化中期向工业化后期演进的阶段（见图 4-2、表 4-2）。

而东南亚各国除了新加坡率先成为新兴工业化国家，已进入后工业化阶段外，马来西亚、泰国等还处于工业化的中期阶段，柬埔寨、越南、老挝等国还处于工业化的初期阶段。在农业方面，多数国家农业部门的就业比重大大高于增加值比重，农业劳动力转移滞后，农业劳动力向工业、服务业转移空间还很大。在工业方面，东南亚各国经济规模大多相对较小，并未形成完整的工业体系，基础工业发展较慢，技术、资本密集型产业发展也较慢，产业结构升级乏力，技术进步缓慢。在服务业方面，多数国家的服务业发展比较滞后，现代化的信息、物流、科技和文化等正处于形成与发展过程中（王勤，2014）。可以说，汕头与东南亚各国在发展阶段、产业结构等方面不尽相同，在国际生产网络和区域产业链中处于不同的位置，经济互补和产业合作具有较大潜力，汕头产业结构与东南亚国家的产业结构具有较高的契合度，这为未来汕头加强与东南亚地区经济合作提供了广阔的时空条件。

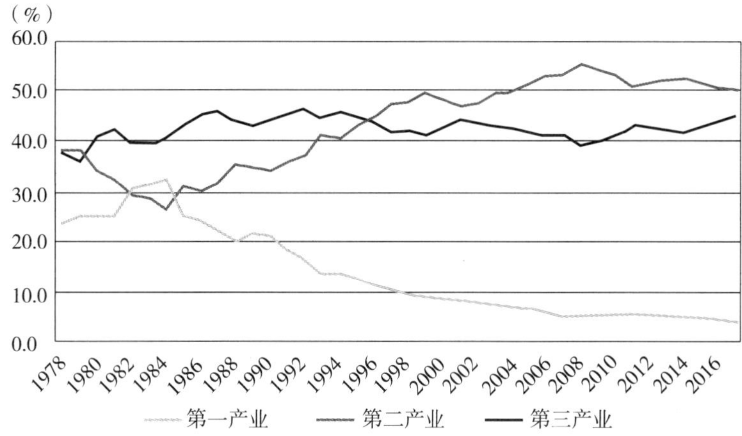

图 4-2 汕头市产业结构演化情况

资料来源：《汕头市统计年鉴》(2017)。

表 4-2 1978~2017 年汕头市三大产业产值情况

单位：万元

年份	地区生产总值	第一产业	第二产业	第三产业
1978	87083	20962	33094	33027
1979	94569	23956	36325	34288
1980	107865	26925	36811	44129
1981	126157	31873	40945	53339
1982	141580	43650	41922	56008
1983	134015	42108	38831	53076
1984	173975	56465	46744	70766
1985	240631	60801	75087	104743
1986	283636	69209	86138	128289
1987	386494	87044	122014	177436
1988	571394	117210	203857	250327
1989	654676	142050	230186	282440
1990	724460	154179	248539	321742
1991	895783	166804	322314	406665
1992	1090985	182718	401912	506355
1993	1472148	202852	609580	659716

续表

年份	地区生产总值	第一产业	第二产业	第三产业
1994	1952513	269125	788786	894602
1995	2592815	321066	1115715	1156034
1996	3088415	353309	1380720	1354386
1997	3661084	384675	1735679	1540730
1998	4126661	407074	1975642	1743945
1999	4398277	407299	2174536	1816442
2000	4501598	393827	2173865	1933906
2001	4433662	384244	2084252	1965166
2002	4593894	381377	2194960	2017557
2003	4984253	386494	2455372	2142387
2004	5713070	413850	2860375	2438845
2005	6358828	445195	3265314	2648319
2006	7186955	431925	3803724	2951306
2007	8294880	471371	4409204	3414305
2008	9518055	541813	5245558	3730684
2009	10222426	568603	5555275	4098548
2010	11322311	645344	5997438	4679529
2011	12790816	737627	6527856	5525333
2012	14307175	804425	7362277	6140473
2013	15737342	854745	8244090	6638507
2014	17165113	918824	9035629	7210660
2015	18680251	967052	9616996	8096203
2016	20809729	1072315	10510256	9227158

资料来源：《汕头市统计年鉴》（2017）。

二、农业

汕头市地处亚热带，农业特色产品突出。蔬菜生产历史悠久，素以良种多、技艺精、单产高而远近闻名。“白沙”牌蔬菜种子享誉大江南北及东南亚。以潮汕出产的蔬菜为原材料制作的潮汕小菜，风味独特，著称海内外，如潮汕咸菜、橄榄菜、萝卜干等。汕头还有较多的特色水果，如潮汕蕉柑、三棱橄榄、乌酥杨梅、乌叶荔枝、红场青梅、狮头油甘、“灶香”香蕉、樟林林檎、溪南草莓、南澳橘红等为特色名果，广受东南亚地区欢迎。

汕头与东南亚在农业方面的合作可谓历史悠久。潮汕地区人多地少，从清代开始，泰国大米一直是汕头进口的主要产品。泰国正大集团由著名潮汕企业家谢易初和谢少飞兄弟创办。谢易初（1896 ~ 1983 年），汕头澄海区外砂蓬中村人，爱国华侨、实业家。他 27 岁赴泰国打工，后从家乡澄海引进优质菜籽，开始在泰国创业，创办正大公司，经营菜籽、饲料，逐步发展成为跨国企业。1950 年谢易初偕夫人回国，先后担任国营澄海农场技术员、副场长，国营白沙农场副场长，县人委委员、县侨联主席、省政府委员、全国侨联委员等职。在农场任职期间，他大搞农业科研，除引进优良蔬菜品种外，还与干部职工一起探索试验，先后培育、选育出“澄南”水稻、白沙早白玉米、白沙早花椰菜 11 号、白沙杂交早萝卜、白沙中花椰菜、白沙早椰菜、鸡心早大菜等一大批优良品种，其中部分良种还远销东南亚各国。[①] 直至今天，“白沙”牌蔬菜种子仍然享誉东南亚。

目前，汕头的蔬菜产业化链条较为完整，既有规模化、集约化生产基地，又有蔬菜种子开发研究单位、示范培训中心以及蔬菜加工厂、较大规模的蔬菜专业批发市场等，而水果加工及果酒业也有一定的生产规模。

从近代到今天，农产品一直是汕头出口东南亚的主要产品。随着现代农业发展，汕头与东南亚在农业领域的合作有着更广阔的空间，如种子研发合作、农产品互联网销售、现代农场建设合作等。随着海洋产业的发展，汕头与东南亚在渔业合作方面也有广阔空间，如合作捕捞、鱼类养殖等。

---

① 泰国正大集团，百度百科词条。

三、工业

汕头制造业目前已形成纺织服装、化工塑料、食品医药、工艺玩具、机械装备、印刷包装、电子信息和音像制品八大支柱产业。纺织服装、工艺玩具和化工塑料三大传统支柱产业产品附加值有较好提升，产值比重逐渐提高，其中，提升幅度最大的是纺织服装业，产业优势日益突出。工艺玩具产业正逐步向创意产业、文化产业等高端产业发展，从传统玩具礼品产业向文化创意产业迈进；纺织服装、机械制造近些年来加大研发和技术创新力度，正向高端制造方向发展。通过主动地改进和创新技术，经过多年的发展，汕头企业在机械制造、纺织服装和玩具等传统产业方面已具有一定的技术优势。但随着当地劳动力成本的上升，土地资源日益匮乏和环保压力的加大，制造业必须加快向微笑曲线两端延伸，提升产品附加值，加快转型升级。

“一带一路”沿线大多是新兴经济体和发展中国家，特别是东南亚地区，许多国家处于工业化进程初期，在劳动力资源、土地资源等方面具有较好的区位优势。特别是“一带一路”海外工业园区的建设，为我国企业“走出去”营造了良好的经营环境。汕头企业可以将制造基地向东南亚国家转移，以更好地利用当地劳动力、土地等资源。加上汕头一直与东南亚华侨及华侨团体（商会组织或同乡组织等）保持密切联系，可以发挥海外华侨华人网络的作用，动员有关社会资本，帮助企业在东南亚更好发展。

下面重点介绍汕头的纺织服装业、玩具制造业和机械制造业，这几个产业是汕头的主要出口产业，也是当前汕头企业“走出去”的主要产业。

（一）纺织服装业

汕头纺织服装产业的发展，可以追溯到近代。1860 年汕头被开辟为通商口岸，西方传教士带来了抽纱技术，西方抽纱技术与本地潮绣技艺的结合，制成了具有地方特色的抽纱品。20 世纪 20~30 年代，是汕头抽纱业的“全盛时期”，抽纱品成为汕头主要出口产品，1920 年抽纱品占总出口的 1.49%，到 1930 年上升到 21.23%，出口美国等西方国家。改革开放以后，国内服装消费市场需求增加，1981 年汕头抽纱工业达到历史最高峰，女工 107 万人；出口近 100 个国家和地区，出口额 10351 万美元；抽纱投放生产分布 175 个镇，占当时汕头所辖乡镇总数的 88%。1981 年汕头设立特区以后，充分发挥特区和侨乡的优势，大力发展服装的“三来一补”加工出口，国内外对服装市场旺盛的需求，推动了汕头纺织服装产业的大发展。

汕头许多纺织服装企业的成长史，都是本地纺织服装产业发展的缩影，许多企业都是从传统的抽纱、绣花的手工作坊开始，再经过来料、来样加工的 OEM 阶段，并不断通过研发和生产技术的提升，逐步发展成以自创品牌生产经营为主的现代化、规模化的企业。纺织服装产业目前是汕头产值规模最大的支柱产业，2017 年汕头纺织服装产业完成规模以上工业产值 1058.18 亿元，占全市规模以上工业产值的 27.9%；规模以上工业企业 661 家，占全市规模以上工业企业总数的 35.7%。产业主要分布在潮南、潮阳、龙湖和澄海区，产品以家居服装、工艺毛衫和针织内衣为主。汕头是目前国内最大的内衣生产基地，也是国内家居服产业链较为完整、产业规模较大的城市，家居服产量占全国的 70%，市场销售额占全国的 80%以上，家居服名牌数量位居全国同行业第一，名牌产品占全国的 75%以上（卢奕佳，2018）。

（二）玩具制造业

汕头的工艺玩具产业起步于 20 世纪 70 年代，作为侨乡的澄海先后组建了一批工艺厂社，从事工艺品的设计和生产，产品主要包括纱灯、香包等工艺产品。改革开放以来，澄海凭借侨乡优势，利用香港玩具产业转移的契机，依托地方优良的手工艺业和塑料制品业基础，大力发展工艺玩具产业。

80 年代初，一些澄海人在家中办起玩具的家庭作坊，初期主要是以竹木等为材料，采用来料加工的形式，通过手动、半自动塑料挤出机，生产一次定型的静态玩具。此时的家庭作坊也不断成长壮大，以国家的“三来一补”政策为突破口，发展成为初具规模的玩具生产企业。80年代末，伴随着全自动注塑机被玩具企业大量引进，澄海玩具全面进入了电动时代，质量和产量都有了大幅度的提高，工艺玩具业迅速扩张，逐步形成社会化分工协作的产业链条。1995年，澄海玩具企业开始实施品牌战略，从过去仿制为主转向自主知识产权为主，产品结构得到了极大的丰富和优化。

进入21世纪，汕头的工艺玩具产业进入高速发展时期，澄海玩具产业集群形成从设计造型、原材料供应、模具加工、零部件制造、装配成形、包装装潢、贸易销售、运输物流、电子商务等方面专业分工协作的比较完整的产业链。一些企业通过或加大科研投入开发高技术含量的新产品实现产品和功能的升级，如开发遥控车、遥控船、遥控飞机、无人机等，嘉达早教加大投入研发早教玩具产品等；而奥飞动漫、星辉车模等公司则通过资本运作收购国内著名动漫、手游、网游公司，实现产业的转型升级，从而带动区内更多有实力的玩具企业朝高端创意文化产业发展。在各大企业的带动下，澄海玩具产业集群已在全球价值链中不断向附加值更高的科研和营销两端发展，已走向“链条”式升级阶段。

汕头的工艺玩具产业历经近半个世纪的发展，目前已经形成了一批相对集中、关联度较高、产业链完整的产业集群，并逐步转型升级为传统玩具生产与文化动漫创意相结合的产业。汕头澄海区是我国三大玩具礼品生产基地之一，被中国轻工业联合会授予全国唯一的“中国玩具礼品城”称号，是国家科技部批准的“国家火炬计划澄海智能玩具创意设计与制造产业基地”，澄海玩具产业2014年被国家工信部列入全国第一批“产业集群区域品牌建设试点单位”。“澄海国家级出口玩具质量安全示范区”被国家质检总局列为“国家级出口工业产品质量安全示范区”。工艺玩具产业目前是汕头第三大规模产业，2017年工艺玩具产业规模以上工业产值482.57亿元，占全市规模以上工业总产值的12.7%；规模以上企业239家，占全市规模以上企业总数的12.9%（卢奕佳，2018）。

（三）机械制造业

汕头机械工业基础雄厚，历史悠久。早在20世纪20年代，在潮汕民族工业发展较快的时期，汕头就开设有五金机械厂、印刷厂等，近代机械工业日渐兴起。至50年代，在国内生产技术水平还不高的情况下，汕头就建立有一批较为先进电子器件、超声仪器、包装印刷和机械制造企业，为后期发展打下了基础。改革开放以后，汕头的机械工业进入了快速发展的新时期，生产、技术、管理、对外贸易等各方面都出现了崭新的面貌。许多企业先后引进了大批先进的生产技术和设备、新建扩建改造了一大批企业，形成一个具备相当规模的机械装备制造体系。汕头的机械装备产业主要分布在中心城区（金平、龙湖和濠江区），已经形成了门类齐全、加工体系较为完善、核心技术具有竞争力的轻工机械特色产业集群，拥有一批包装机械、印刷机械、塑料机械、食品机械、医疗机械、纺织机械等机械生产企业及配件制造企业。这些轻工机械产品除了满足国际市场以及国内其他地区市场以外，还为汕头其他的特色产业专业镇如印刷包装、食品、纺织服装、玩具、塑料等提供配套设备，具有明显的产业辐射作用。汕头是“中国包装印刷和装备生产开发基地”“国家火炬计划输配电设备制造产业基地”“国家火炬计划光机电产业基地”“国家火炬计划轻工机械装备产业基地”。“轻工机械产业技术创新战略联盟”是全省唯一的国家级产业技术创新战略重点培育联盟，涌现出一批在国内轻工机械行业占据龙头地位的优秀企业。2017年机械装备产业完成规模以上工业产值168.77亿元，占全市规模以上工业产值的4.5%；规模以上企业92家，占全市规模以上企业总数的5.0%（卢奕佳，2018）。

四、服务业

华侨试验区的建设是汕头打造21世纪海上丝绸之路重要门户的关键载体，华侨试验区将大力发展跨境金融、商务会展、资源能源交易、文化创意、旅游休闲、教育培训、医疗服务、信息、海洋等产业，随着华侨经济文化合作试验区的建设和“一带一路”建设的推进，汕头与东南亚地区的合作领域除了在农业、工业领域外，在服务业也有广阔的合作空间。

（一）在设施联通方面

作为21世纪海上丝绸之路沿线15个重要港口之一，汕头港要深化与海上丝绸之路沿线国家和地区的港口国际合作，增加国际集装箱班轮航线，与重要港口缔结友好合作关系，组建港口联盟，推动海上物流大通道建设。

（二）贸易相通方面

汕头与东南亚的贸易可谓源远流长，历史悠久，特别是1860年汕头开埠之后，汕头与东南亚的贸易更是发展迅猛，汕头成为我国与东南亚国家进行贸易的主要港口城市，并依托海外华侨，形成了汕头—香港—泰国—新加坡国际贸易圈。在计划经济时代，汕头是广东对外贸易最多的第二个城市，1976年、1977年均有超过1亿美元的外汇收入，仅次于广州。汕头具有对外贸易的传统与经验，改革开放后，汕头对外贸易一下子就活跃起来，以至于1980~1995年，汕头的服务业增加值占比达40%~46%，超过第二产业。虽然随着我国改革开放的推进，汕头对外贸易地位在逐渐下降，不过仍然与东南亚地区保持密切的贸易往来。

（三）在资金融通方面

建设跨境金融服务中心和发展跨境金融业是国务院明确指出的汕头华侨经济文化合作试验区重点发展的九大产业之首。

推动跨境融资。2015年9月，全国首个以“华侨”为主题的“华侨板”股权交易市场在汕头华侨经济文化合作试验区正式挂牌开板，这也是中国地方在跨境金融创新，尤其是在引导侨资投资国内创新创业企业上做出的最新探索。侨资侨企是华侨板的主要服务对象，华侨板的设立有利于发挥华侨试验区的政策优势，引导侨资侨企投资华侨板挂牌企业、国内优秀创新创业企业和优质金融产品，增加境外侨资投资国内项目的渠道，实现资本回报。

推动跨境人民币业务发展。跨境人民币业务能够实现两方面的作用：一是为华侨华人资产流动、开展商贸活动等提供便利，进出口结算将有望广泛使用人民币，规避因为汇率波动造成的风险，也能使华侨华人将资产转移国内的过程更加便利。二是通过华侨华人渠道，可以进一步加快人民币国际化进程。海外华侨华人与中国大陆的经贸往来，是我国对外经贸交往的重要组成部分，随着海外华侨华人的人数增长及经济实力壮大，海外华侨华人在泰国、缅甸、马来西亚等国家已经成为能够影响当地政治经济的一股主要力量，若能以华侨试验区为窗口，争取到广大华侨华人的合力推动，将可加快人民币获得国际的承认。

（四）在民心相通方面

可加强旅游、科技教育、学术等方面的合作。汕头可发挥侨乡优势，保护和开发华侨文化旅游资源，与东南亚国家加强旅游合作，设计内涵丰富、安排合理的旅游线路，共同推动旅游业发展，促进汕头与东南亚国家人民的文化交流。发挥汕头大学、广东以色列理工学院的作用，扩大东南亚留学生招生规模，合作研究“下南洋”历史，加强在海洋养殖技术等方面的合作等。

第五章

近代汕头：海丝路上的主要通商口岸

第一节　汕头开埠

19世纪中期，随着樟林港的衰落，汕头港逐渐取代了樟林港的地位，成为潮汕地区中心港口。开埠之前，汕头港已经发展成为一个颇为繁荣的商埠。1858年，恩格斯在《纽约每日论坛报》上发表的《俄国在远东的成功》一文中指出，汕头是五口通商之后“唯一有一点商业意义的口岸”。此时，西方国家的船舶已开到妈屿岛附件海面，进行倾销洋货（主要是鸦片）和贩运人口等非法活动。

1858年6月13日、18日、27日，俄国、美国、英国和法国强迫清政府签订了《天津条约》，《天津条约》规定：增开汉口、九江、南京、镇江、牛庄、登州、台南、淡水、潮州（后为汕头）、琼州十处为对外通商口岸。1859年8月16日，清政府与美国公使华若翰在天津北塘互换《中美天津条约》批准书，并于11月15日批准美国在汕头先行开市。批文重点称：“所有潮州、台湾两口，准美国先行开市，并照新章完纳船只吨钞……”经双方协商，定于咸丰九年十一月十九日（1860年1月1日）在潮州（汕头）设关开市，称汕头埠，汕头就此正式开埠。①

1860年1月1日汕头开埠后，美国在汕头妈屿岛设立“潮海关”，汕头开始对外开放，此为里程碑式事件。自此，清政府允许华工出洋，

① 汕头市港口管理局：《汕头开港150年图像编年史》，人民交通出版社2010年版。

华侨移民合法化，并形成了一股潮流。开埠后，汕头对外贸易发展迅速，成为联系东南亚的重要港口，海外华侨逐步在汕头投资，主要投资进出口业、侨批局、钱庄、旅馆、航运等，大大促进了潮汕经济的发展，汕头很快呈现一片繁荣的商业贸易景象，并在20世纪20~30年代进入鼎盛阶段。

第二节　对外贸易

一、对外贸易发展

汕头开埠后，西方商人的轮船纷至沓来，进出口人数也快速增加，对外贸易发展很快。清同治七年（1864年），汕头进出口贸易总额为408.19万两银圆；清光绪二十四年（1898年）达到1616.69万两；宣统三年（1911年）突破2000万两，达到2253.03万两。对外贸易的快速发展促进了地方经济的发展。

进入民国时期，汕头对外贸易曲折上升。受第一次世界大战的影响，从民国四年（1915年）起进口贸易大幅度下降。进出口总额从1912年的2503.59万两降到1918年的2136万两，第一次世界大战结束后快速回升，到1923年达3978.27万两。这个时期，洋糖大量进口，外资在国内设厂生产的英、美卷烟、绍昌肥皂、亚细亚和美孚洋烛、桃唛线团等洋货倾销，几乎占领了潮汕市场，由于进口和洋货倾销，严重打击了民族工业生产的发展。1928年至抗战前夕，汕头对外贸易又有了较大发展。1939年初，由于沿海各港口相继被日本侵陷，汕头成为我国通往国外的唯一较大口岸，不少民用和军用物资从这里进口转运到内地，这时，汕头的进出口贸易发展很快。1928~1939年12年累计与前12年同期相比，增加78.6%。

在20世纪30年代，汕头港年往来外洋船舶艘次及吨位数均居全国港口第3位，仅次于上海、广州；商业之盛居全国第7位，仅次于上海、天津、大连、汉口、胶州、广州，呈现“海渡千帆，楼船万国”的繁荣景象。①

1939 年 6 月 21 日，日军占领汕头。汕头沦陷后，对外贸易处于日军管制下，所有进出口货物都须向日军“粤东派遣军政务部”申领出口许可证和进口特许证，并由日籍船舶装运。部分进出口商人内迁继续经营。据统计，非日军占领区民船来往于香港不下 400 艘。太平洋战争爆发后内地与香港来往基本中断。这个时期，进出口贸易额猛降。据不完全统计，1940 年汕头港进出口总额 786816 元，1941 年降为 49085 元，其中进口 48434 元，出口 651 元。1943 年以后，美国封锁沿海，汕头对外贸易停顿。抗战结束，1945 年 10 月，汕头与香港恢复通航，对外贸易随之恢复生机，但由于国民党发动内战和通货急剧膨胀的影响，进出口贸易年年萎缩。根据汕头海关资料统计：1946 年进出口总额为 1391 万美元；1947 年减为 877 万美元；1948 年再降为 385 万美元；1949 年回升到 1086 万美元（其原因是大量出卖进口许可证而造成进口量大增，但出口量继续下降）（见图 5-1）。②

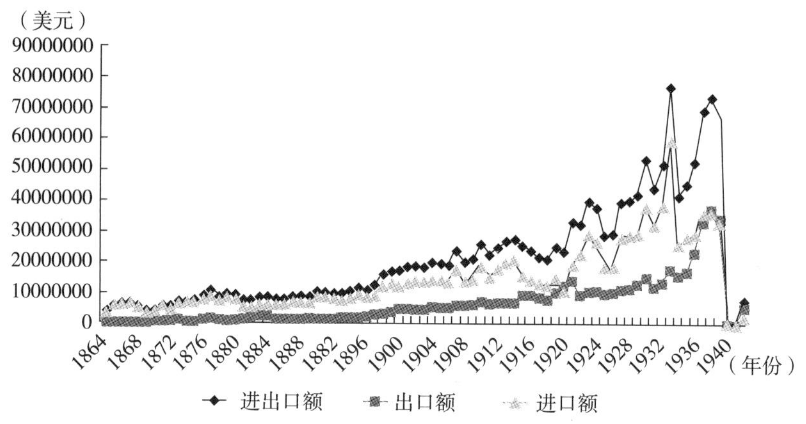

图 5-1　汕头近代对外贸易情况

注：1860~1874 年单位为银两；1875~1932 年单位为关平两；1933~1942 年单位为国币圆。

资料来源：《汕头海关志》（1988），《潮海关史料汇编》（1988）。

① 汕头市港口管理局：《汕头开港 150 年图像编年史》，人民交通出版社 2010 年版。

② 王琳乾、邓特：《汕头市志》（第三册），新华出版社 1999 年版。

二、进出口国家和地区

康熙二十三年（1684 年）开始放松海禁，潮州同南洋各地的贸易便蓬勃发展起来。汕头开辟为对外通商口岸之后，到清宣统二年（1910 年）这段时间，商品进口的国家和地区，初期以香港为主，差不多占汕头进口总量的 90%，其次是新加坡、暹罗（今泰国）和安南（今越南）。后期，香港仍居首位，此外除了新加坡、暹罗、安南，还有日本、中国台湾的来货，而且其进口值已赶上除中国香港外的其他几个国家及地区。出口方面，初期以中国香港和英国为最多，各占当时汕头出口的 40%左右，其次为新加坡，约占 10%，其余为日本、美国和安南。后期，中国香港约占 35%、新加坡占 30%、安南和暹罗各占 15%，其余为荷属印度尼西亚一带。

民国时期汕头的进口，初期还是以中国香港为最多，20 世纪 20 年代中期因进口大米比重增大，从暹罗的进口约占汕头进口总量的 1/4。第一次世界大战后，从美、日两国的进口逐年增加，20 年代中后期两三年达到汕头进口总量占 4%~6%，加上部分经中国香港转口输入汕头，实际上不止此数。民国十七年（1928 年）汕头进口商品的国家和地区有 13 个，前 5 名的排列和比重是：中国香港占 52.5%、暹罗占 19.41%、印度占 6.26%、新加坡占 3.89%、安南占 3.17%。民国二十年（1931 年）发展到 26 个，前 5 名是：中国香港占 45.76%、暹罗占 10.67%、英国占 10.07%、印度占 9.4%、日本占 7.62%。民国二十五年（1936 年）进口各国比重有较大的变化，主要国家和地区所占份额为：暹罗占 26.88%、英国占 22.89%、德国占 10.04%、缅甸占 8.1%、日本占 7.25%、美国占 5.21%、中国香港占 3.04%、安南占 2.96%、新加坡占 2.34%。抗日战争全面爆发后，不再进口日货。日本侵略军占领汕头以后，对外贸易处在瘫痪状态。日本投降后，进口以香港和美国为主。

这个时期的出口，初期同上期末期差不多，20 年代中期则以新加坡最多，其次为暹罗、安南，中国香港已退至第 4 位。民国二十年（1931 年）出口贸易的国家地区增加到 25 个，前 10 名是：新加坡占

31.7%、中国香港占25.93%、暹罗占20.86%、美国占11.23%、安南占4.26%、日本占1.58%、加拿大占1.24%、澳洲占0.78%、英国占0.64%、印度占0.54%。民国二十五年（1936年）汕头出口贸易前5名是：美国占34.43%、中国香港占21.33%、新加坡占20.46%、暹罗占12.48%、安南占6.65%。第二次世界大战，日本战败投降后，汕头商品出口的主要市场是香港和东南亚的新加坡、马来西亚、泰国等地，抽纱的主要市场为美国。①

三、对外贸易特点

（一）近代汕头对外贸易已融入全球化浪潮之中

汕头开埠后，西方商人纷至沓来，外国洋行纷纷进入，一方面以“洋药”名义输入鸦片，牟取暴利；另一方面输入日用工业品，向潮汀赣梅经济区倾销商品（林济，2008）。随着欧洲的抽纱技术在汕头的传播，通过潮绣与欧洲抽纱技术的结合，形成颇具特色的潮州抽纱，产品受到国外的欢迎，抽纱成为近代潮汕出口美国的主要产品。

随着蒸汽动力广泛应用于航运，极大改善了海上交通运输状况，降低了运输成本，促进了汕头与欧洲、美国和东南亚的贸易往来，开埠之后，汕头对外贸易很快融入全球化浪潮中。

（二）汕头开埠后对外贸易的快速发展与华侨密切相关

一是汕头的出口是由东南亚华侨的需求而引致的。随着移民东南亚人数的增加，潮汕华侨对家乡土特产的需求也日益增长，促进了潮汕土特产的出口，如蔗糖、陶瓷、茶叶、潮汕水果、酱菜、土纸、神纸等的出口。这说明潮汕华侨在异国他乡仍然保存着家乡的生活习惯和文化习俗，并通过贸易保持与家乡的紧密联系。

① 王琳乾、邓特：《汕头市志》（第三册），新华出版社1999年版。

二是潮汕华侨主导着汕头对外贸易。汕头开埠后，许多华侨到汕头开设贸易行，开展与东南亚的贸易活动。如 1889 年新加坡华侨在汕头合资创办的福成行，越南华侨合资创办的和祥行等，均从事出口贸易活动。南商、暹商、酱园和果业四大出口行业的主要资本都是潮汕华侨资本。在近代缺乏商业安全保障的环境下，潮商往往利用家族关系保障其资本的安全与经营的顺利发展，并以家族、乡土关系形成强大的信用体系和团体力量参与商业竞争。分散于汕—香—暹—叻国际贸易圈各地的潮州商人，分别以同宗、同族、同乡商人为商业贸易伙伴，形成发达的商业网络，网络中的潮商彼此之间形成发达的信用关系，可以凭订单购货运出，也可以赊账销售对方商号商品，大大提高了商品流通速度与资本的效率，凭借着小量资本就可以快速经营这种跨国贸易，与西方商人展开激烈竞争，逐步主宰汕—香—暹—叻国际贸易圈的发展（林济，2001），是影响汕头商业繁荣的主要力量。

三是由于有大量移民侨汇的收入，使汕头的对外贸易常常可以维持较大的逆差，保持着对外国商品的旺盛购买力，促进了潮汕经济的繁荣。

（三）汕头对外贸易以香港为中转站，是汕—香—暹—叻国际贸易圈的重要一环

在汕头对外贸易中，香港具有重要地位，香港是汕头对外贸易的中转站，也是侨汇的中转站和汇兑中心。随着香港作为国际自由港的建设，大批潮商涌入香港，经营中国与东南亚转口贸易，开创并垄断了香港转口贸易行业——南北行。不仅在香港，在汕头、泰国、新加坡，经营中国与东南亚贸易的主要也是近代潮州商人，潮州商人通过乡族关系构建贸易网络，形成汕—香—暹—叻国际贸易圈。中国输往东南亚的物资集中于香港，由汕—香—暹—叻国际贸易线输往东南亚各地，东南亚输往中国的物资也由汕—香—暹—叻国际贸易线集中于香港，再分运国内各地。

第三节 近代华侨投资

一、近代华侨投资概况

华侨在汕头投资开始于19世纪90年代前后。进入20世纪初期，汕头的市政建设吸引了许多华侨投资，华侨成为汕头各项建设的积极倡议者和踊跃投资者，回乡投资的东南亚华侨和投资企业日益增多。近代华侨在汕头的投资以房地产业、商业和金融业为主，华侨投资推动了汕头城市建设的发展和商业的繁荣，对促进潮汕地区经济发展起到重要作用。

据林金枝、庄为玑（1989）调查，自1889年新加坡华侨在汕头创办福成号至1949年为止，投资企业共4062家，投资金额约8000万元（人民币）。这个数字约占华侨投资广东总额（3.86亿元）的20.70%，占近代华侨投资国内企业资金总额（7亿元）的11.39%。

由此可见，近代华侨投资汕头地区在广东和全国占有一定的地位。其中近代华侨在汕头市区的投资就达5300多万元，占整个汕头地区华侨投资的66.62%。

据调查，华侨在汕头投资开始于19世纪90年代前后。以1889年新加坡华侨在汕头合资创办的福成行（出口商）以及越南华侨合资创办的和祥行（出口商）为最早，继起的还有1893年的“吉祥行”，1899年的“吉源行”等。进入20世纪初期，汕头的市政建设吸引了许多华侨投资，华侨成为汕头各项建设的积极倡议者和踊跃投资者，投资人和投资企业日益增多。从1889年起到1949年止，不同时期华侨在汕头的投资情况见表5-1，根据华侨投资的数量大致可以把华侨投资汕头分为五个阶段，即第一阶段（1889~1919年）为萌芽和初兴期；第二阶段（1919~1927年）为发展期；第三阶段（1927~1937年）为全盛期；第四阶段（1937～1945年）为低潮和破坏期；第五阶段（1945～1949年）为回升与崩溃期（林金枝、庄为玑，1989）。

表 5-1　近代华侨在汕头投资数量变化统计　　单位：元

时间	投资户数	投资数额	每年平均投资数
1889～1919年	246	15274250	509146
1919～1927年	211	11633346	1454168
1927～1937年	701	15894884	1589488
1937～1945年	88	1407460	175932
1945～1949年	654	8945086	2236271
合计	1900	53155026	885917

资料来源：林金枝、庄为玑：《近代华侨投资国内企业资料选辑》（广东卷），福建人民出版社1989年版。

二、近代华侨在汕头投资的原因

汕头在近代能够吸引这么多的华侨投资，有其历史和地理原因。

第一，汕头自1860年开辟为商埠以来，一直是对外开放的窗口和对外贸易的主要港口。英国、法国、日本、美国、挪威、德国、荷兰、意大利等十几个国家先后在汕设立领事馆。英、日、法等国轮船公司以及我国招商局都在汕头设立航线，行使南洋至我国沿海各港口。随着航运事业的发展，汕头对外贸易日渐兴旺发达，由一个小渔村发展成为粤东商业贸易的枢纽和对外贸易的重要口岸，日渐成为近代繁华都市。

第二，汕头是近代粤东华侨出入国的港口。潮汕华侨和邻近的梅州、诏安等地华侨往返南洋多从汕头口岸进出，每年从汕头口岸进出的华侨有数万乃至十几万之多，由于华侨对汕头的投资环境比较熟悉，因此汕头更能吸引华侨投资。

第三，汕头是粤东侨汇的主要集中点和转汇点，每年有数千万元的侨汇在汕头集中或转汇。巨额的侨汇为华侨投资汕头提供了资本。

第四，汕头的市政建设鼓励华侨投资。20世纪20年代以来，汕头进行市政改革，大力开展市政建设，吸引了华侨投资。据统计，仅

1927~1937年，华侨在汕头投资的房地产约有600多户，投资金额近1000万元。

此外，汕头地区的农村治安不够好。汕头附近的主要侨乡潮阳、普宁、揭阳、澄海以及饶平等地匪患较多，华侨遭到土匪的抢劫与残害，屡有见闻，而汕头市区治安相对稳定，因而促使海外华侨不回家乡而在汕头居住，并从事各种经济活动（林金枝、庄为玑，1989）。

三、近代华侨投资特点

（一）投资以房地产业和商业为主

据调查，华侨投资汕头的企业有1910户，投资金额5300多万元，按其投资的行业分，有工业、交通业、商业、金融业、服务业和房地产业等。各行业具体投资数字如表5-2所示。

表5-2　近代华侨投资汕头市区各行业结构情况

单位：元

产业	投资户数	投资金额	每户平均投资数	各行业占总投资数（%）
工业	20	3324282	166214	6.25
交通业	26	7549029	471814	14.20
商业	216	10119082	46847	19.04
金融业	178	8085340	45423	15.21
服务业	44	2961293	67438	5.57
房地产业	1426	21116000	14803	39.73
合计	1910	53155026	27830	100.00

资料来源：林金枝、庄为玑：《近代华侨投资国内企业资料选辑》（广东卷），福建人民出版社1989年版。

在华侨的投资行业中，以投资房地产业最多，有1426户，投资2100万元，占全市投资额的39.73%。华侨投资房地产业主要是在1929年世界经济危机前后。据统计，仅在1927~1937年，汕头市房地产业的投资额约有 933 万元，约占全市房地产业投资总数的 44. 19%，而其他时期的房地产业投资较少。因受 1929 年世界经济危机影响，南洋华侨经营面临困难，加上汕头市政建设的发展，许多华侨回国置业或创业，从而促进了华侨对房地产业的投资。其次为商业，投资 1020 万元，占全市投资额的 19. 04%；最后为金融业，投资 800 万元左右，占全市投资额的 15. 21%。

除商业投资占 19. 04%外，加上类似商业性投资的金融业（钱庄、侨批局和银行）以及服务业（旅馆、酒家、戏院）的全部投资，共约 2100 多万元，占全部投资额的 38. 82%。商业性投资资金周转快，容易获取利润，同时资本可大可小，可按华侨本身的经济能力行事，因此吸引许多华侨投资。汕头对外贸易发达，因此，汕头华侨经营的进出口商，在商业投资中占有特别的地位。到 20 世纪初，汕头的出口商组织已分为南商、暹商、南郊、和益四个公所，其中尤以南商、暹商与华侨资本最为密切。

在华侨投资中，生产性的投资不多。据调查，华侨投资汕头工业的投资额不多，只有 330 万元，占全市投资额的 6. 25%。主要投资于电灯、自来水、火柴厂以及制冰厂等，重工业的投资基本没有。

（二）投资者以东南亚华侨为主

汕头的华侨投资企业资金几乎全部来自东南亚地区的华侨投资。据汕头市华侨投资 474 家企业的统计资料，属泰国华侨投资的有 200 家，居第一位；新加坡、马来西亚华侨有 151 家，居第二位；越南华侨有 39 家，居第三位；印度尼西亚华侨有 31 家，居第四位；缅甸华侨有 5 家，居第五位。这种情况与汕头地区华侨在海外的分布也是完全一致的。在 1949 年以前，潮汕地区华侨 95%是旅居在东南亚地区的。

近代华侨在汕头市区投资的资金来源，在各个历史时期没有多大变化，详情如表 5-3 所示。

表 5-3 近代华侨投资汕头市区资金来源情况统计 单位：家

国别＼时间	1889~1919年	1919~1927年	1927~1937年	1937~1945年	1945~1949年	小计
泰国	52	28	32	10	78	200
新马	30	26	15	—	80	151
印度尼西亚	2	7	8	—	14	31
越南	11	4	7	1	16	39
缅甸	—	—	1	1	3	5
其他	8	3	—	3	34	48
合计	103	68	63	15	225	474

注：本统计表不包括华侨投资房地产业。

资料来源：林金枝、庄为玑：《近代华侨投资国内企业资料选辑》（广东卷），福建人民出版社 1989 年版。

旅居不同国家华侨投资国内企业的资金来源，与华侨旅居国华侨的人数多少有关。华侨投资额的大小与华侨职业、经济能力、资本利息率、华侨对祖国观念的浓厚淡薄以及国内外政治经济社会条件都有着密切的关系。

近代在汕头投资的华侨，其原籍主要来自潮汕地区的澄海、潮安、潮阳、揭阳等县，除此外，还有部分是客家华侨（主要是梅县）投资的，如潮汕铁路、南生、平平、广发百货公司就是梅县华侨投资的。

（三）近代华侨投资企业股权结构以合资和独资为其主要组织形式

据调查，近代华侨投资国内企业的组织形式，大致可以分为三种：一是股份公司，其组织结构比较健全；二是合资企业，由几个人合股组成，组织结构不很健全；三是独资企业。华侨在汕头投资的企业往往多采用合资和独资形式，较少采用股份公司。

华侨在汕头投资的企业规模不是很大，一般只要数万元甚至数千元就可以了，像这样的投资规模大多数只要独资或者由几个人合股就可以组成，因而汕头的华侨投资企业多采用合资和独资的组织形式，而少采用股份公司形式（林金枝、庄为玑，1989）。如表 5-4 所示。

表 5-4　近代华侨投资汕头企业组织形式统计

组织形式	企业数（家）	所占比重（%）
独资	143	30. 17
合资（合股）	316	66. 67
股份公司	15	3. 16
合计	474	100. 00

注：原“所占比重”数据不够准确，本表对原数据进行了修正。

资料来源：林金枝：《近代华侨投资国内企业的几个问题》，载《南洋问题》1978 年第 1 期。转引自：林金枝、庄为玑：《近代华侨投资国内企业资料选辑》（广东卷），福建人民出版社 1989 年版。

四、近代华侨投资的作用

（一）华侨投资促进了汕头民族资本主义经济的发展

从调查资料看，华侨投资汕头最早的企业是 1889 年新加坡华侨投资的“福成行”以及越南华侨投资的“和祥行”（均为出口商）为最早。进入 20 世纪以来，华侨投资汕头的企业，不但人数多，而且规模大。主要投资企业如表 5-5 所示。

表 5-5　近代华侨在汕头投资部分重要企业概况

企业名称	创立年份	资本	创办人
汕头和祥出口商	1889	100 万银圆	越南华侨
汕头福盛出口商	1889	10 万银圆	新加坡华侨
潮汕铁路公司	1903	300 多万元（银圆）	印度尼西亚华侨张榕轩兄弟
汕头吴丰发出口商	1905	10 万银圆	泰国华侨
华暹轮船公司	—	300 多万铢	泰国华侨郑智勇
汕头开明电灯公司	1906	20 万银圆	泰国华侨高绳芝
汕头耕裕出口商	1909	5 万银圆	马来亚华侨
汕头吴春成出口商	1909	3 万银圆	新加坡
汕头庆发百货公司	1909	4 万银圆	印度尼西亚华侨李春韩
汕头振源百货公司	1909	5 万银圆	印度尼西亚华侨郭仲眉

续表

企业名称	创立年份	资本	创办人
汕头自来水公司	1914	68 万元	泰国华侨高绳芝
汕樟轻便铁路	1915	22 万元	杨浚如等
永安堂制药厂	1927	80 万元	新加坡华侨胡文虎
汕头制冰厂	1928	12 万元	泰国华侨何伟南
利生火柴厂	1931	9 万元	泰国华侨王凤翔
轮船公司	1931	90 万元	南洋华侨
汕樟汽车公司	1932	32 万元	泰国华侨

资料来源：林金枝、庄为玑：《近代华侨投资国内企业资料选辑》（广东卷），福建人民出版社 1989 年版。

据调查，新中国成立前华侨投资汕头的工业有 20 家，投资金额只有 300 多万元，可见投资数量是不多的。不过，这些侨办工厂在汕头工业中却占有一定的比重。据估计，汕头的侨办工业约占全市民族工业的 50%~60%。如汕头火柴厂、制冰厂、制药厂、自来水厂和电灯公司等，大多都是华侨创办或与华侨投资有关。

由于侨办企业的存在和发展，刺激和推动了汕头民族资本主义工业的发展，它给现代工业提供了一些技术基础、动力来源，并且培养了一定数量的工人。

（二）华侨投资对促进汕头地区经济发展的作用

华侨投资企业不但促进了民族资本主义的发展，而且对汕头市区的经济发展具有相当深刻的影响作用。

1. 推动了汕头城市建设发展

汕头在开埠之前，原是一个荒凉的小岛，只有数十家商店。据查，早在 1890 年就有华侨在汕头置业，建筑房屋，但为数不多。汕头成为城市是在 20 世纪 20 年代市政当局实行市政改革以后的事。汕头过去的旧街道都比较狭窄。市政改革的主要内容就是改造旧街道、旧房屋。汕头当今市区的外马路、瑞平路、中山路、民主路、至平路、镇邦路、安平路、瑞平路、商平路、国平路以及西堤路等主要街道，都是在 20 世纪二三十年代建成的。据 1959 年汕头市房地产管理局提供的材料，当时汕头市房屋有 4000 多幢，其中产权属于华侨的有 2000 多幢，占 50% 以上，房地产业的投资当在 2000 万元以上。

在世界经济危机的影响下，东南亚华侨在侨居国经营面临困难，纷纷回国。据 1931～1933 年的资料，1931 年回国人数比出国人数多 1760 人，1932 年多出 34040 人，1933 年多出 5864 人，出现这种情况是比较少见的。[①] 这些华侨回国后，由于农村土豪劣绅各霸一方，土匪众多，社会不安宁，不敢回乡，因此只好停留汕头，另辟新居，或在汕头自谋生路。有资产的富侨独资或组织公司，从事投资房地产业的很多。如泰国米业、航运业巨子陈黉利，在 1929～1933 年，购置大片地产，建筑以及购买的房屋达 400 多幢，便是个典型的例子。华侨投资房地产对汕头的市政建设产生了很大的作用，奠定了今日小公园片区建设的基础。

汕头地区所属各县城和乡镇的房屋，也有不少是华侨投资和兴建的，农村的房屋，由华侨兴建的更是数不胜数。

2. 侨汇推动了汕头金融业的发展

1949 年前，汕头的银行一度发展至十几家支行或分行，主要业务是靠华侨的存放款。据调查，汕头的侨批业和钱庄，华侨创设的就有 178 家，它们的业务是与华侨的侨汇打交道的。据估计，抗战以前由东南亚各埠汇入汕头的侨汇，每年在 5000 万～10000 万港元。战后期间，每年也在 6000 万～10000 万港元，这些汇款大部分是通过侨批局进行的。

3. 华侨投资推动了汕头商业的繁荣

汕头市商业为华侨经营的相当多。1949 年前，华侨投资汕头市的商业有 200 多家，投资额达 1000 多万元。其中以进出口商最多，计有 80 多家，每年贸易额达四五千万元，主要与泰国、新加坡、越南和缅甸等地进行贸易。又如小公园附近的四家百货公司——南生、平平、广

---

① 据《汕头志》（第四册）546 页的资料，汕头港的出国人数，1931 年为 80202 人、1932 年为 36824 人、1933 年为 44858 人；回国人数，1931 年为 81962 人、1932 年为 70864 人、1933 年为 50722 人。

发、振源，都是华侨投资创办的。服务业中最大的酒家（永平酒店、中央酒店等）、旅馆（如西南通、富春以及东南旅馆），也都是华侨经营的。

由此可见，华侨对汕头城市经济发展的影响是巨大的。汕头如此，主要侨乡如普宁、揭阳、澄海、潮阳等县的城镇发展也大体如此。

4. 华侨投资推动汕头地区城乡交通运输事业的发展

近代华侨在汕头地区的投资，对侨乡人民影响较深、牵涉面较广的，交通运输业是重要的一个方面。从汕头、潮安、潮阳等市县的调查资料看，华侨投资于汕头地区的交通运输业（铁路、公路、交通运输行与轮船公司等），以 1904 年创办的潮汕铁路公司为最早。截至 1949 年，华侨投资汕头地区的交通运输业共有 26 家，投资金额达 700 多万元，占汕头地区华侨投资总额的 14.20%，对于便利潮汕地区的交通起到重要的作用（林金枝、庄为玑，1989）。

第四节　近代移民

随着红头船贸易的兴起，潮州有大批居民随船出国谋生，加上潮汕地区地少人多，依赖土地为生的农民为生活所迫，乘红头船下南洋谋生的越来越多。汕头开埠后，对外移民合法化，汕头很快成为中国最大的华侨出入国口岸之一，每年有大批人民经汕头港出国往东南亚各国谋生。潮汕华侨多数分布于东南亚，尤以泰国为最多，次之有新加坡、马来西亚、印度尼西亚等地。华侨离开家乡下南洋时多为少壮年阶段，都担负着赡养家庭成员的责任，出洋赚钱养家成为华侨出洋的主要动因。

一、潮人海外移民

汕头开埠后，成为中国最大的华侨出入国口岸之一。每年有大批人民经汕头港出国往东南亚各国谋生（见表 5-6）。自光绪一年至民国二十八年（1875~1939 年），经汕头出国侨民共有 557 万余人，归国侨民计 390 万余人，出国比归国多出约 167 万人。

表 5-6　1869~1946 年从汕头口岸往东南亚各国华侨、华人出入境人数

单位：人

年份	出国人数	回国人数	净出国人数	进出国人数	年份	出国人数	回国人数	净出国人数	进出国人数
1869	20824	—	—	20824	1905	93645	79298	14347	172943
1870	22282	—	—	22282	1906	102710	92704	10006	195414
1871	21142	—	—	21142	1907	144315	101635	42680	245950
1872	37013	—	—	37013	1908	112061	92292	19769	204353
1873	24284	20066	4218	44350	1909	84246	43078	41168	127324
1874	23046	17533	5513	40579	1910	104001	48131	55870	152132
1875	30668	30568	100	61236	1911	133667	38785	94882	172452
1876	37635	21813	15822	59448	1912	124673	42318	82355	166991
1877	34188	23593	10595	57781	1913	117060	38737	78323	155797
1878	37963	26875	11088	64838	1914	86796	39403	47393	126199
1879	36336	28048	8288	64384	1915	74343	36502	37841	110845
1880	38005	28013	9992	66018	1916	82400	29259	53141	111659
1881	30690	25687	5003	56377	1917	69375	20450	48925	89825
1882	67652	35025	32627	102677	1918	57416	32065	25351	89481
1883	73357	40929	32428	114286	1919	83518	54155	29363	137673
1884	62551	41212	21339	103763	1920	109318	68525	40793	177843
1885	59630	44907	14723	104537	1921	135675	98607	37068	234282
1886	88330	45025	43305	133355	1922	136680	112362	24318	249042
1887	68940	49368	19572	118308	1923	133122	102916	30206	236038
1888	65421	54520	10901	119941	1924	152064	131322	20742	283386
1889	74129	53658	20471	127787	1925	131092	105318	25774	236410
1890	65427	50062	15365	115489	1926	83947	105969	-22022	189916
1891	59490	54032	5458	113522	1927	222033	144902	77131	366935
1892	59247	46254	12993	105501	1928	211977	141861	70116	353838
1893	89700	51991	37709	141691	1930	123724	94726	28998	218450

续表

年份	出国人数	回国人数	净出国人数	进出国人数	年份	出国人数	回国人数	净出国人数	进出国人数
1894	75068	50117	24951	125185	1931	80202	81962	-1760	162164
1895	85157	47618	37539	132775	1932	36824	70864	-34040	107688
1896	88047	55586	32461	143633	1933	44858	50722	-5864	95580
1897	67180	57729	9451	124909	1934	56293	40500	15793	96793
1898	70716	54407	16309	125123	1935	130766	123768	6998	254534
1899	86016	65328	20688	151344	1936	91157	48739	42418	139896
1900	93460	71850	21610	165310	1937	68661	69474	-813	138135
1901	89538	74482	15056	164020	1938	59095	22658	36437	81753
1902	104497	70797	33700	175294	1939	21091	16729	4362	37820
1903	129539	99835	29704	229374	1946	48228	2555	45673	50783
1904	103202	86454	16748	189656	—	—	—	—	—

注：1869~1872 年回国人数无统计数字。1929 年无统计数字。缺日军侵占汕头期间（1940~1945 年）的数字。

资料来源：王琳乾、邓特：《汕头市志》（第四册），新华出版社 1999 年版。

汕头开埠后至民国时期，是潮汕人民出国谋生的高峰期。民国十六年（1927 年）是最高潮，出国的有 22.2 万人，归国的有 14.5 万人。20 世纪 20~30 年代，每月经汕头出国 5000 人以上，而回国也有 3000 人左右，汕头行驶南洋轮船航线平均每月 36 艘次。

民国十六年（1927 年）7 月，暹罗（泰国）政府制定入国法，对华侨入境实行限制。民国十八至二十二年（1929~1933 年）世界发生经济危机，热带作物出口市场衰退，新加坡、马来西亚首先受其影响，锡和橡胶跌价，大批工人失业，当地政府拨巨款遣送失业者回国。在经济危机的影响下，各国失业人数不断扩大，中国移民到东南亚各国受到抵制。民国十九年（1930 年）8 月，新加坡、马来西亚也宣布移民入口限制条例。从民国二十年（1931 年）起，经汕头出国往南洋谋生的人数逐渐减少。从民国二十年至民国二十二年（1931~1933 年），潮汕华侨每年回国人数都超过出国人数。民国二十八年（1939 年）日本军队占领汕头，封锁海港，人民乘船出国已不太可能。日军占领东南亚各国以后，又有大批华侨经陆路回潮汕。民国三十四年（1945 年）抗日战争胜利后，大批华侨和侨眷纷纷乘船前往南洋各国。民国三十六年（1947 年）3 月开始，南洋各地限制中国移民入境。同治八年至民国三十七年（1869~1948 年）的 73 年间，具有资料统计的 58 年推算，平均每年出国人数比回国人数多 3 万人。1951 年泰国銮披汶政府大规模排华，几千名华侨被迫乘船经汕头港回国。至此，潮汕人民出洋谋生进入低潮（王琳乾、邓特，1999）。[①]

二、潮籍华侨的海外分布

潮汕华侨多数分布于东南亚，尤以泰国为最多，次之有新加坡、马来西亚、印度尼西亚等地。同治八年（1869 年）出国至曼谷、西贡、新加坡有 20824 人，次年有 22282 人。自开埠至光绪二十一年（1895 年）每年从汕头出国逐渐增加至 8 万~9 万人，其中一半以上到新加坡和英属各殖民地，其次是到西贡、曼谷和苏门答腊。进入 20 世纪 20 年代，出国高峰每年达 14 万~15 万人，一般年份也有 10 万人，回归者每年只有 6 万~9 万人。出国到曼谷者最多，往新加坡、西贡、苏门答腊的人次之。

第二次世界大战后，先后有大批潮汕华侨、华人从东南亚国家等地移居西欧和北美。故此，潮汕华侨在世界各国的分布更加广阔。

在泰国，据 1953 年出版的由谢猷荣编著的《新编暹罗国志》估计，泰国华侨 369 万人，潮州人占 60%，应有 221. 4 万人；1959 年出版的《泰国华侨志》中说，泰国华侨、华人有 369 万人，其中潮州人占 80%，295. 2 万人；根据厦门大学东南亚研究所 1980 年资料，泰国华侨、华人 450 万人，潮州人约占 75%，337. 5 万人，其中保留中国国籍的华侨约 17 万人。截至 1986 年计约有 360 万人。

在马来西亚，据 1921 年及 1931 年的人口清查，1921 年在马来西亚的潮州人为 130231 人，1931 年为 209004 人。[②] 据民国三十六年（1947 年）《马来西亚人口统计报告》：潮州人（潮汕人俗称）有 364232 人，

---

① 王琳乾、邓特：《汕头市志》（第四册），新华出版社 1999 年版。

② 陈达：《南洋华侨与闽粤社会》，商务印书馆 2011 年版。

占总人口的13.92%。

在新加坡，据香港《华人》月刊称，新加坡民国二十年（1931年）有潮州人82405人，民国三十六年（1947年）为157188人。

在印度尼西亚，据民国二十三年（1934年）国民政府侨委会材料，民国十九年（1930年）印度尼西亚潮州人有123265人，占该国总人口的10%。

近代在其他地区的潮汕籍华侨，具体数量有多少，因缺乏相关的资料数据，因此尚不清楚。

中国人在南洋的地理分布具有两个特征：一是同乡聚居一处，二是同乡加入一业。已移民东南亚的华侨往往会支持亲戚朋友、同乡移民，并提供帮助。正如陈达（2011）所述：“迁民出国的路线，往往依照在南洋的同族或同乡的经验与协助。这些迁民前辈，对于后来者大致有血统、友谊或邻居的关系，或广义的同乡关系。以概况论，在南洋的迁民前辈，遇有适当的机会，援引家中人，或亲戚，或朋友，或邻居，前往南洋，因此后去的迁民，大致跟着迁民前辈所住的地域及所选的职业。经时既久，这就变成一般迁民的习惯。”

同样，移民东南亚的潮汕华侨多是在同族或同乡的帮助下实现移民的，移民东南亚的华侨依然保留了原有在家乡的社会联系，同一乡族的人往往聚居在一起，如马来西亚西北的北根市，当地的90%华人为潮安县人（林济，2008）。早期旅居印度尼西亚的潮阳、普宁籍人多居住在苏岛东北部以棉兰为中心的亚沙汉、仙达、直民丁宜等地，揭阳人多居住在加里曼丹岛的坤甸地方，澄海人多数散居在爪哇岛的雅加达、泗水、三宝垄等城市。因此，潮籍同乡会、宗亲会在东南亚地区非常普遍。

三、侨批业与潮汕经济社会发展

（一）侨汇数额

潮汕每年由南洋华侨汇入批款数额，缺乏较为完整的调查统计。“潮州每年由南洋华侨汇入批款数字，国人前未注意，缺乏调查统计

(查民国二十二年曾有大略调查，后数目揭载报端，时值各地排华风炽，新加坡华侨认为足以招惹居留地政府之嫉忌，请由侨务委员会通令各地批局，以后一概不准调查)。"①

汕头是广东东部华侨汇款的一个集散中心，经由此处分散侨汇的各地，计有潮安、揭阳、潮阳、澄海、饶平、大埔、惠来、普宁、丰顺、梅县、兴宁、海丰、陆丰、五华等。此数县的华侨，散布于英属马来、暹罗、安南、荷属东印度等地。其中尤以暹罗及英属马来的人数为最多，安南及荷属马来次之。

据汕头批业同业公会对各批局的调查统计（见表5-7），1930年，侨批总金额达1亿元。其中，来自暹罗4000万元，马来西亚3000万元；越南1000万元，其他2000万元，乃后历年逐步减少。因汕头批业同业公会会员每年需将营业数额呈报公会以确定其需缴纳的会费，所以该调查数据是比较准确的。但有一点当加以说明，该会所供给的数字即未曾包括那种由海外直接经过汇兑庄或银行所直接转汇的款项，据吴承禧的调查，此项直接汇回款项即约10%。因此，比较准确的批款数额应该在批业同业公会调查数据的基础上增加10%（吴承禧，1936）。

表5-7　南洋潮梅籍华侨汇款经汕头转入内地数额　单位：千元

年份	暹罗	英属马来西亚	越南	由票汇来者	总计
1930	40000	30000	10000	20000	100000
1931	35000	28000	10000	17000	90000
1932	32000	25000	6000	12000	75500
1933	27000	25000	6000	12000	70000
1934	20000	18000	4000	8000	50000
1935	15052	10811	4610	4090	34563
1936	20430	12740	8170	8640	50960

资料来源：《汕头侨汇消长状况》，《国际贸易情报》1937年第2卷第3期，第63-64页。

① 饶宗颐：《潮州志·实业志·商业》，1949年潮州修志馆发行，汕头艺文印务局印。转引自杨群熙：《潮汕地区侨批业资料》，潮汕历史文化历史研究中心，2004年。

从表 5-7 可以看出，进入 19 世纪 30 年代后，华侨汇款日益减少，直到 1936 年才有所恢复。由于受 1929 年世界经济危机影响，初时华侨经营种植园或商业尚未受到较大影响，两三年后，经济形势日渐严峻，商业经营愈发困难，华侨多汇款回国储存，1930 年华侨汇款回国达 1 亿元。随着经济危机的发酵，影响日益加大，南洋工商业趋于衰落，许多华侨失业，华侨汇款日益减少，1935 年侨汇降至 5000 万元以下，至 1936 年才有所回升。

抗战期间侨汇大受影响无法调查，估计抗战初期每月大约值港币 200 余万元，潮汕沦陷初期每月入口侨汇额约值 100 余万港元。至 1941 年，第二次世界大战发生，英荷属殖民地侨汇中断，只剩暹罗、安南、香港由它地转入口，这一时期币值纷乱，而且经营者无集中一定地方，所以无从估计。1945 年日本投降后，由于南洋各地政府多限制华侨寄款回国，据此侨汇比以前减少。从批局的批款数字估计，每年达六七千万港元。由于国币不断贬值，物价飞涨，侨汇大部分流入黑市，数字更是难以估计。据 1947~1949 年邮局登记，三年来汕头市共收到侨批 500 余万封，按照平均每封 10 港元计算，三年总计值 32000 万港元，平均年值港元 1 亿元以上。①

华侨汇款的来源分布，根据吴承禧的调查，各地汇款数额，似与各地的华侨人数悉成比例，据调查所得，以暹罗为最多，英属马来次之，安南又次之，荷属东印度最少，至于来自他处如美国等者可谓绝少。根据 1930~1934 年中侨汇总额按地域的平均，其大体的分布情形，暹罗占全体 50%、英属马来占 30%、安南占 10%、荷属东印度占 6%、其他各地占 4%。

汕头的华侨汇款在全国华侨汇款中占有相当比重，是粤东侨汇的集中地。根据吴承禧的估计，1931~1935 年汕头华侨汇款在全国汇款总数中所占的比重分别为：1931 年占 22%、1932 年占 21.9%、1933 年占 20.5%、1934 年占 20.2%、1935 年占 17.4%。

就汕头华侨汇款在全国华侨汇款总额中变动的情形看，1931~1935

① 汕头市金融志编纂小组：《汕头市金融志》，1987 年。

年逐年均有下降的趋势。在民国二十三年以前，汕头华侨汇款总额约占全国侨汇总额的20%，民国二十四年突降为17%左右（吴承熹，1936）。

（二）侨汇对潮汕经济社会发展的影响

侨汇对潮汕经济社会发展的影响无疑是巨大的，《潮州志》载："但潮人仰赖批款为生者，几乎占全人口十之四五，而都市大企业及公益交通各建设，多由华侨投资而成，内地乡村所有新祠夏屋，更十之八九系出侨资盖建。且潮州每年入超甚大，所以能繁荣而不衰落者，无非赖批款之挹注。故当战时侨批梗阻，即百业凋敝，饿殍载道。"①

侨汇对潮汕经济社会发展的影响可以从以下几方面来看。

1. 赡养了侨胞眷属

华侨出国的主要原因多数是迫于生计艰难，不得已向海外谋取生存，赚钱养家。华侨离国时多为少壮年阶段，他们的父母或妻儿大多都留在家乡，他们都有赡养家人的责任。因而其汇款的主要用途多是养家糊口，而作为收汇对象的侨眷来讲，大多数是无地或少地的贫民，他们的生活来源主要是靠侨汇来维持（林家劲、罗汝材，1999）。据陈达在1934~1935年对潮汕地区100户非华侨家庭和华侨家庭的抽样调查，华侨家庭每月经济收入中来源于南洋华侨的汇款为国币53.9元（占总收入的81.4%），至于本地的收入（农、副业的收入等），平均每家每月仅有国币12.3元（占总收入的18.6%）。华侨家庭每月生活费（房租在内）平均约64.68元，华侨汇款占了每月生活费的83.33%。可以看出华侨家庭依赖汇款收入的程度（陈达，2011）。

与非华侨家庭相比，华侨家庭的平均收入，每家每月为66.2元，而非华侨家庭每家每月平均为19.25元，华侨家庭的收入是非华侨家庭的三倍以上。非华侨家庭对于食品每月用11.04元，或占生活费总数的65.13%。华侨家庭每月用32.67元，或占生活费总数的60.09%。以消费额来讲，华侨家庭的食品消费高出于非华侨家庭不止2.5倍，但食品

① 饶宗颐：《潮州志·实业志》，潮州地方志办公室，2005年。

费用在生活费总数中却占较低的比重，这表示华侨家庭对于生活费其他项目有较多的费用（如杂项，包括卫生、教育、娱乐、家具、烟酒、交通、拜神等），因此华侨家庭似占较高的社会地位。赡家性侨汇用于华侨家庭的日常开支，对于维护和改善侨眷的生活、活跃当地城乡经济都有积极的作用。赡家性侨汇通过侨眷、侨属的消费活动，刺激了当地市场的繁荣（林家劲、罗汝材，1999）。

2. 促进潮汕地区的投资，推动潮汕经济发展

投资性侨汇主要投资于以下几方面：

一是投资于建造房屋。那些从海外收取到比较大笔汇款的较为富裕的华侨家庭，把稍有盈余用之于建造房屋，购买田产也是常有的事。诚如《潮州志》所载“内地乡村所有新祠夏屋，更十之八九系出侨资盖建”。据统计，汕头市有侨房 2000 多座，绝大部分是在 1929~1932 年建造的。当时泰国华侨陈黉利公司就在汕头购置大批地产，并投资建设 400 多座新楼房，新加坡侨商荣发源（潮安人）当时也在汕头几条街拥有新楼房，其中整条荣隆街的新楼房都是荣发源投资建设，估计汕头市与 20 世纪二三十年代兴建的楼房，华侨的投资占了 2/3（林家劲、罗汝材，1999）。

二是投资于工商业，据调查，自 1889 年新加坡华侨在汕头创办福成号至 1949 年为止，投资企业共 4062 家，投资金额约 8000 万元。这个数字约占华侨投资广东总额（3.86 亿元）的 20.70%，占近代华侨投资国内企业资金总额（7 亿元）的 11.39%。华侨在汕头主要投资于商业，主要投资于出口贸易、金融业（钱庄、侨批局和银行）以及服务业（旅馆、酒家、戏院）。华侨投资汕头工业的投资额不多，据调查，只有 330 万元，占全市投资额的 6.25%。主要投资于电灯、自来水、火柴厂以及制冰厂等，重工业的投资基本没有。

三是投资于道路交通。近代潮汕地区的交通事业多依赖南洋华侨。潮汕铁路、汕樟轻便铁路、汽车路、轮船公司多系华侨投资建设，近代交通事业的发展，促进了潮汕地区农产品的对外销售，也进一步促进了乡村与市镇的联系，开阔了内地人们的眼光和智识。如潮汕铁路的建成，促进了潮汕等地的土特产的流通，正如陈达调查所指出的，“韩江

流域的谷米、蔬菜、林檎，都因铁路之便，销路更旺……据汕头生果铺的估计，每年出口，总计200余万元。上列各种产品，大致由铁道输往汕头，转运国内他市或南洋”（陈达，2011）。华侨在家乡兴建铁路，建设公路和开辟内河航运等交通运输事业，对城乡物资流通和开启民智起到积极的作用。

3. 潮汕侨汇促进近代潮汕金融业的发展

光绪二十五年（1899年）以后，各种银行机构在潮汕陆续设立，而各地的银庄不断增加，1932年汕头市就有银庄60多家，银庄是一种旧式的金融机构，起初只专营汇兑和吸收存款，其后业务不断扩大，经营定期、活期存款和往来存解款，以及买卖香港、上海等地汇票和发行纸币等。近代潮汕的银行和银庄，其业务在很大程度上靠侨商、侨眷、侨属的存放款支持。有不少银庄兼营侨批业，侨汇的业务直接关系到银庄的生存和发展。如汕头有信银庄，后改称为有信批局，除经营银庄业务外，一直兼营侨批业务，并在新加坡、中国香港设有信批局分号，负责收揽侨批等业务。近代潮汕各地较为著名的银庄，大多数与侨汇的挹注密切相关，大多在兼营侨批业中发展起来（杨群熙，1997）。

4. 促进潮汕地区教育事业和其他公益事业的发展

捐献性侨汇指的是海外华侨捐资兴办文化教育、公益慈善事业、赈灾以及在各个历史时期支持革命，爱国救亡的捐款活动等。在培育英才、救死扶伤、救国图存等方面发挥了积极的作用。

早在清朝末年，潮安县籍的侨胞开始捐资在自己家乡办私塾。光绪六年（1880年）旅居新加坡的华侨吴庆腾就在家乡登隆都（今龙湖镇）银湖村的“指南轩”办起私塾。从辛亥革命后至抗日战争前，海外侨胞的事业兴旺，经济实力进一步增强，在家乡兴学育才的热情更高，陈慈黉的陈黉利行每年拨款约4000大洋作为家乡成德学校的办学经费。1916年，泰国侨胞郑智勇在家乡办学，校舍的建设费、教学设备费、学生的食宿和书籍费全部由他负责。在这期间，海外侨胞在潮汕各地共创办和捐助了数十所中、小学校，有力地推动了当地教育事业的发展。

海外潮籍侨胞不仅勤劳勇敢，而且乐善好施，故里乡亲遇到灾难，都各尽所能，纷纷通过批局或银行寄款相助。如1922年农历八月初二的强台风，给潮汕地区带来巨大损失，泰国侨胞纷纷慷慨解囊，在一个多月时间里就募得救灾款泰币25万铢。新加坡、中国香港、越南等地华侨纷纷捐款支援家乡灾区。

海外侨胞还慷慨捐资加固南北堤防，在家乡修桥、铺路，兴建医院、施医赠药等。还有，在辛亥革命时期，广大侨胞积极投入革命洪流，除了热情宣传三民主义，还踊跃捐资、多方筹款，通过批局或银行寄汇等渠道，寄回国内支持孙中山领导的革命活动。日军侵略中国以后，包括潮籍侨胞在内的广大侨胞继续发扬这一优良传统，踊跃参加各种抗日救亡活动，并募集大批钱款支援抗日前线（黄挺，2008）。

第六章

现代汕头：首批经济特区之一

第一节　汕头经济特区的设立

一、经济特区：酝酿于汕头的想法

1978 年底，中共中央在北京召开十一届三中全会，作出把党和国家的工作重心转移到经济建设上来，实行改革开放的伟大决策。

1979 年 1 月 16 日，中共广东省委书记吴南生到汕头传达党的十一届三中全会会议精神。吴南生是汕头人，到汕头后，所看到的一切让吴南生心里十分震惊：那些他所熟悉的楼房残旧不堪，摇摇欲坠；街道两旁，到处都是用竹子搭起来的横七竖八的竹棚，里面住满了成千上万的男男女女。城市公共设施道路不平，电灯不明，电话不灵，经常停电，夜里漆黑一片。市容环境卫生脏乱不堪，由于自来水管年久失修，下水道损坏严重，马路污水横流，有些人甚至把粪便往街上倒，臭气熏天（卢荻、陈枫，2008）。

1860 年，汕头被开辟为通商口岸后，对外贸易迅速崛起，很快发展成为一个近代繁华港口城市，是海上丝绸之路的重要一环。20 世纪 30 年代，汕头已有“小上海”之称。解放初期，汕头商业繁荣，它的经济条件和香港的差距并不大。然而，30 年过去了，香港经济繁荣，高楼林立，成为了亚洲“四小龙”之一，而汕头却满目凄凉，如此贫穷落后。

"这比我们小孩子的时候还穷啊。如果有哪一个电影制片厂要拍摄国民党黑暗统治的镜头，就请到汕头来取背景。"吴南生十分气愤。如何改变家乡贫穷落后的面貌，尽快变得富裕起来？吴南生心中没底。一位新加坡的朋友给他出了个大胆的主意："你敢不敢办像台湾那样的出口加工区？敢不敢办像自由港这一类东西？如果敢办，那最快。"他说，"你看新加坡、香港，它们的经济就是这样发展的！"吴南生恍然大悟，脑海立即闪出一个大胆的设想：能不能也像海外办出口加工区一样，把汕头市划出来，对外开放，办出口加工区，吸引外商投资办企业呢？办特区的建议就这样在汕头酝酿开始的（卢荻、陈枫，2008）。

1979 年 1 月 21 日夜里，吴南生不顾感冒发烧，迫不及待地用电话发了 1300 字的电报给习仲勋、杨尚昆同志和省委，汇报了自己的想法。

吴南生的想法得到习仲勋、杨尚昆和省委的支持。1979 年 3 月 3 日，吴南生在省委常委会议上说："现在国家的经济已到了崩溃的边缘了，我们应该怎么办？我提议广东先走一步。在汕头划出一块地方搞试验，用各种优惠的政策来吸引外资，把国外先进的东西吸引到这块地方来。因为：第一，在全省来说，除广州之外，汕头是对外贸易最多的地方，每年有一亿美元的外汇收入，搞对外经济活动比较有经验。第二，潮汕地区海外的华侨、华人是全国最多的，约占我国海外华人的 1/3。其中许多是在海外有影响的人物，我们可以动员他们回来投资。第三，汕头地处粤东，偏于一隅，万一办不成，失败了，也不会影响太大。""如果省委同意，我愿意到汕头搞试验。如果要杀头，就杀我好啦！"吴南生义无反顾地向省委请缨（卢荻、陈枫，2008）。

在这之前，广东省委也曾收到宝安县关于把深圳办成出口基地的报告，新华社记者何云华也提过类似的建议。因此，省委在讨论时一致同意这一大违"天条"的设想，并且更为激进，认为广东不单是应在汕头办出口加工区，还应该在深圳、珠海办。"要搞，全省都搞！"习仲勋横下一条心，当即表态，"先起草意见，4 月中央工作会议时，我带去北京"（陈宏，2006）。

4 月 1~2 日，在杨尚昆的主持下，广东省委常委会议同意向中央提出要求允许广东“先走一步”的意见。习仲勋和广东的领导班子于1979年4月17日带着方案草稿赴京，在最后定稿前与邓小平等做了进一步的讨论。方案得到邓小平的大力支持。

1979年7月15日，中共中央、国务院决定对广东、福建两省实行“特殊政策、灵活措施”，要求两省抓紧有利的国际形势，先走一步，把经济尽快搞上去，决定在深圳、珠海、汕头、厦门试办“出口特区”。此即为中央1979年50号文件，此时，距离中共十一届三中全会闭幕未满7个月。

1980年3月24~30日，谷牧受中共中央、国务院的委托，在广州主持召开广东、福建两省会议，检查总结中央1979年50号文件贯彻执行情况，进一步研究试办特区的一些重要政策。会议确定把“出口特区”改名为具有更丰富内涵的“经济特区”（卢荻、陈枫，2008）。

1980年8月26日，第五届全国人大常委会第15次会议决定：批准《广东省经济特区条例》，宣布在广东省的深圳、珠海、汕头，福建省的厦门四市分别划出一定区域，设置经济特区。至此，完成经济特区设立的决策和立法程序，标志着中国经济特区的正式诞生。[①] 8月26日成了中国经济特区的成立纪念日。

经济特区的设立引进了市场经济，使中国经济进入了世界经济大循环。这是特区对中国最大的贡献。经济特区的建设，在吸引外国投资，扩大出口贸易，增加外汇收入及扩大就业机会等方面普遍取得了显著的成效。这为后来我国进一步改革开放积累了经验和奠定了基础。

二、汕头经济特区的扩容

1981年经国务院批准，在汕头市区龙湖片区试办经济特区。1983年12月22日，广东实行市管县体制，撤销汕头地区，原地区所属8县1市并入汕头市。1984年11月，经国务院批准，汕头经济特区的区域面积扩大为52.6平方千米，分龙湖和广澳两片区。1991年4月国务院

① 经济特区，百度百科词条。

批准汕头经济特区的区域扩大到整个汕头市区，面积234平方千米，并确定于是年11月正式实施；同年11月，潮汕行政区域调整，潮州、揭阳分设地级市。

2003年，经国务院批准，汕头行政区划作出重大调整，潮阳、澄海撤市建区，原市区5个区调整合并为3个区，其中河浦、达濠两个区合并为濠江区；升平、金园两区合并为金平区；龙湖区保留，将原属澄海市的外砂镇、新溪镇划归龙湖区；澄海市撤市设区；潮阳市撤市分设潮阳、潮南两个区。调整后，市区面积从原来的310平方千米扩大到1956平方千米，市区人口从原来的120万增加到487.5万。经国务院批复，2011年5月1日汕头经济特区范围扩大到汕头全市，即2003年来汕头行政区划范围，含龙湖区、金平区、濠江区、潮阳区、潮南区、澄海区、南澳县“六区一县”。2014年9月，国务院正式批复同意在汕头经济特区设立华侨经济文化合作试验区。

第二节　汕头对外贸易

一、设立经济特区前进出口情况

新中国成立后，1949~1960年，中国的对外贸易几乎全部来自苏联集团。这一阶段，中国进口的是钢材、柴油以及机器等工业品，目的是要建成中国第一个五年计划核心内容的工厂。中国出口的是纺织品、加工食品，并通过向苏联借贷为自己不多的贸易赤字融资。然而，紧随“大跃进”失败而来的经济困难，使形势迅速发生了变化，中国开始缓慢地进入了长时间与世界经济隔绝的状况，中国的贸易几乎全面停滞，中国最大的唯一的出口市场就是香港。

1949年10月24日汕头解放，汕头的对外贸易，贯彻中央人民政府对外贸统制和保护贸易的政策，贯彻执行中央有关方针，执行贸易管理条例。

1950~1960 年，汕头的年平均进出口额大约为 2268.5 万美元，平均进口额为 403.4 万美元，平均出口额为 1865.1 万美元。在出口贸易方面，主要出口土特产（咸菜、生柑、蒜头、蔬菜等）、抽纱、陶瓷、渔网等，主要出口地为香港、东南亚等地。在进口方面，汕头需要进口的多属中央统筹经营商品，主要是进口原料细洋布、玻璃纱布等。如 1957 年，汕头口岸进口 257 万美元，其中抽纱布料占 241 万美元，占 93.7%，其他进口产品数额甚微（见表 6-1）。[①]

依托与香港保持的密切贸易联系，1961~1976 年，汕头出口却呈增长态势，到 1976 年出口额突破 1 亿美元，达 10645 万美元，占当年国家出口总额的 1.55%，为国家经济建设提供了重要的外汇收入。在 1963 年后，根据上级的规定，汕头外贸专业公司需要进口的原材料和包装物料，除按计划由上级调拨外，都要委托省有关外贸公司办理，汕头各进出口公司实际上没有进口经营权。

20 世纪 70 年代中期，中国经济从“文化大革命”最糟糕的情况中开始复苏，可供出口的轻工消费品的供给（尤其是纺织品）也开始增长。汕头的出口额也增长到 1981 年的 26810 万美元。

表 6-1　1950~1994 年汕头外贸情况　　单位：万美元

年份	进出口总额	进口值	出口值	年份	进出口总额	进口值	出口值
1950	1920	1033	886	1959	1948	209	1739
1951	2490	972	1519	1960	1716	131	1585
1952	2504	862	1642	1961	1667	140	1527
1953	2344	172	2172	1962	1746	82	1664
1954	2145	148	1997	1963	—	—	2145
1955	2378	136	2242	1964	—	—	2908
1956	2226	276	1950	1965	—	—	3448
1957	2379	257	2122	1966	—	—	3429
1958	2905	241	2663	1967	—	—	2935

① 《汕头市志：外经贸易》，1980 年。

续表

年份	进出口总额	进口值	出口值	年份	进出口总额	进口值	出口值
1968	—	—	3172	1982	—	—	20642
1969	—	—	3505	1983	—	—	23507
1970	—	—	3689	1984	—	—	22355
1971	—	—	4175	1985	—	—	25697
1972	—	—	5341	1986	—	—	37843
1973	—	—	7575	1987	—	—	53251
1974	—	—	8106	1988	—	—	61943
1975	—	—	8622	1989	—	—	65796
1976	—	—	10645	1990	—	—	83131
1977	—	—	13589	1991	—	—	110348
1978	—	—	16014	1992	—	—	160502
1979	—	—	19709	1993	—	—	169828
1980	—	—	25100	1994	—	—	220244
1981	—	—	26810				

注：1963~1994 年，根据上级的规定，汕头外贸专业公司需要进口的原材料和包装物料，除按计划由上级调拨外，都要委托省有关外贸公司办理，汕头各进出口公司实际上没有进口经营权。因此，1963~1994 年，汕头市没有进口统计数据，只有出口统计数据。

二、设立经济特区后进出口情况

（一）进出口情况

改革开放后，汕头市作为沿海城市，又是全国著名的侨乡，加上经济特区的优惠政策，使汕头有着发展外向型经济的有利条件。改革开放后汕头市的对外贸易依存度一度较高，1995~1998 年，对外贸易依存度均在 120%以上，1997 年更攀至 173.36%的高峰，此后受各种内外因素的影响，自 1998 年开始，汕头的对外贸易依存度呈下降趋势，从 1997 年的 173.36%下降到 2001 年的 50.99%，此后一直在 50%~60%徘徊，2005 年回升到 63.9%，此后又呈下降趋势，到 2016 年，外贸依存度仅为 27.22%。从 1997 年的高峰开始，汕头的贸易依存度开始下滑，说明对外贸易在汕头经济发展中的重要性不断弱化，对汕头经济增长的贡献下降，汕头参与国际经济的程度在下降。

从全国来看，自改革开放后，我国的贸易依存度在小幅波动中不断攀升，1978 年我国的外贸依存度只有 9.73%，到 2000 年达到了 39.36%，特别是加入 WTO 后，对外贸易快速增长，外贸依存度也随之迅速攀升，由 2001 年的 38.25%上升到 2006 年的 64.77%，达到历史最高（穆学英、任建兰、刘凯，2016）。随后，受国际金融危机、汇率改革等因素的影响，外贸依存度开始呈下降态势，到 2016 年我国贸易依存度为 33%。

在对外进出口值上也呈现相应的变化，从海关统计的进出口数据来看，1987 年汕头市的进出口总值还不到 10 亿美元，此后 10 年间快速增长，到 1997 年已达 76.56 亿美元，年均增速达 20.37%，此后逐步下滑，跌至 2001 年的 27.31 亿美元低谷，此后逐步回升。到 2014 年，进出口总额达 95.60 亿美元，增长率为 3.54%。2015 年、2016 年均为负增长，2015 年进出口额为 92.85 亿美元，增长率为-2.88%；2016 年进出口额为 85.27 亿美元，增长率为-8.16%。2017 年略有回升，进出口额为 88.10 亿美元，增长 3.32%。在“一带一路”背景下，汕头对外贸易形势并没有回暖的迹象，面临较大挑战（见表 6-2、图 6-1）。

在出口方面，1997 年汕头的出口额达 42.32 亿美元，增长 83.44%，出口依存度高达 95.82%，此后，出口额开始下降，于 2001 年跌至谷底，出口额为 13.41 亿美元，仅为 1997 年的 31.69%，比 2000 年下降 48.33%，出口依存度下降至 25.04%。此后，汕头出口开始回暖，并保持多年的增长态势。但与全国或广东相比，汕头出口增长速度仍然较低，出口依存度也呈平缓下降趋势，2017 年出口依存度下降至 19.28%（见图 6-2）。

在进口方面，汕头进口的发展变化与出口基本一致。不过，汕头的进口依存度至 1997 年高达 77.54%之后，呈现快速下滑趋势，于 2002 年下降为 23.81%，2003 年略有回升，进口依存度为 24.15%，此后进口依存度开始平缓下滑趋势，2017 年汕头进口依存度仅为 6.02%（见图 6-3）。

可见，在改革开放的早期，设立经济特区为汕头的经济发展提供了先行一步的优势，汕头对外贸易得到快速发展，处于全国对外开放的前列，外贸依存度在 1997 年达到高峰，但随着我国改革开放的推进，如沿海其他城市的开放，原有的特区优势不断弱化，特区优惠政策优势逐步丧失。在区域竞争和自身经济发展的制约下，汕头对外贸易依存度日渐下滑，汕头参与国际经济的程度，对外开放程度在下降、对外贸易、对汕头经济发展的支撑作用也日渐弱化（见表 6-2）。

表 6-2　1995~2017 年汕头市进出口情况　　单位：万美元，%

年份	进出口			出口			进口		
	进出口总额	增长率	外贸依存度	出口额	出口增长率	出口依存度	进口额	进口增长率	进口依存度
1995	437165	—	140.80	212808	—	68.54	224357	—	72.26
1996	477695	9.27	128.60	230693	8.40	62.10	247002	10.09	66.49
1997	765611	60.27	173.36	423177	83.44	95.82	342434	38.64	77.54
1998	661049	-13.66	132.62	344997	-18.47	69.21	316052	-7.70	63.41
1999	439074	-33.58	82.64	269416	-21.91	50.71	169658	-46.32	31.93
2000	421310	-4.05	77.48	259612	-3.64	47.74	161698	-4.69	29.74
2001	273108	-35.18	50.99	134148	-48.33	25.04	138960	-14.06	25.94
2002	289109	5.86	52.09	156979	17.02	28.28	132130	-4.92	23.81
2003	334661	15.76	55.56	189244	20.55	31.43	145417	10.06	24.15
2004	417904	24.87	60.54	254491	34.48	36.87	163413	12.38	23.67
2005	495978	18.68	63.90	318205	25.04	40.99	177773	8.79	22.90
2006	541302	9.14	60.04	348343	9.47	38.64	192959	8.54	21.40
2007	611017	12.88	56.01	391208	12.31	35.86	219809	13.91	20.15
2008	629842	3.08	45.95	432309	10.51	31.54	197533	-10.13	14.41
2009	602847	-4.29	40.28	401624	-7.10	26.84	201223	1.87	13.45
2010	736493	22.17	44.03	493450	22.86	29.50	243043	20.78	14.53
2011	878824	19.33	44.38	595357	20.65	30.06	283467	16.63	14.31
2012	880242	0.16	38.84	616344	3.53	27.19	263898	-6.90	11.64
2013	923359	4.90	36.34	660153	7.11	25.98	263206	-0.26	10.36

续表

年份	进出口			出口			进口		
	进出口总额	增长率	外贸依存度	出口额	出口增长率	出口依存度	进口额	进口增长率	进口依存度
2014	956004	3.54	34.21	696567	5.52	24.93	259437	-1.43	9.28
2015	928467	-2.88	30.96	675548	-3.02	22.52	252919	-2.51	8.43
2016	852702	-8.16	27.22	642564	-4.88	20.51	210138	-16.91	6.71
2017	880991	3.32	25.30	671261	4.47	19.28	209730	-0.19	6.02

资料来源：《汕头市统计年鉴》（2017）。

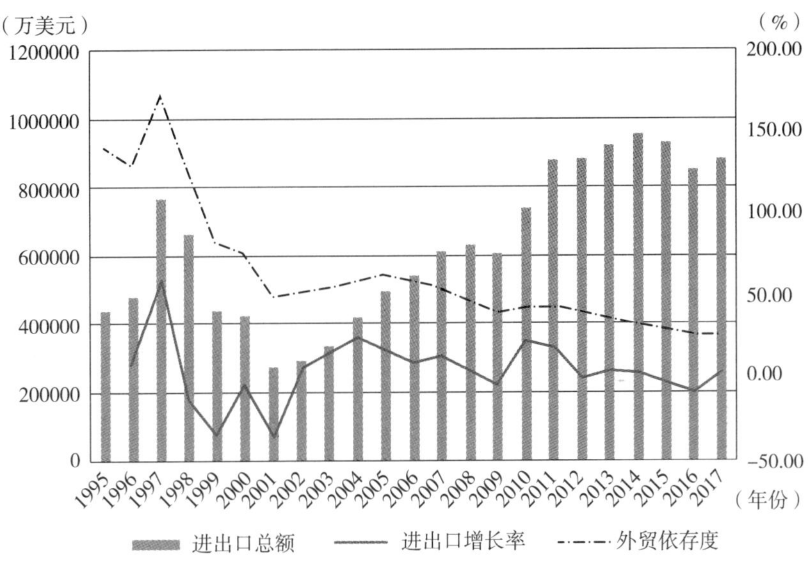

图 6-1 汕头市进出口情况

资料来源：《汕头市统计年鉴》（2017）。

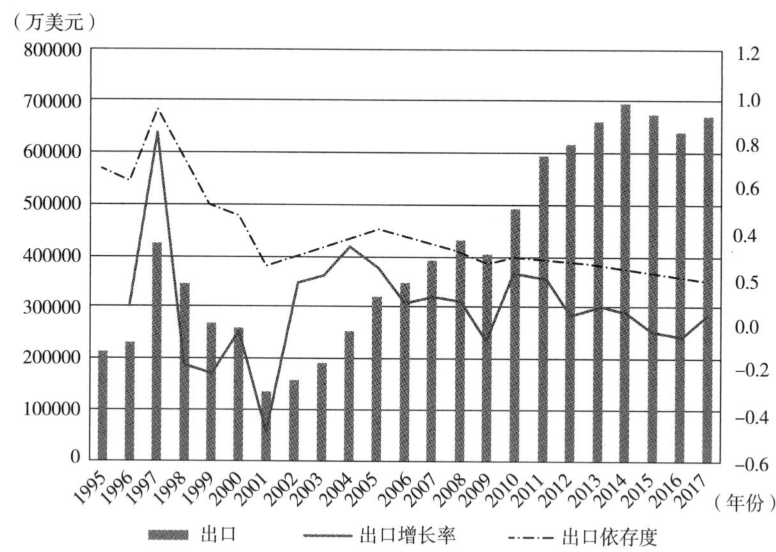

图 6-2　汕头市出口情况

资料来源：《汕头市统计年鉴》（2017）。

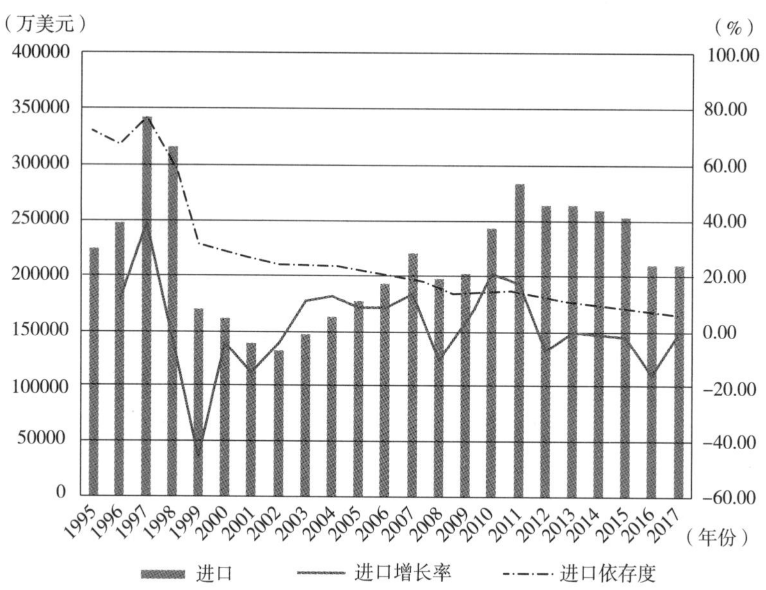

图 6-3　汕头市进口情况

资料来源：《汕头市统计年鉴》（2017）。

（二）进出口产品结构

1. 出口产品

依托汕头传统主要产业，汕头出口产品的种类主要包括服装及衣着附件、机电产品、玩具等，近十年来出口额最大的前 10 种出口商品几乎没有什么变化，服装及衣着附件，机电产品，玩具，农产品，家具及其零件，水海产品，高新技术产品，塑料制品，纺织纱线，织物及制品稳居出口商品前 9 位。

服装及衣着附件出口比较稳定，从 2013 年的 13.32 亿美元增加到 2016 年的 16.17 亿美元，三年增长了 21.40%，2017 年有所回落，出口额为 15.14 亿美元，比 2016 年下降 6.37%，占出口总额的比重也从 2013 年的 20.17%调整为 2017 年的 22.56%，在出口商品中的地位有所下降，从 2013 年占比第一位让位给机电产品，2017 年位居第二。

机电产品出口呈增长态势，出口额从 2013 年的 13.23 亿美元增加到 2017 年的 17.37 亿美元，4 年增长 31.29%，占出口总额的比重从 2013 年的 20.04%提升到 2017 年的 25.88%。

玩具出口近年来也呈增长态势，出口额从 2013 年的 8.36 亿美元增加到 2017 年的 13.15 亿美元，4 年增长 57.30%，占出口总额的比重从 2013 年的 12.67%提升到 2017 年的 19.59%。

高新技术产品出口近年来也有所增长，出口额从 2013 年的 3.41 亿美元增长到 2016 年的 4.57 亿美元，3 年增长 34.02%，2017 年有所回调，出口额为 4.40 亿美元，比 2016 年下降 3.72%，高新技术产品占出口总额的比重也从 2013 年的 5.17%调整为 2017 年的 6.56%，在出口商品中地位有所提升。

在出口商品中，文化产品于 2016 年第一次跻身前 10 位出口商品行列，出口额为 13.19 亿美元，占出口总额的 20.52%，可惜未能保持住出口势头，2017 年未能进入前 10 位出口商品行列。不过，这说明玩具产业以原创影视加衍生产品、动漫产业与周边产品等文化融合模式拓展海外市场值得期待。

总的来讲，汕头出口产品结构与其产业结构较为一致，当地传统产业是汕头出口的坚实基础，出口结构比较稳定。不过这也反映出汕头在出口方面存在的问题，即出口商品多以传统劳动密集型产业为主，技术资本密集型商品出口占比较低，出口商品竞争力有限，也反映了汕头产业转型升级比较缓慢。如表 6-3 所示。

表 6-3　2013~2017 年汕头市出口商品（前 10 位）结构

单位：万美元，%

出口商品（前 10 位）	2013 年		2014 年		2015 年		2016 年		2017 年	
	金额	占比	金额	占比	金额	占比	金额	占比	金额	占比
服装及衣着附件	133173	20. 17	138613	19. 90	157980	23. 39	161714	25. 17	151420	22. 56
机电产品	132271	20. 04	147637	21. 19	171358	25. 37	158736	24. 70	173722	25. 88
玩具	83627	12. 67	89842	12. 90	117455	17. 39	115077	17. 91	131494	19. 59
* 农产品	59511	9. 01	73508	10. 55	87940	13. 02	88033	13. 70	89160	13. 28
家具及其零件	34951	5. 29	34449	4. 95	37820	5. 60	38002	5. 91	36038	5. 37
水海产品	34847	5. 28	47278	6. 79	57155	8. 46	59000	9. 18	56243	8. 38
高新技术产品	34104	5. 17	40295	5. 78	46860	6. 94	45720	7. 12	44012	6. 56
塑料制品	25711	3. 89	24337	3. 49	27007	4. 00	22599	3. 52	24356	3. 63
纺织纱线、织物及制品	23525	3. 56	23826	3. 42	29928	4. 43	26871	4. 18	28871	4. 30
电线和电缆	20759	3. 14	17216	2. 47	—	—	—	—	—	—
印刷电路	—	—	—	—	19885	2. 94	—	—	20463	3. 05
* 文化产品	—	—	—	—	—	—	131885	20. 52	—	—
前 10 位合计	582479	88. 23	637001	91. 45	753388	111. 52	847637	131. 91	755779	112. 59
年度出口总额	660153	100	696567	100	675548	100	642564	100	671261	100

注：机电产品与高新技术产品目录有交叉，前 10 位合计可能会超过 100%；带 * 号产品与列表中细项产品有重复，2016 年机电产品前带有 * 号。

资料来源：中华人民共和国汕头海关官方网站统计数据。

2. 进口产品

从进口商品结构来看，2013~2017 年，汕头的进口商品结构也比较稳定，初级形状的塑料，机电产品，纺织纱线，织物及制品，农产品，高新技术产品，液化石油气及其他烃类气，通断保护电路装置及零件，苯乙烯，煤及褐煤稳居进口前10位商品行列。从2013~2017年进口商品结构看，可以发现：

初级形状的塑料进口占比有所提升并稳居第一位，进口额占进口总额的比重超过20%。橡胶和塑料制品业、玩具业是汕头市工业产值排名前三的传统产业，初级形状的塑料是这两大产业主要原材料之一，对原材料的需要保持了初级形状的塑料稳定的进口地位。

资源类商品的进口额和进口占比也在提升，其中液化石油气及其他烃类气的进口额从2013年的1.17亿美元上升到2017年的2.83亿美元，占进口总额的比重从2013年的4.44%上升到2017年的13.51%；煤及褐煤的进口额从2013年的0.60亿美元上升到2017年的2.89亿美元，占进口总额的比重从2013年的2.27%上升到2017年的13.80%。

机电产品近年来进口额在下降，从2013年的5.11亿美元下降到2017年的2.72亿美元，占进口总额的比重也从2013年的19.41%调整为2017年的12.97%。

高新技术产品的进口额也在下降，从2013年的1.47亿美元下降到2017年的0.73亿美元，占进口总额的比重也从2013年的5.59%调整为2017年的3.47%。

总的来讲，汕头的进口结构也反映了汕头的工业产业结构，进口商品为汕头产业发展提供了原材料、设备和零部件等。不过，汕头应该促进高新技术产品、机电产品的进口，以促进传统产业进行技术改造，推动产业转型升级。如表6-4所示。

表6-4　2013~2017年汕头进口商品（前10位）结构

单位：万美元，%

前10位进口商品	2013年		2014年		2015年		2016年		2017年	
	金额	占比	金额	占比	金额	占比	金额	占比	金额	占比
初级形状的塑料	57127	21.70	65558	25.27	69191	27.36	47444	22.58	47775	22.78

续表

前10位进口商品	2013年		2014年		2015年		2016年		2017年	
	金额	占比	金额	占比	金额	占比	金额	占比	金额	占比
机电产品	51085	19.41	47165	18.18	31602	12.49	29012	13.81	27196	12.97
纺织纱线、织物及制品	22124	8.41	13077	5.04	15500	6.13	14550	6.92	14748	7.03
农产品	17234	6.55	19188	7.40	10492	4.15	7461	3.55	9453	4.51
高新技术产品	14723	5.59	14882	5.74	8751	3.46	8516	4.05	7274	3.47
液化石油气及其他烃类气	11689	4.44	14382	5.54	28169	11.14	25856	12.30	28342	13.51
通断保护电路装置及零件	8611	3.27	7510	2.89	8523	3.37	7531	3.58	7361	3.51
鲜、干水果及坚果	6249	2.37	6750	2.60	—	—	—	—	—	—
苯乙烯	6105	2.32	8039	3.10	6553	2.59	5353	2.55	4583	2.19
煤及褐煤	5978	2.27	7897	3.04	43140	17.06	34218	16.28	28943	13.80
废塑料	—	—	—	—	5919	2.34	6187	2.94	—	—
乙二醇	—	—	—	—	—	—	—	—	6511	3.10
前10位合计	200925	76.34	204448	78.80	227840	90.08	186128	88.57	182186	86.87
年度进口总额	263206	100	259437	100	252919	100	210138	100	209730	100

注：机电产品与高新技术产品目录有交叉，前10位合计可能会超过100%。

资料来源：中华人民共和国汕头海关官方网站统计数据。

（三）进出口国家与地区

改革开放初期，汕头发挥本地侨乡优势，吸引了大量外资特别是港资来汕投资，加上香港本身就是一个集贸易、金融、信息和航运于一体的国际商业中心，汕头市对外进出口的大量商品需经过香港物流中转进出，因此香港一度成为汕头外贸走向世界的一个重要桥梁。1987年，汕头市的进出口贸易伙伴有110余个，其中对香港进出口贸易值为5.42亿美元，占据了总体外贸近六成的比重。此后很长一段时间，汕头市的外贸高度依赖香港，对香港进出口一直占非常重要的地位。“入世”

后，随着各项外贸政策的放开、企业开拓国际市场能力的增强以及国内大型港口物流辐射能力的增强，汕头市的对外贸易伙伴趋于多元化，对香港贸易在汕头对外贸易的比重逐年下降，高度依赖香港的格局得到根本改变，与欧美等发达国家的直接贸易往来显著增加，欧盟、美国等国家（地区）逐步取代香港成为汕头重要的贸易伙伴。2010 年，汕头对香港进出口贸易 8.72 亿美元，所占总体比重仅 11.83%，同年汕头市对东盟、美国、欧盟的贸易比重均超过香港，香港的转口贸易进一步弱化。30 年间，汕头与 180 多个国家和地区建立了经贸关系，进出口贸易伙伴侧重于亚洲、欧洲和北美洲，与拉丁美洲、非洲和大洋洲等地区贸易增长更为迅速，出口市场过于集中的局面不断改善，多元化的贸易格局逐步形成。

近十年来，汕头对外贸易市场继续向多元化拓展。自 2010 年中国与东盟自贸区启动以来，自 2011 年起东盟便超越美国成为汕头市第一大贸易伙伴，东盟成为汕头市外贸进出口的主要增长点。东盟十国占汕头市贸易进出口总值的比重已由 2010 年的 13.9%提升至 2015 年的 21.24%，近两年占比有所回落，2017 年东盟十国占汕头市贸易进出口总值的比重为 18.65%，保持着汕头市第一大贸易伙伴的位置。其他主要贸易伙伴，如欧盟（28 国）、中国香港、日本、阿联酋、韩国与汕头的贸易额近五年来都有所下降，占汕头市贸易进出口总额的比重也在下降。如表 6-5 所示。

表 6-5　汕头主要外贸市场　　　单位：万美元，%

进出口市场	2013 年		2015 年		2016 年		2017 年	
	金额	占比	金额	占比	金额	占比	金额	占比
东盟	162906	17.64	197187	21.24	180967	21.22	164322	18.65
美国	138745	15.03	144879	15.60	144941	17.00	145683	16.54
欧盟（28 国）	109612	11.87	91734	9.88	93531	10.97	99633	11.31
中国香港	105904	11.47	98843	10.65	98065	11.50	82292	9.34
日本	56226	6.09	44951	4.84	38947	4.57	41202	4.68
阿联酋	43447	4.71	49063	5.28	40393	4.74	31530	3.58

续表

进出口市场	2013 年		2015 年		2016 年		2017 年	
	金额	占比	金额	占比	金额	占比	金额	占比
韩国	33711	3.65	36548	3.94	30585	3.59	27364	3.11
合计	650551	70.45	663205	71.43	627429	73.58	592026	67.20
年度进出口总额	923359	100.00	928467	100.00	852702	100.00	880991	100.00

资料来源：中华人民共和国汕头海关官方网站统计数据，2014 年只有粤东地区数据，没有分市数据。

汕头出口的主要国家和地区是美国、东盟、中国香港、欧盟等，虽然东盟是汕头市第一大贸易伙伴，但在出口方面，美国仍然牢牢占据第一的位置，2013~2017 年出口美国保持着增长态势，对美国的出口额从 2013 年的 12.31 亿美元增加到 2017 年的 13.28 亿美元，占汕头出口总额的比重从 2013 年的 18.65%上升到 2017 年的 19.79%。东盟是汕头的第二大出口市场，2015 年对东盟的出口高达 13.15 亿美元，占比 19.47%，大有追上出口美国的态势，可惜近两年对东盟出口出现回落，2017 年对东盟出口额为 11.12 亿美元，占比为 16.57%。在东盟中，菲律宾、新加坡、马来西亚是汕头的主要出口市场。

近年来，汕头对中国香港、日本、阿联酋的出口呈下降态势。2017 年，对中国香港出口额为 8.23 亿美元，占汕头市出口总额的 12.26%，中国香港从第三大出口地退居为第四位，被欧盟超越。在其他主要出口市场中，出口欧盟、韩国、墨西哥保持着平稳的增长态势，尤其是欧盟，2013~2017 年保持着稳定的增长态势，出口额从 2013 年的 7.62 亿美元增长到 2017 年的 8.78 亿美元，占汕头出口总额的比重也相应从 11.54%提升到 13.08%。

近年来，汕头出口市场的集中度整体上呈下降趋势，说明汕头出口市场不断开拓，日益多元化。2015 年，汕头前十位出口市场的出口份额占汕头出口总额的比重为 82%；2017 年下降到 76.28%。如表 6-6 所示。

表 6-6 汕头市出口市场国家分布（前 10 位）

单位：万美元，%

出口市场	2013 年		2015 年		2016 年		2017 年	
	金额	占比	金额	占比	金额	占比	金额	占比
美国	123131	18.65	134357	19.89	129388	20.14	132836	19.79
东盟	119031	18.03	131515	19.47	121585	18.92	111225	16.57
中国香港	105904	16.04	98843	14.63	88511	13.77	82292	12.26
欧盟（28 国）	76211	11.54	76492	11.32	78663	12.24	87790	13.08
阿联酋	30043	4.55	29547	4.37	26794	4.17	20303	3.02
日本	28692	4.35	23350	3.46	22290	3.47	23742	3.54
韩国	12716	1.93	21667	3.21	18970	2.95	13379	1.99
墨西哥	12350	1.87	15798	2.34	14034	2.18	13104	1.95
加拿大	12163	1.84	11833	1.75	13107	2.04	—	—
巴拿马	10315	1.56	—	—	—	—	—	—
沙特阿拉伯	—	—	—	—	11150	1.74	—	—
澳大利亚	—	—	10562	1.56	—	—	—	—
俄罗斯联邦	—	—	—	—	—	—	13985	2.08
印度	—	—	—	—	—	—	13357	1.99
前 10 位合计	530556	80.37	553964	82.00	524492	81.62	512013	76.28
年度出口总额	660153	100	675548	100	642564	100	671261	100

资料来源：中华人民共和国汕头海关官方网站统计数据，2014 年只有粤东地区数据，没有分市数据。

进口方面。从汕头进口前 10 位国家和地区来看，汕头的主要进口国和地区包括东盟、欧盟、日本等。汕头自东盟进口在 2013 年达到 4.39 亿美元，占汕头进口总额的 16.67%，稳居进口第一位，2015 年更是增长 50%，达到 65.67 亿美元，近两年有所回调，2017 年进口额为 53.10 亿美元，占比为 25.32%。由于汕头进口整体呈下降趋势，从欧盟、日本、中国台湾、韩国的进口额也呈下降态势，进口占比也趋下降。在 2013 年前，日本多年来一直是汕头的最大进口市场，但从日本的进口额占汕头进口总额的比重一直处于下降趋势，并在 2014 年被印度尼西亚超越，印度尼西亚成为汕头的第一大进口市场。

近两年，汕头从澳大利亚、卡塔尔的进口增长较快，2017 年从澳大利亚进口达 0.91 亿美元，占比为 4.35%，从卡塔尔进口 1.65 亿美元，占比达 7.89%，卡塔尔一跃成为汕头第三进口市场。

近年来，汕头进口市场的集中度有上升态势，说明汕头尚未形成比较稳定的多元化进口市场。2015 年，汕头前十位进口市场的进口份额占汕头进口总额的比重为 78.61%，到 2017 年上升为 82.13%。

当然，无论是进口还是出口，美国、日本、中国香港一直对汕头有较大影响，在汕头对外贸易中具有不可代替的地位和作用，而同时东盟与汕头的贸易越发紧密，东盟在汕头外贸中的地位显著提升。如表 6-7 所示。

表 6-7　汕头进口市场国家分布（前 10 位）

单位：万美元，%

进口市场	2013 年		2015 年		2016 年		2017 年	
	金额	占比	金额	占比	金额	占比	金额	占比
东盟	43875	16.67	65672	25.97	59382	28.26	53097	25.32
欧盟（28 国）	33401	12.69	15242	6.03	14868	7.08	11843	5.65
日本	27534	10.46	21601	8.54	16657	7.93	17460	8.32
中国台湾	25018	9.51	14635	5.79	13703	6.52	14773	7.04
韩国	20995	7.98	14881	5.88	11615	5.53	13985	6.67
美国	15614	5.93	10522	4.16	15553	7.40	12847	6.13
中华人民共和国	14227	5.41	10862	4.29	9322	4.44	—	—
沙特阿拉伯	13891	5.28	11476	4.54	—	—	11359	5.42
阿联酋	13404	5.09	19516	7.72	13599	6.47	11227	5.35
印度	9364	3.56	—	—	—	—	—	—
澳大利亚	—	—	14414	5.70	5957	2.83	9119	4.35
中国香港	—	—	—	—	9554	4.55		
卡塔尔	—	—	—	—	—	—	16543	7.89
前 10 位合计	217323	82.57	198821	78.61	170210	81.00	172253	82.13
年度进口总额	263206	100	252919	100	210138	100	209730	100

资料来源：中华人民共和国汕头海关官方网站统计数据，2014 年只有粤东地区数据，没有分市数据。

（四）贸易形式

汕头进出口贸易方式有“一般贸易”“加工贸易”“海关特殊监管区域”等，其中，最主要的贸易方式是一般贸易，近年来一般贸易占比呈上升趋势，而加工贸易呈下降趋势。一般贸易进出口额占比从2013年的74.70%上升到2017年的84.95%，而加工贸易进出口额占比从2013年的21.53%持续下降为2017年的8.15%。其中，一般贸易的出口额占比从2013年的79.34%上升到2017的84.60%。加工贸易的出口额占比从2013年的19.82%下降到2017年的7.17%。一般贸易的进口额占汕头进口总额的比重从2013年的63.06%上升到2017年的86.09%；加工贸易的进口额占汕头进口总额的比重从2013年的25.82%下降到2017年的11.31%。

其他贸易形式的进出口额占比都比较低，海关特殊监管区域进出口额近几年也呈下降趋势，从2013年的1.15%下降到2017年的0.51%。海关特殊监管区域的出口额占比从2013年的0.20%下降到2017年的0.09%。海关特殊监管区域的进口额占比从2013年的3.54%下降到2017年的1.85%。如表6-8~表6-10所示。

表6-8　汕头进出口贸易方式　　单位：万美元，%

贸易形式	2013年		2015年		2016年		2017年	
	进出口	占比	进出口	占比	进出口	占比	进出口	占比
一般贸易	689727	74.70	765799	82.48	736883	86.42	748426	84.95
加工贸易	198776	21.53	133793	14.41	108434	12.72	71836	8.15
租赁贸易	176	0.02	129	0.01	—	—	121	0.01
外商投资企业作为投资进口的设备、物品	1746	0.19	25	0.00	5	0.00	1256	0.14
海关特殊监管区域	32941	3.57	28711	3.09	6897	0.81	4696	0.53
*保税监管场所进出境货物	22286	2.41	20121	2.17	425	0.05	187	0.02

续表

贸易形式	2013年		2015年		2016年		2017年	
	进出口	占比	进出口	占比	进出口	占比	进出口	占比
*海关特殊监管区域物流货物	10656	1.15	8590	0.93	6472	0.76	4509	0.51
其他贸易	2	0.00	9	0.00	481	0.06	54655	6.20
合计	923369	100	928468	100	852701	100	880991	100

资料来源：中华人民共和国汕头海关官方网站统计数据，2014年只有粤东地区数据，没有分市数据。

表6-9　汕头出口贸易形式　　单位：万美元，%

出口形式	2013年		2015年		2016年		2017年	
	出口	占比	出口	占比	出口	占比	出口	占比
一般贸易	523766	79.34	582074	86.16	566382	88.14	567869	84.60
加工贸易	130822	19.82	91221	13.50	74357	11.57	48118	7.17
租赁贸易	—	—	—	—	—	—	—	—
海关特殊监管区域	5584	0.85	2253	0.33	1357	0.21	633	0.09
*保税监管场所进出境货物	4253	0.64	413	0.06	—	—	11	0.00
*海关特殊监管区域物流货物	1331	0.20	1840	0.27	1357	0.21	622	0.09
其他贸易	—	—	0	0.00	466	0.07	54641	8.14
合计	660172	100.00	675548	100.00	642562	100.00	671261	100.00

资料来源：中华人民共和国汕头海关官方网站统计数据，2014年只有粤东地区数据，没有分市数据。

表6-10　汕头进口贸易形式　　单位：万美元，%

进口形式	2013年		2015年		2016年		2017年	
	进口	占比	进口	占比	进口	占比	进口	占比
一般贸易	165962	63.06	183726	72.64	170501	81.14	180557	86.09

续表

进口形式	2013 年		2015 年		2016 年		2017 年	
	进口	占比	进口	占比	进口	占比	进口	占比
加工贸易	67954	25.82	42572	16.83	34077	16.22	23718	11.31
租赁贸易	176	0.07	129	0.05	—	—	121	0.06
外商投资企业作为投资进口的设备、物品	1746	0.66	25	0.01	5	0.00	1256	0.60
海关特殊监管区域	27357	10.39	26458	10.46	5540	2.64	4062	1.94
*保税监管场所进出境货物	18033	6.85	19708	7.79	425	0.20	176	0.08
*海关特殊监管区域物流货物	9325	3.54	6750	2.67	5115	2.43	3887	1.85
其他贸易	2	0.00	9	0.00	16	0.01	15	0.01
合计	263197	100.00	252919	100.00	210139	100.00	209729	100.00

资料来源：中华人民共和国汕头海关官方网站统计数据，2014 年只有粤东地区数据，没有分市数据。

（五）外贸主体

改革开放初期，汕头对外贸易主要由少数专业外贸公司包揽，生产企业不能直接从事对外贸易，随着改革开放的逐步深入，国家逐步放宽外贸经营权、改革单一的指令性计划管理体制，充分调动了企业的生产积极性，吸引外资能力进一步加强，有力促进了外贸进出口的发展。1987 年，汕头仅有外商投资企业 4 家，实现进出口总值 1.06 亿美元，随后进入了一个飞速发展期，1992 年外商投资企业的进出口总值已突破 10 亿美元，1993 年汕头的外商投资企业增加至 2319 家，[①] 进出口总值为 15.99 亿美元，此后与汕头市总体进出口走势高度吻合，2000 年

① 1993 年起海关统计数据中对经营单位指标分组及代码进行了修订，出现了按企业经济性质类型分类统计，此处所指为有进出口记录的企业，非工商登记注册的企业，下同。

后稳定在400~600家，2001年后占总体过半比重，2010年有进出口记录的外商投资企业454家，实现进出口值31.86亿美元，占汕头进出口总额的43.26%。① 截至2016年，在汕头1846家规模以上工业企业中，仅有228家外商投资企业（包括港澳台商投资企业和外商投资企业）。近年来，汕头外商投资企业进出口额呈下降态势，在外贸中的地位也日渐下降。截至2017年，汕头外商投资企业进出口额为19.70亿美元，占汕头进出口总额的22.36%。

随着我国以外贸准入制度为重点的经营权改革不断推进，特别是2004年7月1日新外贸法实施后，汕头先后出台了多项扶持民营经济发展的配套政策文件，有力促进了本地民营企业向外拓展。据海关统计，1993年汕头市民营企业仅实现进出口值1248.2万美元，占进出口总值比重仅为0.26%，此后快速发展，1998年突破亿美元大关，2004年突破10亿美元大关，2009年汕头市民营企业实现进出口总值29.44亿美元，占进出口总值比重达48.84%，首度超越外商投资企业成为汕头市外贸进出口第一位。2010年有进出口记录的汕头民营企业达1248家，实现进出口值37.17亿美元，所占外贸比重进一步上升至50.48%。尤其值得一提的是，金融危机让汕头民营企业展示了自主创新、加强技术投入、进行产业转型升级的顽强生命力，在金融危机影响下仍保持增长态势，成为汕头外贸发展的新“引擎”。②

近年来，汕头市民营企业在外贸中的作用更是不断提升，2013年，民营企业进出口额达56.07亿美元，占进出口总额的60.72%，2017年，民营企业进出口额上升到63.05亿美元，占进出口总额比重也上升到71.57%，成为汕头市外贸的主力军。

在出口方面，民营企业保持比较平稳的增长态势，出口额从2013年的40.40亿美元增加到2017年的52.79亿美元，出口额占汕头出口总额的比重也相应从2013年的61.19%提升到2017年的78.64%，而同期，国有企业、外商投资企业出口占比趋于下降。

①② 汕头外贸三十年，http：//www.customs.gov.cn/publish/portal151/tab61396/info317220.htm，2011-09-15。

与出口有些不同，民营企业在进口方面的作用有所弱化，2013 年民营企业进口额占汕头进口总额的比重为 59.52%，到 2017 年下降为 48.94%，外商投资企业进口占比也趋下降。而同期国有企业的进口占比在上升，从 2013 年的 3.44%上升到 2017 年的 17.02%。如表 6-11～表 6-13 所示。

表 6-11　汕头进出口企业类型　　单位：万美元，%

进出口企业类型	2013 年		2015 年		2016 年		2017 年	
	进出口	占比	进出口	占比	进出口	占比	进出口	占比
国有企业	34214	3.71	68215	7.35	57354	6.73	53459	6.07
外商投资企业	328502	35.58	235638	25.38	208203	24.42	196982	22.36
民营企业	560653	60.72	624169	67.23	587144	68.86	630549	71.57
其他企业	—	—	446	0.05	—	—	1	0.00
合计	923369	100.00	928468	100.00	852701	100.00	880991	100.00

资料来源：中华人民共和国汕头海关官方网站统计数据，2014 年只有粤东地区数据，没有分市数据。

表 6-12　汕头出口企业类型　　单位：万美元，%

出口企业类型	2013 年		2015 年		2016 年		2017 年	
	出口	占比	出口	占比	出口	占比	出口	占比
国有企业	25147	3.81	20432	3.02	19001	2.96	17774	2.65
外商投资企业	231040	35.00	151653	22.45	133973	20.85	125586	18.71
民营企业	403985	61.19	503462	74.53	489589	76.19	527902	78.64
其他企业	—	—	—	—	—	—	—	—
合计	660172	100.00	675547	100.00	642563	100.00	671262	100.00

资料来源：中华人民共和国汕头海关官方网站统计数据，2014 年只有粤东地区数据，没有分市数据。

表 6-13　汕头进口企业类型　　万美元，%

进口企业类型	2013 年		2015 年		2016 年		2017 年	
	进口	占比	进口	占比	进口	占比	进口	占比
国有企业	9067	3.44	47782	18.89	38354	18.25	35686	17.02
外商投资企业	97462	37.03	83984	33.21	74230	35.32	71396	34.04
民营企业	156668	59.52	120707	47.73	97555	46.42	102648	48.94
其他企业	—	—	446	0.18	—	—	1	0.00
合计	263197	100.00	252919	100.00	210139	100.00	209731	100.00

资料来源：中华人民共和国汕头海关官方网站统计数据，2014 年只有粤东地区数据，没有分市数据。

（六）汕头对外贸易特点

1. 进出口规模偏小

汕头市外贸进出口规模明显偏小，在 5 个经济特区中（见表 6-14），2017 年，汕头的进出口额为 596 亿元，仅占 5 个经济特区总和的 1.56%，出口占 5 个经济特区出口总额的 2.02%，进口占 5 个经济特区进口总额的 0.90%。特别是与同时成立经济特区的深圳、厦门、珠海相比，存在较大差距，反映了汕头经济社会发展整体相对落后的局面。

表 6-14　2017 年经济特区进出口情况　　单位：亿元，%

经济特区	进出口		出口		进口		比 2016 年增长百分比		
	数额	占比	数额	占比	数额	占比	进出口	出口	进口
深圳经济特区	28011	73.49	16534	73.75	11478	73.13	6.5	5.5	7.9
厦门经济特区	5816	15.26	3254	14.51	2562	16.32	14.3	5.2	28.4
珠海经济特区	2990	7.84	1883	8.40	1107	7.05	8.6	4.4	16.4
海南经济特区	702	1.84	296	1.32	407	2.59	-6.3	110.4	-33.2
汕头经济特区	596	1.56	454	2.02	142	0.90	6	7.2	2.4
合计	38116	100	22420	100	15696	100	7.5	6.1	9.5

资料来源：海关总署。

2. 出口产品附加值较低，品牌化程度较低

汕头的出口产品结构与其产业结构较为一致，出口产品多为传统劳动密集型产品。目前，在汕头市出口商品中，纺织服装、玩具等劳动密集型产品占了较大比重，如2017年，仅纺织服装和玩具就占了出口总额的42.15%，上规模企业和上档次的品牌产品所占比例不高，品牌化程度仍然较低，加之近年来生产原材料价格不断上涨，劳动力成本上升，企业成本压力加大，成本比较优势不断弱化，出口压力不断增加。

3. 进出口产品中高新技术产品所占比例不高

2017年，汕头市企业进出口高新技术产品51286万美元，仅占同期汕头进出口总额的5.82%，其中出口44012万美元，占同期出口总额的6.56%，进口7274万美元，占同期进口总额的3.47%。在汕头的出口产品中，技术和资本密集型产品出口占比较低，出口商品竞争力有限；在进口产品中，高新技术产品占比也较低，在引进技术、设备推动转型升级方面力度不够。这反映了汕头高新技术产业自主研发能力较弱，没能较好实现“引进技术—消化吸收—创新开发”的良性循环，高新技术产业对汕头高科技产业的发展带动有限。

4. 汕头对外贸易市场向多元化拓展，东盟成为汕头第一大贸易伙伴

自2011年起东盟便超越美国成为汕头市第一大贸易伙伴，不过，在出口方面，美国仍然是汕头最大出口目的地。其他主要贸易伙伴，如欧盟（28国）、中国香港、日本、阿联酋、韩国与汕头的贸易额近五年来都有所下降，占汕头市贸易进出口总额的比重也在下降，汕头对外贸易市场不断向多元化拓展。

5. 海关特殊监管区域发展缓慢

汕头保税区是粤东唯一海关特殊监管区域，保税区具有进出口加工、国际贸易、保税仓储商品展示等功能，享有“免证、免税、保税”政策，实行“境内关外”运作方式，是中国对外开放程度最高、运作机制最便捷、政策最优惠的经济区域之一。汕头保税区并没有很好地利用保税区的政策优势，发挥保税区的功能，在进出口方面没有起到应有的作用。2017年我国的12个保税区进出口总额为14089.27亿元，汕头

保税区的进出口额仅为11.61亿元，占比仅为0.08%。在汕头的进出口贸易方式中，海关特殊监管区域进出口额仅占汕头进出口总额的0.53%。

6. 对台贸易发展缓慢

汕头对台贸易有天然的地理优势，但汕台贸易发展却比较缓慢。汕头对台贸易主要表现为对台贸易存在较大逆差，台湾近年来均位列汕头进口前10位进口市场，但汕头对台出口较少。

对台小额贸易是台湾地区居民在大陆沿海指定口岸依照有关规定进行的货物贸易。基于地缘优势，汕头有4个对台小额贸易点，但近年来汕头开展对台小额贸易进展缓慢，2017年9月才有对台小额贸易的第一宗水产品交易，几乎处于停滞状态。[①]

第三节　汕头利用外资情况

一、设立经济特区前利用外资情况

“侨汇是我国外华侨从事劳动和各种职业所得，用以赡养国内家属的汇款，是我国外华侨的切身利益和广大侨眷的生活依靠，是侨胞、侨眷的正当权益之一。”[②] 如果把侨汇看作外资的话，那么，在设立经济特区前，侨汇可以说是汕头可资利用的唯一外资。

潮汕地区解放后，由于中央和各级地方政府不断加强对侨批业的领导和管理，认真贯彻“便利侨汇，服务侨胞”“外汇归公，利润归私”“维持保护，长期利用”的方针政策，以保护侨胞、侨眷利益。

---

① 余丹：《汕头对台小额贸易重启》，http://static.nfapp.southcn.com/content/201709/29/c706106.html，2017年9月29日。

② 周恩来、国务院关于贯彻保护侨汇政策的命令：《中华人民共和国国务院公报》，1955年2月23日。

保护侨汇政策的落实贯彻，使海外华侨和国内侨眷解除了思想顾虑。同时，鼓励了侨批业和国家银行的侨汇部门，调动侨批行业积极性，主动指导国外侨批局改善付批经营方法方式，大力扩充汇网，在不断改进业务的基础上，做好争取大额侨汇，沟通汇路，发展基本户的赡家汇款等工作。

国家对侨汇的保护使潮汕地区的侨批业得以迅速恢复，并在解放初期有一定的发展，其后由于受国际国内的一些因素影响，侨汇数额不够稳定，但侨批业仍继续维持经营。截至1979年，在新的历史条件下，根据国务院关于"侨批业应归口银行"的指示，潮汕地区侨批业务归口银行管理，潮汕侨批业也完成了历史使命（王炜中、杨群熙、陈骅，2007）。

侨汇一直是我国外汇收入的重要组成部分，在汕头的外汇收入中，侨汇更是占了大部分。根据《汕头市国民经济统计资料》（1949～1983），汕头的外汇收入来源包括贸易收入和非贸易收入，侨汇属于非贸易收入。侨汇占汕头外汇收入的比重在1953～1956年达到50%以上，此后比重有所下降，但也多年维持在30%以上（见表6-15），可见侨汇的重要性。不过，随着我国改革开放的推进，汕头对外贸易快速发展，侨汇占外汇收入的比重趋于下降，1981年侨汇占汕头外汇收入比重下降为13.72%。

侨汇是侨眷的合法收入，侨眷有使用侨汇的自由；国家也鼓励华侨和侨眷把侨汇投入生产或者向国家投资公司入股，对华侨、侨眷修建房屋，给予支持、帮助。可见，侨汇收入对维持侨眷生活开支等起到重要作用，对于补充国家外汇，地方经济发展、文化公益事业等，都起到显著的作用。

表6-15　1952～1981年汕头外汇收入情况　　单位：万美元

年份	外汇收入				侨汇占外汇收入
	收入合计	贸易收入	非贸易收入	其中：侨汇	比重（%）
1952	3433	1031	2402	1342	39.09
1953	2681	2681	1409	1437	53.60

续表

年份	外汇收入				侨汇占外汇收入比重（%）
	收入合计	贸易收入	非贸易收入	其中：侨汇	
1954	2566	2566	1495	1392	54.25
1955	3029	3029	1652	1557	51.40
1956	3087	3087	1657	1575	51.02
1957	3304	3304	1572	1497	45.31
1958	3532	3532	1585	1480	41.90
1959	2692	2692	1165	1080	40.12
1960	2579	2579	1314	1198	46.45
1961	2302	2302	920	809	35.14
1962	1944	1944	488	357	18.36
1963	3466	3466	1456	1271	36.67
1964	4437	4437	1851	1597	35.99
1965	5011	5011	2079	1779	35.50
1966	5128	5128	2079	1795	35.00
1967	5048	5048	2110	1821	36.07
1968	5356	5356	2231	1915	35.75
1969	6249	6249	2751	2372	37.96
1970	6775	6775	2965	2554	37.70
1971	7294	3969	3325	2839	38.92
1972	9627	5066	4561	3404	35.36
1973	12475	7487	4988	4186	33.56
1974	13426	7659	5767	4835	36.01
1975	14525	7857	6668	4861	33.47
1976	16531	9300	7231	5181	31.34
1977	21261	12838	8423	5859	27.56
1978	26018	15648	10370	7126	27.39
1979	28809	18044	10765	7275	25.25
1980	29610	22278	7332	5740	19.39
1981	29717	24121	5596	4076	13.72

资料来源：《汕头市国民经济统计资料》（1949~1983）。

二、设立经济特区后汕头利用外资情况

（一）外商直接投资概况

汕头设立经济特区一个主要原因是汕头华侨众多，希望能吸引华侨到家乡投资。在2000年前，汕头利用外资处于最好阶段。1991年，汕头实际利用外商直接投资为1.64亿美元，占广东省实际利用外商直接投资的9%；1998年，汕头实际利用外商直接投资达9.4亿美元，占广东省实际利用外商直接投资的7.83%。2000年，汕头“走私、骗税、造假”案震惊全国，使汕头的信誉和形象受到极大的损害，有1200多家企业相继撤出了汕头。实际利用外资到2000年跌落低谷，此后利用外资保持在一个较低水平，占广东利用外商直接投资比重也在1%的低位徘徊。外商投资汕头的意愿已大不如前，汕头投资环境面临严峻的挑战。

经过整治汕头经济秩序和社会秩序，重建信用，市场环境逐步好转。自2004年后，汕头利用外商直接投资开始呈现增长势头，2011年实际利用外商直接投资达3.46亿美元，占广东省实际利用外商直接投资的1.59%。近年来汕头利用FDI呈波动态势，2015年FDI为2.18亿美元，占广东省FDI的0.81%，2016年FDI减少为9085万美元，占广东省的0.39%。2017年又回升到3.55亿美元。如图6-4所示。

（二）外商直接投资分国别（地区）情况

汕头的外商直接投资主要来自中国香港、中国台湾、新加坡、泰国、中国澳门等华侨资本，还有美国、日本、澳大利亚等地的资本（见表6-16）。2006~2016年，汕头年均实际利用外资18871万美元，其中，中国香港一直是汕头外商直接投资的最大来源地，平均年达14645万美元，排第二位的是中国台湾，年均620万美元，美国居第三位，年均292万美元，日本为177万美元，泰国为110万美元，新加坡为98万美元。从外资来源地所占比重看，来自中国香港的外商直接投资占汕

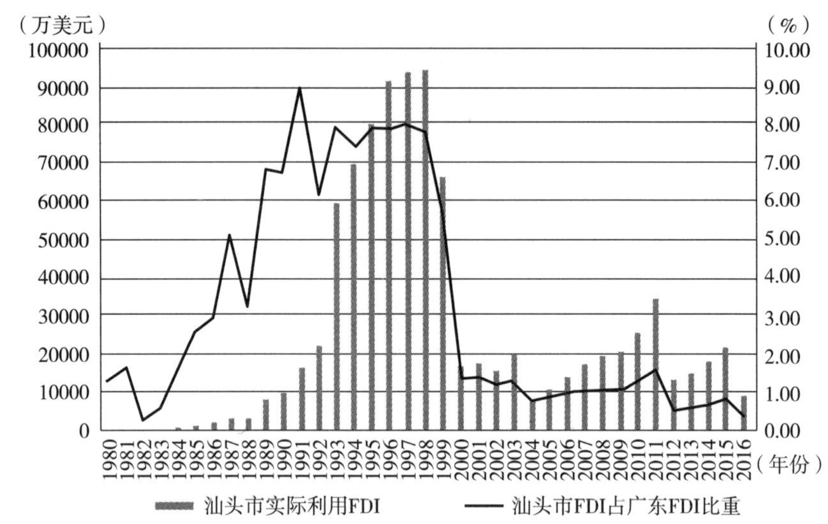

图 6-4 汕头实际利用 FDI 情况

资料来源：《汕头市统计年鉴》（2017）。

头实际利用外商直接投资比重一直占据高位，并呈上升趋势。2006 年为 70.26%，近几年更是高达 96%以上，汕头外商直接投资几乎全部来自中国香港，而台商投资于 2010 年达到近年高峰，为 2637 万美元，占汕头当年实际利用外资的 10.32%，此后台商投资日渐下降，2015～2016 年没有新的投资。来自泰国的投资于 2010 年达到 500 万美元，占当年汕头实际利用外资的 1.96%，此后呈较大波动态势，2011 年仅有 4 万美元，2015 年恢复到 487 万美元，2016 年又降为零。来自新加坡的投资自 2007 年达到 224 万美元后，开始呈下降趋势，2015 年下降为 52 万美元，2016 年更是为零。如表 6-17 所示。

表 6-16 2006～2016 年汕头外商直接投资分国别（地区）情况

单位：万美元

年份	中国香港	中国台湾	美国	日本	泰国	新加坡	澳大利亚	中国澳门	其他	合计
2006	9808	434	219	523	—	209	17	96	2654	13960
2007	11985	433	413	755	22	224	47	134	3149	17162

续表

年份	中国香港	中国台湾	美国	日本	泰国	新加坡	澳大利亚	中国澳门	其他	合计
2008	13963	620	1454	24	20	149	390	23	2755	19398
2009	16717	1873	86	—	—	124	106	65	1442	20413
2010	19216	2637	708	206	500	84	—	20	2182	25553
2011	21538	323	288	404	4	41	146	214	11605	34563
2012	10353	169	—	—	—	—	—	—	2529	13051
2013	13316	175	39	—	175	196	—	—	921	14822
2014	14392	158	—	8	—	—	—	—	3255	17813
2015	21046	—	—	—	487	52	155	—	26	21766
2016	8761	—	—	24	—	—	—	—	300	9085
平均	14645	620	292	177	110	98	78	50	2802	18871

资料来源：汕头统计局网站，http：//sttj. shantou. gov. cn/.

表 6-17　2006~2016 年汕头外商直接投资分国别（地区）占比情况

单位：%

年份	中国香港	中国台湾	美国	日本	泰国	新加坡	澳大利亚	中国澳门	其他	合计
2006	70. 26	3. 11	1. 57	3. 75	0. 00	1. 50	0. 12	0. 69	19. 01	100. 00
2007	71. 00	2. 57	2. 45	4. 47	0. 13	1. 33	0. 28	0. 79	16. 99	100. 00
2008	71. 98	3. 20	7. 50	0. 12	0. 10	0. 77	2. 01	0. 12	14. 20	100. 00
2009	81. 89	9. 18	0. 42	0. 00	0. 00	0. 61	0. 52	0. 32	7. 06	100. 00
2010	75. 20	10. 32	2. 77	0. 81	1. 96	0. 33	0. 00	0. 08	8. 54	100. 00
2011	62. 32	0. 93	0. 83	1. 17	0. 01	0. 12	0. 42	0. 62	33. 58	100. 00
2012	79. 33	1. 29	0. 00	0. 00	0. 00	0. 00	0. 00	0. 00	19. 38	100. 00
2013	89. 84	1. 18	0. 26	0. 00	1. 18	1. 32	0. 00	0. 00	6. 21	100. 00
2014	80. 79	0. 89	0. 00	0. 04	0. 00	0. 00	0. 00	0. 00	18. 27	100. 00
2015	96. 69	0. 00	0. 00	0. 00	2. 24	0. 24	0. 71	0. 00	0. 12	100. 00
2016	96. 43	0. 00	0. 00	0. 26	0. 00	0. 00	0. 00	0. 00	3. 30	100. 00

资料来源：汕头统计局网站，http：//sttj. shantou. gov. cn/.

（三）外商直接投资分行业情况

汕头外商直接投资的行业涵盖了三大产业。在2006~2016年，有5年外商直接投资农、林、牧、渔业，共计162万美元，年均14.73万美元，占外商直接投资总额的0.08%。外商投资主要集中于制造业，批发和零售业，房地产、建筑业。其中，投资制造业共计10.62亿美元，年均9656万美元，合计占比达51.17%，投资批发和零售业共4.12亿美元，年均3750万美元，合计占比19.87%，投资房地产、建筑业共计2.89亿美元，年均2628.09万美元，合计占比为13.93%。

从外商直接投资制造业演化情况来看，2006~2009年，外商投资金额均在亿美元以上，自2008年达到1.53亿美元后，外商投资制造业金额处于波动下降趋势，2015年外商投资制造业仅为2335万美元，2016年有所增长，也只达到3544万美元。随着服务业的发展，特别是现代服务业的发展，2006~2011年，外商投资服务业呈增长态势，从2006年的996万美元上升到2011年的1.72亿美元，占当年的外商直接投资额的比重也从7.13%上升到2010年的52.52%左右，超过制造业的38.5%，2011年外商投资服务业金额达到高点，为1.72亿美元，此后出现快速下滑，2016年仅为3372万美元，占2016年外商直接投资的37.12%，被制造业反超。在外商投资服务业中，主要投资于批发和零售业，交通运输、仓储和邮政业，2006~2016年，投资批发和零售业合计占比达19.87%，占服务业投资的64.24%，交通运输、仓储和邮政业合计占比达7.06%，占服务业投资的22.81%。

随着房地产、建筑业的发展，外商投资房地产业也欣起一波热潮，2015年投资房地产业达1.51亿美元，占2015年外商投资总额的69.41%，不过很快下降为2016年的17%。建筑业只在2009~2011年有外商投资，共计48万美元。如表6-18、表6-19所示。

表 6-18　2006~2016 年汕头外商直接投资分行业情况

单位：万美元

年份	农、林、牧、渔业	工业		房地产、建筑业	服务业					总值
		制造业	电力、燃气及水的生产和供应业		服务业小计	交通运输、仓储和邮政业	租赁和商务服务业	批发和零售业	住宿和餐饮业	
2006	0	12228	67	669	996	165	0	767	0	13960
2007	42	13046	946	847	2281	345	32	372	5	17162
2008	70	15298	738	575	2717	282	236	1344	23	19398
2009	0	11967	1870	1537	5039	0	73	4880	75	20413
2010	18	9839	490	1785	13421	150	68	12199	619	25553
2011	22	13823	1344	2220	17154	9760	176	6774	229	34563
2012	0	7535	1808	1614	2094	42	71	1819	0	13051
2013	0	5939	196	915	7772	2435	6	4790	347	14822
2014	10	10658	0	2095	5050	809	619	3558	0	17813
2015	0	2335	13	15108	4310	660	1200	2051	266	21766
2016	0	3544	625	1544	3372	0	300	2692	250	9085
年均	14.73	9655.64	736.09	2628.09	5836.91	1331.64	252.82	3749.64	164.91	18871.45
合计	162	106212	8097	28909	64206	14648	2781	41246	1814	207586
合计占比（%）	0.08	51.17	3.90	13.93	30.93	7.06	1.34	19.87	0.87	100

资料来源：《汕头市统计年鉴》（2007~2017）。

表 6-19　2006~2016 年汕头外商直接投资分行业占比情况

单位：%

年份	农、林、牧、渔业	工业		房地产、建筑业	服务业					合计
		制造业	电力、燃气及水的生产和供应业		服务业	交通运输、仓储和邮政业	租赁和商务服务业	批发和零售业	住宿和餐饮业	
2006	0.00	87.59	0.48	4.79	7.13	1.18	0.00	5.49	0.00	100
2007	0.24	76.02	5.51	4.94	13.29	2.01	0.19	2.17	0.03	100
2008	0.36	78.86	3.80	2.96	14.01	1.45	1.22	6.93	0.12	100
2009	0.00	58.62	9.16	7.53	24.69	0.00	0.36	23.91	0.37	100
2010	0.07	38.50	1.92	6.99	52.52	0.59	0.27	47.74	2.42	100
2011	0.06	39.99	3.89	6.42	49.63	28.24	0.51	19.60	0.66	100
2012	0.00	57.74	13.85	12.37	16.04	0.32	0.54	13.94	0.00	100
2013	0.00	40.07	1.32	6.17	52.44	16.43	0.04	32.32	2.34	100
2014	0.06	59.83	0.00	11.76	28.35	4.54	3.47	19.97	0.00	100
2015	0.00	10.73	0.06	69.41	19.80	3.03	5.51	9.42	1.22	100
2016	0.00	39.01	6.88	17.00	37.12	0.00	3.30	29.63	2.75	100

资料来源：《汕头市统计年鉴》（2007~2017）。

（四）汕头利用外商直接投资特点

1. 汕头实际利用外资主要来自华侨资本

改革开放之初，作为经济特区和侨乡，汕头成为外商投资的重要地区，吸引了许多华侨前来投资。早期华侨到汕头来投资的动机主要有：一是工资、土地等要素价格低廉；二是可以进入中国广阔的内销市场；三是出自爱国爱乡的一片赤子之心。特别是最后一个动机，对华侨投资汕头来说非常重要。这也是当时汕头设立经济特区的初衷，依托侨乡优势，发挥华侨社会资本作用，吸引华侨前来投资，在过去40年的改革开放中，华侨资本一直是汕头利用外资的主要来源。华侨不仅带来了资本、技术，还有管理经验，对汕头经济社会发展起到了重要的作用。不过，爱国爱乡与投资办企业毕竟是两回事，投资办企业，是一种经济活动，受市场经济规律的决定，外商投资的目的自然是希望资本增值，要赚取利润，因此，哪里的投资环境好，哪里更能赚钱，资本就会流向那里，这是由市场经济规律决定的。对于华侨资本来说也是这样，决不能把华侨捐资与投资混为一谈（杜松年，1986）。

随着我国经济社会的发展，交通基础设施等投资硬环境日渐完善，外商投资越来越注重投资软环境，如政府的清廉程度、行政效率、人文社会环境等。如果没有一个比较好的投资环境，仅靠乡情乡谊也难以吸引华侨投资。近年来，汕头外商直接投资主要来自华侨资本，但已有所减少，除了受国际经济形势、区域间竞争、劳动力成本上涨等因素影响外，可能还与汕头的营商环境不够国际化、法治化和便利化有关。

2. 汕头利用外资规模较小，在广东的地位日渐下降。

在改革开放之初，汕头在利用外资方面在广东具有一定的地位，汕头利用外资占广东利用外资的比重一直处于上升态势，并于1997年达到9%，此后几年的比重也维持在6%～8%，1998年汕头实际利用外资高达9.41亿美元，占广东实际利用外资的7.83%。进入2000年后，汕头利用外资的地位日渐下降，占广东的比重在1%上下波动。

2015年，汕头实际利用外资2.18亿美元，占广东省实际利用外资的 0. 81%；2016 年更是下降到 0. 39%，实际利用外资仅为 0. 9 亿美元。2017 年，汕头实际利用外资为 3. 55 亿美元，占广东实际利用外资的比重有望有所反弹。

但总的来讲，汕头利用外资的规模较小，利用外资规模占广东利用外资规模的比重较低。进入 21 世纪后，汕头利用外资地位下降的原因是多方面的，包括受所处地理位置制约、营商环境、其他城市特别是沿海城市的竞争等。

3. 外商投资逐步从制造业向服务业转变

与全国外商直接投资一样，随着我国经济社会的发展、经济结构的调整，外商直接投资逐步转向服务业。汕头也一样，特别是 2008 年金融危机后的几年，外商投资制造业明显减少，而投资服务业明显增加，批发和零售业，交通运输、仓储和邮政业成为外商投资的主要行业。

第四节　汕头对外直接投资

一、我国对外直接投资简况

2017 年，中国对外直接投资 1582. 9 亿美元，同比下降 19. 3%。自 2003 年中国发布年度统计数据以来，首次出现负增长，但仍是历史上第二高位，占全球比重连续两年超过一成。中国对外投资在全球外国直接投资中的影响力不断扩大，投资流量规模仅次于美国和日本，位居全球第三，较上年下降一位。从双向投资情况看，中国对外直接投资流量已连续 3 年高于吸引外资。

2017 年，中国对外直接投资涵盖国民经济的 18 个行业大类，其中流向商务服务、制造、批发零售、金融领域的投资超过百亿美元，占比八成以上；存量规模超过千亿美元的行业有 6 个，分别是租赁和商务服务业、批发和零售业、信息传输/软件和信息技术服务业、金融业、采矿业和制造业，占中国对外直接投资存量的86.3%。

2017年，中国企业共实施对外投资并购431起，涉及56个国家和地区，实际交易总额为1196.2亿美元，其中直接投资334.7亿美元，占并购交易总额的28%；境外融资861.5亿美元，规模较上年高出七成，占并购总额的72%。

在地方对外直接投资中，广东省表现较为突出，按2016年中国对外直接投资统计结果，广东以1250.4亿美元的存量位列地方对外直接投资存量之首，其次为上海840.5亿美元，其后依次为北京、山东、江苏、浙江、天津、辽宁、福建、湖南等。

在对外直接投资中，境内投资者主要是各省市区的地方企业投资者，占99.3%，中央企业及单位177家，占0.7%。境内投资者数量前五位的省市区依次为广东、浙江、江苏、上海和北京。广东省境内投资者数量最多，超过5400家，占22.2%。

随着我国经济社会的发展和企业竞争能力的增强，我国企业积极稳妥地开展境外投资，对带动中国相关产品、技术、服务“走出去”发挥了积极的作用，对促进国内经济转型发展、深化我国与相关国家的互利合作、推动“一带一路”建设，也起到了积极作用。如表6-20所示。

表6-20　2016年中国对外直接投资统计结果　单位：亿美元

年份	流量			存量	
	金额	全球位次	同比（%）	金额	全球位次
2002	27.0	26	—	299.0	25
2003	28.5	21	5.6	332.0	25
2004	55.0	20	93.0	448.0	27
2005	122.6	17	122.9	572.0	24
2006	211.6	13	43.8	906.3	23
2007	265.1	17	25.3	1179.1	22
2008	559.1	12	110.9	1839.7	18
2009	565.3	5	1.1	2457.5	16

续表

年份	流量			存量	
	金额	全球位次	同比（%）	金额	全球位次
2010	688.1	5	21.7	3172.1	17
2011	746.5	6	8.5	4247.8	13
2012	878.0	3	17.6	5319.4	13
2013	1078.4	3	22.8	6604.8	11
2014	1231.2	3	14.2	8826.4	8
2015	1456.7	2	18.3	10978.6	8
2016	1961.5	2	34.7	13573.9	6

注：①2002~2005 年数据为中国对外非金融类直接投资数据，2006~2016 年为全行业对外直接投资数据。②2006 年同比为对外非金融类直接投资比值。

资料来源：《2016 年度中国对外直接投资统计公报》。

二、汕头对外直接投资

为积极参与“一带一路”建设，汕头市近年来加快实施“走出去”战略，搭建企业“走出去”平台，引导和鼓励企业“走出去”参与国际竞争。举办汕头—洛杉矶、汕头—温哥华经贸合作恳谈会等投资洽谈活动，在南非设立“广东品牌联盟展销中心”，在阿联酋迪拜设立“中东—中国手机批发城”，加快企业境外投资合作步伐。支持宜华集团、东方锆业、骅威股份、猛狮科技和星辉娱乐等开展境外合资合作、并购境外品牌、布局国际营销，巩固欧美传统市场，拓展东盟、非洲、俄罗斯等新兴市场。截至 2017 年 5 月，汕头市协议在境外投资设立企业累计 169 家，协议投资总额 27.98 亿美元，现有 30 多家企业在“一带一路”沿线国家进行投资，不断拓宽海外市场。①

近年来，汕头本地企业国际化进程加快，境外投资保持强劲势头，对外投资的行业涵盖了纺织服装、毛衣、日用文具、化妆品、玩具、家电、木地板及家具、塑料、金属及玻璃、首饰珠宝等各支柱产业。尤其对“一带一路”沿线国家和地区投资保持升温状态，整体发展势头良

① 沈丛生：《汕头探索“一带一路”合作发展新模式》，《南方日报》，2017 年 5 月 25 日。

好，汕头现有30多家企业在海上丝绸之路沿线进行投资；除了传统东盟地区的马来西亚、新加坡、泰国、印度尼西亚、缅甸，中东阿联酋地区，近两年在南亚的印度、巴基斯坦、孟加拉，俄罗斯，土耳其，非洲的坦桑尼亚、肯尼亚、埃塞俄比亚都有新增投资。

汕头企业在境外投资具有鲜明的特点。

一是投资地域宽、领域广。亚洲、非洲、欧洲、澳洲、北美等各大洲均有，涉及的国家和地区有36个，投资项目涵盖了资源开发、房地产、文化体育、制造业、设计研发、销售平台等多个领域。

二是投资注重因地制宜。比如对东盟、澳洲的投资以资源开发为主，而对中东的投资则侧重建立营销平台、营销网络和建设大型汕头商品城；成功打造了“艳阳春澄海玩具展示中心”“中东·中国手机批发城”“中东·中国建材批发中心”，带动了大批汕头企业开拓中东市场，汕头出口商品也通过中东商贸平台辐射到南美、南非、俄罗斯等市场。

三是品牌并购活跃。如潮宏基并购菲安妮“FION”皮具品牌；奥飞娱乐收购“喜羊羊与灰太狼”等相关动漫形象的商标和版权，并购美国Baby Trend. Inc股权；宜华木业并购新加坡华达利；仙乐健康收购德国的Ayanda GmbH & Co. KG 100%权益等。

四是境外农牧业开发也成新潮流。汕头市东风股份有限公司基于敏锐的市场意识和战略发展的需要收购了澳大利亚具有百年历史的Mcdonald家族牧场，并收购澳洲本土品牌“尼平河”。汕头市泰丰房地产开发有限公司与澳大利亚AFSSEC房地产基金签订了《农场销售合同》，投资800万美元收购了丰富生态农业基金（Plentitude Ecological Agricultural Fund）拥有的农场，从事牧场经营，[①] 而潮阳种粮大户马镇顺经实地参观考察后决定在泰国猜纳府设立顺兴国际农业实业有限公司，种上中国的优质水稻，发展粮食生产；并积极筹资建设中泰万亩水稻合作示范园区，发展绿色、健康、和谐的生态农业，做大做强跨国粮食产业。

---

① 《汕头市引导和鼓励企业“走出去”参与国际竞争，境外投资企业168家》，中国发展网，http：//www. ceh. com. cn/cjpd/2017/05/1033549. shtml，2017年5月10日。

第五节　汕头的经济社会发展现状

汕头市总面积为2198.7平方千米，2017年末全市常住人口为560.82万，户籍人口565.44万人。人口密度为每平方千米2550人，相当于全省的4.5倍；人均耕地面积0.1亩，相当于全省的1/3，可谓人多地少。

近年来，汕头重点围绕产业转型升级、城市建设扩容提质加快振兴发展，经济发展势头良好。通过创文强管，加快开埠文化街区的保育活化，促进社会与文化建设，提升了城市品质。

一、经济发展保持较快增长速度

2017年，汕头地区生产总值2350.76亿元，比上年增长9.2%，比广东增长率7.5%高1.7个百分点。

近几年，汕头固定资产投资保持较高的增长速度，2017年，完成固定资产投资达2006.40亿元，比上年增长27.0%。从三次产业投资看，第一产业投资9.34亿元，下降7.7%；第二产业投资1069.38亿元，增长25.9%，其中工业投资1065.40亿元，增长25.7%；第三产业投资927.69亿元，增长28.8%，其中交通运输、仓储和邮政业投资94.21亿元，增长101.3%，现代服务业投资746.08亿元，增长24.9%。可以看出，投资结构也在不断优化，第三产业投资增长迅速，现代服务业投资保持较快增长。

近几年，汕头社会消费品零售总额保持较高的增长速度，2017年，社会消费品零售总额达1683.16亿元，比上年增长11.1%。从城乡看，城镇消费品零售额为1231.26亿元，增长11.4%；乡村消费品零售额451.90亿元，增长10.2%。从消费形态看，商品零售额为1589.29亿元，增长11.3%；餐饮收入额为93.87亿元，增长7.1%。在限额以上批发和零售业商品销售中，通过互联网实现的商品销售额为 30.46 亿元，增长 17.0%。

近几年，汕头对外贸易形势比较严峻，进出口比较平稳，虽然海关部门采用了一些通关便利化措施，但进出口还是没有较大的起色。2017 年，全市进出口总额为 88.10 亿美元，比上年增长 3.3%。其中，进口总额为 20.97 亿美元，下降 0.2%；出口总额为 67.13 亿美元，增长 4.5%。净出口为 46.15 亿美元，比上年增加 2.91 亿美元。2017 年，从出口的国家与地区看，出口总额靠前的有：美国、东盟、欧盟（28 国）、中国香港，分别为 13.28 亿美元、11.12 亿美元、8.78 亿美元和 8.23 亿美元，合计出口额占全市出口总额的 61.7%。从进口的国家与地区看，进口总额靠前的有：东盟、日本、卡塔尔、中国台湾，分别为 5.31 亿美元、1.75 亿美元、1.65 亿美元和 1.48 亿美元，合计进口额占全市进口总额的 48.6%。从出口的结构来看，一般贸易出口比重在上升，加工贸易出口比重在下降，民营企业出口比重上升，外资企业和国有企业出口比重在下降，机电类产品、玩具、塑料制品保持较好的增长态势，而服装及衣着附件的出口额比 2016 年下降 6.4%。如图 6-5 所示。

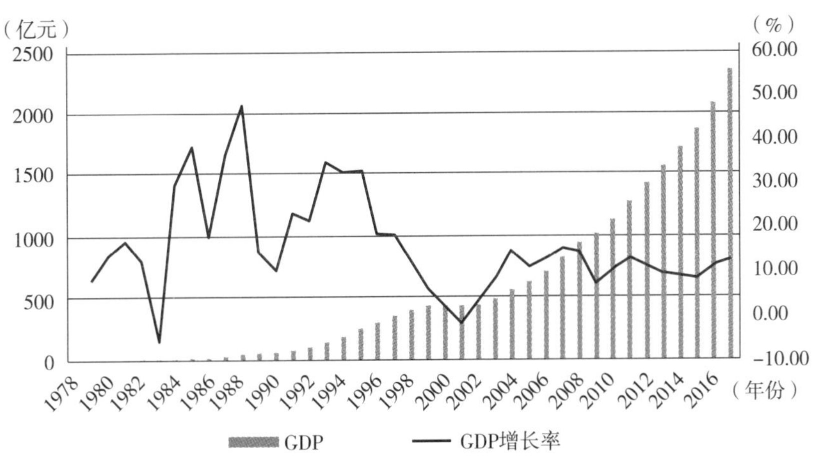

图 6-5　汕头历年 GDP 和增长速度

资料来源：《汕头市统计年鉴》（2017）。

二、产业升级成效明显

汕头的制造业主要以传统劳动密集型产业为主，主要有纺织服装、玩具业、塑料、印刷包装、化工等，高技术产业占比较少，产业转型升级压力较大。为促进传统产业转型升级，汕头市通过实施“互联网+”行动计划，鼓励企业进行技术改造，大力实施创新驱动发展战略，取得了一定的成效。

创新主体队伍明显壮大。截至 2017 年，汕头国家级高新技术企业 538 家，省级重点实验室 8 家，省级新型研发机构 10 家，省级工程中心 159 家，规模以上工业企业设立研发机构比例达到 28%。全社会科技投入（R&D）占 GDP 的比重从 2015 年的 0. 66%提升到 2017 年的 0. 82%。

上市公司汕头板块已具雏形。截至 2017 年上半年，汕头 A 股上市企业、“新三板”挂牌企业分别达 31 家、53 家。A 股上市企业数量位居全省第三位，其中 70%是高新技术企业。

传统产业集群转型升级颇有成效。汕头的工艺玩具产业历经近半个世纪的发展，目前已经形成了一批相对集中、关联度较高、产业链完整的产业集群，并逐步转型升级为传统玩具生产与文化动漫创意相结合的产业，在奥飞娱乐、星辉娱乐、骅威文化等龙头企业的带动下，涌现出一批高新技术企业，转型升级取得较好的成效。在“互联网+”行动计划下，潮南、潮阳内衣、家居服在个性化定制、品牌建设、电子商务等方面均取得较好成效，潮阳的谷饶镇是“中国针织内衣名镇”，潮南区获评“全国服装（内衣家居服）产业知名品牌示范区”。依托传统产业，2017 年，汕头的淘宝镇、淘宝村数量列全省第一、第二位，连续三年进入全国“电商百佳城市”30 强。

三、交通基础设施日益完善

交通基础设施建设全面推进，内联外通快速交通网络加快形成。从中心城区到达揭阳潮汕机场、潮汕高铁站仅需一个小时。通过新建、改建市政道路，中心城区道路通达能力明显提升。未来汕头将对接区域性国际空港（揭阳潮汕机场），打造重要的支线海运航线目的港及国际主航线重要的补给港（汕头港+潮州港+揭阳港）；形成完善的高铁、普铁和高速公路干线网络；推动汕头具备高品质一站式国际化客运、物流服务与通关能力。加强区域交通基础设施一体化建设，形成粤东地区“一小时交通圈”，并与珠三角、厦漳泉构筑“两小时交通圈”。

四、社会与文化建设不断提升

近年来，汕头通过深入推进创文强管，提升城市品质，社会与文化建设不断提升。

一是美化市容市貌。新建公园，升级改造公园、绿地、道路绿化带，城市建成区绿化覆盖率达 44.2%，呈现“四季常绿、季季有花”的景象。大华路等沿街楼体外立面完成美化，老城街景重焕迷人光彩。实施以内海湾、时代广场为重点的城市景观照明工程，城市夜景更加绚丽多姿。

二是加快汕头开埠文化旅游资源保护与开发。截至 2017 年，小公园历史文化街区完成首期 14 万平方米骑楼群外立面修复，修缮保育活化老妈宫戏台、彬园、开埠邮局陈列馆等项目，改造提升 29 家知名特色美食店。广东潮剧院潮剧保护传承基地投入使用。实施樟林古港南粤古驿道保育活化。这些文化资源的保育活化，特别是老妈宫戏台的对外开放，更是吸引了海内外潮人前来观瞻，为促进华侨到汕头旅游观光、深化文化交流起到很好的作用。

五、政务环境持续优化

深化“一门式一网式”政府服务模式改革，市级 43 个部门 895 项行政许可和公共服务事项进驻网上办事大厅，实现“前台综合受理、后台分类审批、窗口统一出件”，完善区县及以下各级实体政务服务大厅建设，启用市行政服务中心 24 小时便民自助区。实施跨部门关联事项并联审批改革和重点项目审批代办制，取消、调整市级行政权责事项231项，清理规范中介服务事项63项。深化商事制度改革，实施“多证合一、一照一码”改革，2017年新登记企业8989户、注册资本645.2亿元，分别增长21.6%、68.8%，市场主体总量突破30万户。口岸联检单位主动作为，通关效率大幅提升，在全省率先实现国际贸易“单一窗口”口岸、企业、报关、报检、舱单全覆盖，汕头口岸出口、进口通关速度分别列全国第三、第八位。①

六、经济社会发展中存在的主要困难和问题

近年来，汕头在经济社会等方面取得一定的成绩，但也存在许多困难和问题。

（一）收入水平较低，与广东平均水平有较大差距

2017年，汕头人均GDP为4.20万元，远低于广东人均GDP 8.11万元和全国人均GDP 5.97万元，分别是广东人均GDP的51.79%，全国人均GDP的70.35%。汕头城乡居民人均可支配收入为2.25万元，分别是广东的68.18%和全国的86.54%。如表6-21所示。

表6-21　2017年汕头主要收入指标情况　　单位：元

主要指标	汕头	广东	全国
人均GDP	42025	81089	59660
城乡居民人均可支配收入	22521	33003.3	25974
城镇居民人均可支配收入	27175	40975.1	36396
农村居民人均可支配收入	14905	15779.7	13432

资料来源：《2017年汕头市国民经济和社会发展统计公报》《2017年广东省国民经济和社会发展统计公报》《中华人民共和国2017年国民经济和社会发展统计公报》。

① 《2018年汕头市政府工作报告》，2018年1月15日。

（二）科技创新能力有限，产业结构调整任务艰巨

汕头当前的产业结构有以下特征：

一是产业分散，且多为中小微企业，产业集中度不够。因此能够诱发的创新活动有限，影响产业技术创新能力的提升。

二是传统产业仍然是我市的主要产业，工艺玩具转型升级已取得一定成效，但“纺织服装”“橡胶和塑料制品业”等传统产业转型升级进展缓慢，仍然处于产业链的低端。

三是汕头缺乏有技术含量的主导产业。总的来讲，汕头的产业布局仍然集中在传统劳动密集型产业，缺乏产品附加值高、科技带动力强的优势产业，从而导致研发经费投入不足，也难以为创新人才提供高薪岗位等。在研发经费投入强度较低，人才缺乏的条件下，企业研发机构也难以开展以解决产业共性技术基础问题的应用研究和基础研究，难以为产业转型升级提供强有力的技术支撑。可以说，产业结构层次较低是制约汕头科技创新的根本原因。

（三）交通网络有待完善，交通秩序须加强规范

近几年，汕头一直在大力推进交通基础设施建设，也出台了有关道路交通规划，如《汕头市市域轨道交通线网规划》等，但有关建设进展缓慢。必须加快城市轨道交通、潮汕环线高速公路、厦深铁路汕头联络线、广澳港、汕头疏港铁路、过海隧道、牛田洋快速通道等项目的建设，进一步优化粤东地区高速公路网布局，加强潮汕机场、汕头港以及厦深高铁潮汕站等综合交通枢纽的集疏运通道建设，进一步完善区域综合交通运输体系。

汕头市区交通秩序一直备受诟病，近年来交通秩序有所好转，但仍然存在一些问题，如一些交通要道交通秩序较为混乱，车辆乱停放现象较为突出等。需要进一步严肃整治交通违法行为，进一步提升路面见警率，全力破解城市交通管理顽疾。同时加强文明交通的宣传引导，巩固

创文成果，严防交通乱象回潮，不断提升城市文明交通水平。[①]

（四）招商引才有难度，营商环境待完善

近年来，汕头大力推动简政放权和商事登记制度改革，但与厦门等发达城市相比，营商环境仍有一定差距。可喜的是，汕头已意识到城市营商环境的重要性，并围绕营造公平竞争的市场环境、高效廉洁的政务环境、公开透明的法律政策环境和开放包容的人文环境，于 2018 年 5 月出台了《关于重塑营商环境优势，加快构建开放型经济新体制的意见》《汕头市打造法治化国际化便利化营商环境三年行动计划（2018~2020）》，全力推进营商环境“革命性再造”，增创汕头营商环境新优势。[②] 期待行动计划能够得到较好执行，打造汕头国际一流营商环境，提升汕头的软实力。

① 陈若萱：《市领导带队暗访中心城区交通秩序》，中国汕头政府门户网站，2018 年 7 月 13 日。

② 陈静莹：《我市全力推进营商环境“革命性再造”》，中国汕头政府门户网站，2018 年 7 月 8 日。

第七章

汕头参与“一带一路”建设行动计划

国家提出与世界各国共建“一带一路”的合作倡议，其目的是顺应世界多极化、经济全球化、文化多样化、社会信息化的潮流，促进经济要素有序自由流动、资源高效配置和市场深度融合，致力于维护全球自由贸易体系和开放型世界经济。地方政府积极参与“一带一路”建设，有利于城市发展要素的不断集聚和优化组合，使区域城市体系更加完善，愈加凸显中心城市的区域带动作用，并促进城市产业结构的调整与完善和城市区位条件的变化与提升，为城市发展挖掘更多的机会，同时改变宏观区域的发展与对外开放格局。

汕头要抓住国家实施“一带一路”建设契机，加强港口资源整合，增强对国际航运资源的配置能力，建成沟通海内外、连接珠三角和海西经济区的枢纽港；利用国际产能调整，推进供给侧结构性改革，优化产业布局，实施创新驱动，促进产业升级；提升开放合作水平，加快融入国际国内开放经济体系，发展更高层次的开放型经济，持续提升国际竞争力，开创汕头开放新局面。

自国家提出“一带一路”倡议以来，汕头市委市政府高度重视，积极响应国家重大对外开放战略，将对接“一带一路”建设作为汕头市未来的重要工作内容。汕头市委市政府从国家对汕头在“一带一路”建设中的定位和省委省政府的期许出发，结合汕头发展情况，抓紧部署汕头对接“一带一路”建设的战略行动，以利用国家推进“一带一路”建设的重大机遇，加快改革开放步伐，促进地方经济发展。

第一节　汕头市委市政府落实“一带一路”倡议部署

一、市委的战略部署

为响应国家“一带一路”倡议，积极参与“一带一路”建设，汕头市委市政府认真学习有关政策文件，并大力进行贯彻落实。

2015 年 1 月 22 日，中共汕头市委十届五次全会召开。会议指出要“建设 21 世纪海上丝绸之路重要门户而努力奋斗”。这是汕头市委第一次明确提出响应“一带一路”倡议。

市委书记指出，2015 年是全面加快华侨经济文化合作试验区建设、打造 21 世纪海上丝绸之路重要门户的起步之年。围绕“打造 21 世纪海上丝绸之路重要门户”，会议明确重点抓好几项工作：

一是深度融入国家“一带一路”总体布局，全面加快华侨试验区建设。抓紧制定完善华侨试验区建设发展规划和实施方案，明确“路线图”和“时间表”。加快打造改革创新高地，推行以备案制为主的企业投资项目管理体制，建立符合国际通行规则的跨境投资和贸易规则体系。积极争取先行先试政策，最大程度放大国家、省优惠政策的叠加效应。贴近汕头实际、华侨实际，在涉侨政策上率先实现突破。强化产业发展和招商引资，常态化开展寻根祭祖、侨团联谊、商务洽谈等活动。

二是推进全面深化改革和扩大对外开放，持续激发经济发展动力活力。继续深入推进各项改革试点工作。创新投融资体制机制，推广运用政府与社会资本合作（PPP）模式，鼓励社会资本通过特许经营等方式，参与公共资源开发建设。坚持“引进来”和“走出去”“两手抓”，借助侨胞的商业网络，帮助本土企业更好地开拓国内外市场。用好海西经济政策，加强汕台产业深度对接。积极实施“反哺工程”，为乡贤搭建回归桥梁。

2015 年 3 月，《推动共建丝绸之路经济带和 21 世纪海上丝绸之路的愿景与行动》（以下简称《愿景与行动》）发布。文件指出加强汕头等 15 个沿海城市港口建设，并为汕头的发展提出重要指引，要求汕头等沿海城市以扩大开放倒逼深层次改革，创新开放型经济体制机制，加大科技创新力度，形成参与和引领国际合作竞争新优势，成为“一带一路”特别是 21 世纪海上丝绸之路建设的排头兵和主力军；发挥海外侨胞独特优势作用，积极参与和助力“一带一路”建设等。《愿景与行动》发布之后，广东省根据国家部署，结合实际，于 2015 年 12 月制定出台了《广东省参与丝绸之路经济带和 21 世纪海上丝绸之路建设实施方案》。该方案指出广东省参与“一带一路”建设的重点任务，包括促进重要基础设施互联互通、加强对外贸易合作、加快投资领域合作、推进海洋领域合作、推动能源领域合作、拓展金融领域合作、深化旅游领域合作、密切人文交流和健全外事交流机制共九项重点任务，这为汕头市参与“一带一路”建设指明了方向。

为认真贯彻落实中央、省关于“一带一路”建设的部署，2016 年 1 月 21~22 日，中国共产党汕头市第十届委员会第六次全体会议提出，围绕建设 21 世纪海上丝绸之路重要门户，按照创新型经济特区、东南沿海现代化港口城市、粤东中心城市的定位，加快建设华侨经济文化合作试验区，谋划建设中以（汕头）科技创新合作区，打造区域性交通航运、科教创新、商贸物流和金融服务中心，为广东实现“三个定位、两个率先”做出应有贡献。会议还通过《中共汕头市委关于制定国民经济和社会发展第十三个五年规划的建议》。建议明确了把华侨试验区建成国家级改革开放平台的定位，并把华侨试验区建设作为汕头市“十三五”期间的重点工作内容，深度融入国家“一带一路”建设。

2016 年 8 月 4 日，中共汕头市委十届七次全会召开。市委书记强调，要把握国家推进“一带一路”建设的重大机遇，加快规划建设临港经济区、国家级高新区（中以科技创新合作区）、华侨试验区“三大平台”，打造先进制造业和现代服务业发展的核心载体；促进产业转型升级、高端发展，在全市培育一批超 100 亿元、300 亿元、500 亿元的龙头企业，打造一批超500亿元、超1000亿元的产业集群，形成产业规模效应；推动外贸规模提升、结构优化，坚持引资、引智、引技相结合，实现招商引资的量、质齐升。

2016年11月27日，在中国共产党汕头市第十一次代表大会报告中将“积极参与‘一带一路’建设”“加快建设华侨试验区、国家级高新区和临港经济区”作为汕头市未来五年工作指导思想的一部分。并指出，“开放是汕头的历史传统和现实优势。必须贯彻落实国家‘一带一路’倡议，发挥海内外潮人潮商的优势，全面提升对外经贸文化交流合作水平，构筑全方位、多层次开放合作新格局。”并进一步提出战略措施：

（1）积极参与“一带一路”建设。发挥汕头港作为“一带一路”重点港口的作用，着眼于广东海上战略支点，提升港口设施等级、布局结构和综合服务环境，拓展国际航线布局，加强港口国际合作，推动与沿线国家港口结成友好关系。积极申办汕头自由贸易区，争取引进“一带一路”规划重大合作项目，支持企业到“海上丝绸之路”沿线国家建立营销网络、研发中心和生产基地，开展工程承包和资源开发。加强与沿线国家在教育医疗、文化旅游等领域交流合作，新增一批友好城市和经济文化联络处。

（2）推动对外贸易和利用外资优化升级。着力发展粤东电子口岸，推进国际贸易“单一窗口”建设。完善口岸协调机制，促进口岸通关便利化。健全出口品牌培育机制，扶持传统优势出口企业发展，建设国家出口玩具质量安全示范区和加工贸易转型升级示范区，创建国家级、省级科技兴贸基地。着力提高服务贸易在对外贸易中的比重，鼓励开展转口贸易，发挥保税区特殊监管区域的功能优势。推动外贸新兴业态的发展，加快电商平台建设，推动跨境电商加快发展。加强与欧美等发达国家和地区的直接合作，推动中欧区域政策合作试点建设。落实外商投资备案改革，引导海外资本投向现代服务业和高端制造业，支持跨国公司在汕头市设立地区总部、研发机构、采购中心。

（3）凝聚华侨华人和海内外潮人力量。创新引侨聚侨机制，建立符合广大海外华侨华人意愿和国际通行规则的跨境投资、贸易合作、文化交流机制，促进投资贸易和人员往来便利化，建设国家通侨联侨重要枢纽。构筑各类经贸文化合作平台，推进新侨回国创新创业示范基地、南澳对台文化合作交流基地建设，促进商务合作、侨团联谊、寻根祭祖等涉侨活动常态化开展。加强与港澳台的经贸文化合作交流，以侨引智、以侨引外。发挥各地潮汕商会作用，搭建潮商项目库和服务平台，鼓励支持海内外潮人回乡投资兴业定居。

可以说，汕头市委十届五次全会第一次比较明确地提出了汕头深度融入国家“一带一路”倡议的方案与措施。即发挥侨乡优势，利用侨胞商业网络等，全面深化改革和扩大对外开放，以华侨试验区建设为平台和抓手，将汕头打造成为21世纪海上丝绸之路重要门户。2016年1月汕头市委十届六次全会，提出“谋划建设中以（汕头）科技创新合作区”，并将其作为建设“21世纪海上丝绸之路重要门户的战略措施之一”。2016年8月4日，中共汕头市委十届七次全会提出要把握国家推进“一带一路”建设的重大机遇，加快规划建设临港经济区、国家级高新区（中以科技创新合作区）、华侨试验区“三大平台”。2016年11月，中共汕头市第十一届全会第一次会议将“加快建设华侨试验区、国家级高新区和临港经济区”作为汕头市积极参与“一带一路”建设的主要内容。至此，汕头市委贯彻落实“一带一路”的思路越发清晰，战略措施也更加具体。在此后的汕头市委十一届全会中，主要围绕这三大平台的建设做出相应工作安排或指示。如表7-1所示。

表7-1 汕头市委关于汕头市参与“一带一路”建设的部署

市委重要会议	会议时间	会议涉及“一带一路”重要内容
中共汕头市委十届五次全会	2015年1月22日	会议指出要“建设21世纪海上丝绸之路重要门户而努力奋斗”。提出发挥侨乡优势，利用侨胞商业网络等，全面深化改革和扩大对外开放，以华侨试验区建设为平台和抓手，将汕头打造成为21世纪海上丝绸之路重要门户
中共汕头市委十届六次全会	2016年1月21日至22日	围绕建设21世纪海上丝绸之路重要门户，按照创新型经济特区、东南沿海现代化港口城市、粤东中心城市的定位，加快建设华侨经济文化合作试验区，谋划建设中以（汕头）科技创新合作区，打造区域性交通航运、科教创新、商贸物流和金融服务中心，为广东实现“三个定位、两个率先”做出应有贡献

续表

市委重要会议	会议时间	会议涉及"一带一路"重要内容
中共汕头市委十届七次全会	2016年8月4日	要把握国家推进"一带一路"建设的重大机遇，加快规划建设临港经济区、国家级高新区（中以科技创新合作区）、华侨试验区"三大平台"
中共汕头市第十一次代表大会	2016年11月27日	将"加快建设华侨试验区、国家级高新区和临港经济区"作为汕头市积极参与"一带一路"建设的主要内容

资料来源：笔者整理。

二、市政府战略行动

2014年的政府工作报告中，提出"积极参与'21世纪海上丝绸之路'建设，促进海洋生物医药、海洋高新材料等产业发展"。将产业发展与贯彻落实"一带一路"倡议结合起来，对于如何对接国家"一带一路"建设还没有清晰的战略行动计划。2015年1月22日，中共汕头市委十届五次全会第一次明确提出响应"一带一路"倡议，提出要"建设21世纪海上丝绸之路重要门户而努力奋斗"。2015年的政府工作报告明确提出了主动对接国家"一带一路"倡议，以"华侨试验区"为平台，发挥侨乡优势，设立"中国侨商大会""中国华侨博览会"等具有国际影响力的永久会址，发挥华侨商业网络作用，全面提升开放型经济水平。比较明确地提出了对接"一带一路"建设的倡议行动计划。

随着《推动共建丝绸之路经济带和21世纪海上丝绸之路的愿景与行动》的发布和《广东省参与丝绸之路经济带和21世纪海上丝绸之路建设实施方案》的出台，汕头市政府贯彻落实"一带一路"建设的行动计划日渐清晰和具体化。在2016年汕头市政府工作报告中，提出加强以东盟为重点的国际合作，将华侨试验区打造成为中国—东盟自贸区升级版的门户和前沿。积极申办"海上丝绸之路论坛""中国侨商大会"等全球性大会，筹建世界华裔青年联合会，在华侨试验区设立永久性会址等。组织编制中欧区域合作试点工作规划，规划建设中欧合作示范中心，推进建设一批重点合作项目。着力发展外贸新业态，深化粤港澳服务贸易合作，制订“走出去”战略行动计划等。

2016 年 2 月 25 日，汕头市第十三届人民代表大会第六次会议召开，会议期间，审议通过了《汕头市国民经济和社会发展第十三个五年规划纲要》（以下简称《纲要》）。《纲要》提出要“提升开放合作水平，构建全方位开放新格局”。围绕国家“一带一路”倡议的实施，实施更加积极主动的对外开放战略，加快建立互利共赢、安全高效的开放型经济体制机制，推动更高水平的“引进来”和“走出去”，打造陆海内外联动、东西双向开放的全面开放新格局。并提出建设“一带一路”支点和重要枢纽。按照“五通”要求，深入实施国家“一带一路”愿景与行动及广东省“一带一路”建设实施方案，充分发挥汕头作为我国古代海上丝绸之路的重要节点和始发地之一的优势，以海内外华侨华人为资源，以汕头国际海缆登陆站为依托，以建设“华侨试验区”和“中以创新合作区”为平台，以汕头港建设为抓手，加快推动基础设施的互联互通，加强与“一带一路”沿线国家在教育、科技、文化、旅游、卫生、环保等领域的交流与合作，构筑基础设施、技术合作、经贸服务、信息共享、人文交流等服务平台，提升开放引领功能、要素集散功能、产业带动功能、港航服务功能和信息服务功能，努力将汕头建设成为国家通侨联侨重要枢纽和广东海上战略支点。

2016 年 11 月 27 日，汕头第十一次党代会将“加快建设华侨试验区、国家级高新区和临港经济区”作为汕头市积极参与“一带一路”建设的主要内容。在 2017 年的工作报告中，按照汕头第十一次党代会的部署，在 2017 年政府工作报告中提出了今后五年的目标任务，在目标任务中提出：积极参与“一带一路”建设，加快建设华侨试验区、国家级高新区和临港经济区，构筑大汕头湾区城市格局，提升粤东中心城市地位，努力实现经济社会大变化大发展。加快推进“一带一路”重要门户城市建设，争取华侨试验区纳入国家自由贸易试验区范围，建立与国际通行规则相衔接的体制机制，促进投资贸易便利化，构筑全方位、多层次开放合作新格局。发挥海内外潮人潮商优势，创新引侨聚侨机制，以侨引智、以侨引外，建设“一带一路”“互联网+创客”孵化基地等平台，建设国家通侨联侨重要枢纽。

在2018年政府工作报告中，提出打造21世纪海上丝绸之路重要门户先行示范区，加快形成服务大汕头湾区的城市核心区，拉开国际化现代化大都市框架。推进“一带一路”科技创新与服务研究院等研发机构建设。拓展与“一带一路”沿线国家多领域合作，推进中欧区域政策合作试点工作。发挥经济特区先行先试优势、华侨试验区特色优势和保税区功能优势，大胆开展基础性和核心制度创新，争取进入国家自由贸易试验区行列，形成全面开放新格局。

可以说，在汕头市政府工作报告中，都能对汕头市委关于参与“一带一路”建设的战略部署进行回应，并提出相应的战略行动计划，用于贯彻落实国家“一带一路”倡议。如表7-2所示。

表7-2　汕头市政府参与“一带一路”建设行动计划

年份	《汕头市政府工作报告》中关于汕头市参与“一带一路”建设的内容
2014	积极参与21世纪海上丝绸之路建设，促进海洋生物医药、海洋高新材料等产业发展
2015	主动对接国家“一带一路”倡议，争取在试验区设立“中国侨商大会”“中国华侨博览会”等具有国际影响力的永久会址。加强与海上丝绸之路沿线重要城市交流合作，推动各国侨商会在试验区设立办事处、基金会，依托潮人社团、商会设立一批海外经贸联络处。加强与海内外潮人商会合作，共同谋划建设华侨产业新城，争取设立“华侨华人产业交易会”，打造华人华侨产业交易博览会大型永久展览场馆。借力侨商侨团作用，积极为企业“走出去”搭建平台，支持企业开展跨国并购，建设境外营销网络，参与境外基础设施工程承包、能源资源合作开发
2016	加强以东盟为重点的国际合作，将华侨试验区打造成为中国—东盟自贸区升级版的门户和前沿。积极申办“海上丝绸之路论坛”“中国侨商大会”等全球性大会，筹建世界华裔青年联合会，在华侨试验区设立永久性会址。组织编制中欧区域合作试点工作规划，规划建设中欧合作示范中心，推进建设一批重点合作项目。着力发展外贸新业态，深化粤港澳服务贸易合作，制订“走出去”战略行动计划。加快营造国际化法治化营商环境

续表

年份	《汕头市政府工作报告》中关于汕头市参与“一带一路”建设的内容
2017	积极参与“一带一路”建设，加快建设华侨试验区、国家级高新区和临港经济区，构筑大汕头湾区城市格局，提升粤东中心城市地位，努力实现经济社会大变化大发展。加快推进“一带一路”重要门户城市建设，争取华侨试验区纳入国家自由贸易试验区范围，建立与国际通行规则相衔接的体制机制，促进投资贸易便利化，构筑全方位、多层次开放合作新格局。发挥海内外潮人潮商优势，创新引侨聚侨机制，以侨引智、以侨引外，建设“一带一路”“互联网+创客”孵化基地等平台，建设国家通侨联侨重要枢纽
2018	提出打造21世纪海上丝绸之路重要门户先行示范区。推进“一带一路”科技创新与服务研究院等研发机构建设。拓展与“一带一路”沿线国家多领域合作，推进中欧区域政策合作试点工作。发挥经济特区先行先试优势、华侨试验区特色优势和保税区功能优势，大胆开展基础性和核心制度创新，争取进入国家自由贸易试验区行列，形成全面开放新格局

资料来源：笔者整理。

三、积极参与“一带一路”建设行动计划

随着国家“一带一路”建设的推进和经济社会的发展变化，汕头市委市政府对参与“一带一路”建设的认识不断深入，并围绕“打造成为21世纪海上丝绸之路重要门户”的战略定位，逐步形成了汕头市参与“一带一路”建设的战略行动计划。主要战略行动计划包括华侨试验区建设、国际枢纽港建设、中以（汕头）科技创新合作区建设、发展跨境电商和完善营商环境等。如表7-3所示。

表7-3 汕头市参与“一带一路”建设行动计划

主要行动计划	主要建设内容
华侨试验区建设	①推动海外华侨华人与祖国经济深度融合发展 ②搭建海外华侨华人文化交流平台，深化与有关国家（地区）的人文合作 ③构建开放型经济新体制

续表

主要行动计划	主要建设内容
国际枢纽港建设	以建设东南沿海亿吨大港为目标，加快推进港口建设发展步伐，集中资源加快建设广澳深水港，按照国际枢纽港定位完善汕头港发展规划，建设一批高标准、大吨位、专业化的泊位、码头和配套设施。改善和提升港口枢纽作用，努力打造成为21世纪海上丝绸之路重要门户。远期规划通过能力达3亿吨，集装箱1200万标箱
中以（汕头）科技创新合作区建设	依托广东以色列理工学院，加快建设中以（汕头）科技创新合作区，推动汕以双方在新材料产业、大健康产业、高端电子信息产业和智能制造产业等领域的交流合作，培育形成一批装备制造、生物医药、新材料等战略性新兴产业。利用中以技术转移平台及汕以孵化器项目等平台优势，为汕头引进以色列创新项目提供解决方案。通过将众多行业的前沿科技引入汕头，提升汕头制造业向高科技产业转化升级的能力
发展跨境电商	①依托汕头保税物流中心（B型）政策功能优势，围绕跨境电商新贸易业态进行精准招商，引进电商和物流行业龙头企业，率先在保税物流中心（B型）开展“网购保税进口（监管方式1210）”等跨境电商业务，充分发挥保税批量进口在降低成本、保税仓储、入区退税等方面的优势 ②依托侨乡优势和广泛的潮商商业网络，加大对外开放力度，重点推动汕头与东南亚跨境电商的发展，在形成全面开放新格局上走在全国前列
营商环境建设	以国际化、法治化营商环境为建设目标，着重聚焦投资贸易便利化，突出问题导向，瞄准企业需求，先期启动包括开办企业、办理建设许可、获得电力、登记财产、获得信贷、保护少数投资者、纳税、跨境贸易、执行合同、办理破产10个重点领域的工作任务，针对办理手续、办理时间、办理成本等营商因素，对标国际最高标准、最好水平再造流程，重点在减环节、压时限、降成本上下功夫，切实提升服务企业、服务基层、服务群众的效率

资料来源：笔者整理。

第二节　汕头各区（县）参与“一带一路”建设行动计划

汕头各区县都能较好地认识到“一带一路”建设带来的发展机遇，各区县的“十三五”规划都能从国家战略出发，围绕汕头市重大战略决策来谋划战略行动计划，特别是能围绕汕头市华侨试验区、中以（汕头）科技创新合作区、广澳港建设等重大战略决定，从自身基础与优势出发，从对外贸易、吸引外商投资、服务企业走出去、加强与华侨联系等谋划相应的战略行动计划，积极参与“一带一路”建设。

一、金平区主要行动计划

在《汕头市金平区国民经济和社会发展第十三个五年规划纲要》中，金平区清楚地认识到“一带一路”带来的机遇，并提出：抓住华侨经济文化合作试验区和中以（汕头）科技创新合作区设立的历史机遇，统筹加强对外开放与对内合作，开拓国际、国内市场，提升对外开放合作的层次和水平，努力推动开放型经济发展上新台阶。提出的行动计划包括：

（一）加快规划建设中以（汕头）科技创新合作区

按照“政府引导，企业投资”的原则，引入有实力的企业组建投资主体，全力推进项目落地建设。重点吸收以色列理工学院的科技创新成果进行孵化和产业化对接，建立长期的技术交流合作平台，带动高校、企业、研发机构、行业组织之间的技术交流合作和产业化应用；重点推进水处理、生物医药、通用航空、新材料、信息和农业六个方面的深度合作，探索建立联合实验室和联合研究中心，形成创新技术孵化基地，建成孵化器集群，努力建设成为国家级创新中心、孵化基地、创业平台。依托桑浦山、牛田洋两大生态屏障，配套建设复合型国际化的以色列风情小镇，打造生产、生活、生态一体的绿色产业新城。

（二）加大招商引资力度

围绕中以（汕头）科技创新合作区和现代产业集聚区建设，立足印刷包装、化工塑料、食品医药、机械装备、电子信息等支柱产业加大招商引资力度，吸引境内外的上下游配套企业在金平区建立比较完整的产业链条和生产体系。

主动融入华侨经济文化合作试验区，加强以侨引资、引技、引智，提高外资利用数量和质量。进一步拓展招商渠道，积极参与各级组织的招商活动，推动以企招商、展会招商、乡贤反哺招商、行业招商。鼓励港澳台资企业与本土企业建立长期、紧密的联系，加快技术、信息和知识的交流和转化，促进外商投资企业增资扩产，引导外资参与内资企业改制重组和增资扩股。

（三）支持企业建设海外生产基地

鼓励企业境外上市，支持具有比较优势的传统产业和企业设立海外生产基地、营销网络和区域总部，打造具有国际竞争力的本土跨国企业和国际知名品牌。

（四）提高外贸企业核心竞争力，鼓励企业发展跨境电子商务

加快外贸进出口企业转型升级的步伐，培育以技术、品牌、质量、服务为核心的竞争新优势，探索外贸综合服务企业等新业态，促进加工贸易转型，提高服务贸易比重，鼓励企业发展跨境电子商务。

（五）发掘城市文化历史内涵，打造小公园历史文化旅游带

以小公园整体保育、活化、改造为核心，推动乌桥岛整体改造，以留住特有的地域环境、文化特色、历史风貌，充分发掘开埠文化，传承城市文脉，规划建设以文化、旅游、商业步行街为主要空间特征的城市街区，推动历史建筑保护、旧城面貌改造与商业开发联动促进，实现旧

城更新与历史文化价值保护同步推进，重塑汕头文化特质，提升城市文化品位，增强海内外乡亲的认同感与归属感。以开埠文化、民国风情为主题打造小公园历史文化旅游带。

二、龙湖区主要行动计划

在《汕头市龙湖区国民经济和社会发展第十三个五年规划纲要》中，龙湖区明确认识到“一带一路”带来的机遇，结合汕头市的发展战略，提出“坚持开放发展”要求，即以国家“一带一路”建设、华侨经济文化合作试验区、海湾新区建设和中以（汕头）科技创新合作区落户汕头为契机，综合运用国际国内两个市场、两种资源、两种规则，构建高水平开放型经济。深度融入国家“一带一路”建设和市“两个平台、四个中心”城市格局，建设商贸物流中心、交通运输中心、科技创新中心、金融服务中心，以建设城市中心商贸经济圈、粤东物流产城经济圈、高铁交通枢纽经济圈，龙东新兴产业园等为主要载体等。涉及积极参与“一带一路”建设的主要行动计划有：

（一）加快转变外贸发展方式

推动加工贸易转型升级，引导外贸企业更新设备、引进技术、研发创新、延伸产业链和创立外销品牌，扶持一批有规模、有优势的加工贸易企业从贴牌生产、委托设计向自主研发、自有品牌转型。优化进出口结构，推进对外贸易从以货物贸易为主向货物贸易与服务贸易并重转变，扩大先进技术设备、关键零部件、重要物资等进口。充分利用海峡西岸经济区、“一带一路”等国家级对外开放平台，巩固和发展传统市场，大力拓展新兴市场，推进出口市场多元化。

（二）构建开放型营商环境

优化引资和投资结构，使引资领域从以传统制造业为主转向先进制造业、现代服务业并重，发挥利用外资对经济结构调整的积极作用。潮汕商会、社团遍布世界各地，尤其集中分布在东南亚国家和海上丝绸之路沿线国家，要充分利用一批外向度高的企业和潮汕商会、社团网络资源，以侨引资引技引智，推进投资便利化。开展金融、教育、医疗、文化等领域中外合作试点，吸引海外优秀人才和高端资源集聚龙湖。主动向国际通行商务运作标准和规则靠拢，构建法治化、国际化营商环境。鼓励优势企业总部留在龙湖，“走出去”到发展中国家建立生产基地和营销网络，到发达国家和地区设立研发机构，推进企业向集团化、品牌化、国际化发展。鼓励有条件的企业跨国并购、股权置换、境外上市，获取境外营销渠道和资源开发权。

（三）加强区域合作

弘扬特区精神，发挥比较优势和后发优势，深度融合“一带一路”总体布局，充分挖掘潮汕华侨在东南亚的影响力，紧紧依托汕头市加强以东盟为重点的国际合作、将华侨经济文化合作试验区打造成为中国—东盟自贸区升级版的前沿的战略部署，加强与华侨经济文化合作试验区和海湾新区各方面建设的对接和合作。积极参与汕潮揭一体化建设，推进与汕潮揭各地区在文化旅游业上的一体化发展。加强与周边区县在产业、市场、人才、技术和基础设施等方面的对接。主动承接珠三角产业转移和辐射带动，加强重大交通基础设施互联互通，降低交流成本。加强与港澳台合作，充分利用港澳金融物流、文化创意、科技服务、会展等资源，鼓励港澳台高端服务业来龙湖开设分支机构。

（四）加快电子商务发展壮大

发挥汕头“国家电子商务示范城市”优势，积极参与建设中国电子商务示范50强城市和“宽带中国”示范城市，加快电子商务领域的培育与发展。结合全市争创国家跨境电子商务服务试点，注重发展跨境电商、展示贸易、融资租赁等新业态，加快建设跨境电商进口商品直销体验中心、海外采购中心等新型卖场，推进跨境电商平台、垂直电商平台等新型电子商务载体，以潮人圈、东南亚为突破口推动跨境电子商务做强做大。

（五）实施创新驱动发展战略

深入贯彻实施“中国制造2025”，主动对接中以（汕头）科技创新合作区和国家级高新技术开发区建设，把引进培育高新技术企业作为“牛鼻子”，实现战略性新兴产业发展的规模化和集群化。大力推进技术改造，提升技术、产品、装备、管理水平，在劳动密集型行业推进“机器换人”，注重培育一批中小微企业成为“四上企业”。[①] 大力扶持建设企业研究机构，组建一批企业研究开发院、企业重点实验室、院士工作站和省级以上工程技术研究中心，推进重大科技成果转化。积极创建全国科普示范区，提高全民科学素质和创新能力。

（六）发展妈屿岛休闲旅游经济

1860年，潮海关设在妈屿岛，华侨进出国多从妈屿岛进出。岛上有妈祖庙、清乾隆年间所建东海普陀山寺遗址、海关旧址等华侨文化旅游资源。龙湖区将以绿色发展、文化保护为前提，利用妈屿岛丰富的自然资源、独特的渔村风貌、悠久的妈祖文化以及在全市建设华侨经济文化合作试验区、海湾新区、优化发展中心城区“一湾两岸”中显现的海洋地理优势，发展文化旅游、度假旅游、养老服务、健康产业、游艇产业，整合旅游资源，打造粤东旅游品牌，发挥其休闲旅游经济效益及辐射效应。

三、澄海区主要行动计划

《汕头市澄海区国民经济和社会发展第十三个五年规划纲要》提出，深度融入国家“一路一带”建设，抢抓华侨经济文化合作试验区和中以（汕头）科技创新合作区发展机遇，积极参与汕潮揭一体化、珠三角一体化、海西经济带建设，发挥滨海区位优势和侨商资源优势，发挥全球潮商资源优势，在更广领域、更大范围利用好国际、国内两个

---

① “四上企业”是指规模以上工业企业、资质等级建筑业企业、限额以上批零住餐企业、国家重点服务业企业等这四类规模以上企业的统称。

市场、两种资源，把开放型经济的规模优势转化为创新发展、开放发展的新优势。澄海区参与“一带一路”建设的主要计划有：

（一）加快转变外贸发展方式，提升澄海制造实力

以增值率提升为核心，优化加工贸易发展模式，鼓励加工贸易本土化，延伸和完善加工贸易产业链，推动加工贸易转型升级。以创建国家出口玩具质量安全示范区为抓手，发挥“玩博会”品牌效应，调整产品出口结构，扩大一般贸易产品出口，培育一批集研发、生产、销售于一体，具有自主知识产权、自有品牌、较强国际竞争力的大型外经贸企业，创建省级、国家级科技兴贸基地。巩固和扩大欧日、港澳、东南亚等传统市场，大力开拓东盟、非洲、拉丁美洲、中东、俄罗斯等新兴市场，建立健全国际贸易摩擦预警和应对机制。积极发展新型服务贸易，培育服务贸易骨干企业，扩大服务贸易规模。学习借鉴昆山经验，加强与深圳蛇口、珠海横琴、广州南沙三大自贸区协作联动和服务对接，不断创新口岸通关管理方式。“十三五”期间，全区对外贸易额力争年均增长10%以上。

（二）加快“走出去”步伐，提升企业国际竞争力

积极争取外向型经济转型升级综合配套改革的政策支持，引导具有比较优势的玩具礼品、锆业新材料、纺织服装、精细化工等行业的大企业集团、上市公司抱团到境外投资发展，拓展海外生产、销售、研发、服务网络，打造一批有影响力的澄海本土跨地区跨境公司。鼓励有条件的企业从事境外战略性资源开发业务，推动宜华木业、东方锆业等上市公司通过直接投资、收购参股、合资合作等方式，到外地建立生产加工基地和资源开发基地，提高跨地区经营能力。鼓励企业利用电子商务平台等开拓国际市场，发展跨境电商，推进市场多元化。加强与海上丝绸之路沿线国家的贸易往来和经济合作，扶持企业在国内外设立展示中心，组织企业抱团参加国内外各类大型展会等对外贸易促进活动，鼓励有条件的企业到境外建立营销网点，巩固拓展营销渠道，提升企业国际竞争力。

（三）提高外资利用水平，创新外资利用方式

关注全球产业发展趋势，加强新型招商队伍建设，积极引导外资向新兴产业集聚，扩大战略性新兴产业招商的针对性和有效性。探索引资与引智相结合的新途径，引进一批成长性好、核心技术多、管理模式新、市场前景广的创新型项目。发挥锆城组团、六合组团列入华侨经济文化合作实验区的发展机遇，重点引进服务外包、研发设计、金融保险、商贸物流、动漫影视、网游手游、文化创意等服务业项目。探索外资并购、参股和境外设备租赁、融资租赁等方式，拓宽外资利用渠道。利用全球潮商澄商人脉资源优势，吸引外资企业区域总部、研发中心和营销中心落户澄海。创新利用外资方式，引进境内外各类投资基金，鼓励外资参与本市企业改制与重组，支持澄海企业境外上市。引导区内外商资本投向本地现代服务业和高端制造环节。增加先进技术和设备进口，促进产品提档升级。

（四）积极加强区域交流合作，扩大对内对外开放水平

主动融入中国华侨经济文化合作试验区和汕潮揭经济一体化进程，积极参与珠三角一体化、海西经济区开发，扩大国内经济合作，实现优势互补、共同发展。主动对接中央和部属大企业、大集团，争取更多的国家重点战略产业在澄海布局。鼓励国内大企业来澄海投资创新型产业项目，提高全区引进国内资本的质量。积极响应粤东西北振兴发展战略，支持本区企业赴粤东西北地区投资资源开发和产业协作项目，加强双方在交通、能源、环保、科技、旅游、口岸和金融等重点领域的合作。引入国内外战略投资者，加快推进锆城产业园区、六合组团新兴产业园区、优势传统产业升级工业园区、精致服务产业园区的规划建设整合，提高园区的规范化、集约化、市场化和特色化水平，不断增强园区竞争力，使之成为澄海企业跨越发展和优化资源配置的有效载体。深化与 21 世纪海上丝绸之路沿线国家、地区和港澳台地区的交流合作，加强同海外华侨华人特别是新生代华侨、新移民的交流，进一步增进他们的心灵归属感和家乡文化认同感。积极开展对外文化交流，让澄海特色

文化扩大辐射、走向世界。

（五）加快文化融合创新，打造华侨文化名城

以华侨经济文化合作试验区列入国家战略为契机，全面整合提升澄海侨乡历史人文资源，加快建设华侨文化名城，创建国家文明城市，推动“红头船文化”融入文化强区战略，融入21世纪海上丝绸之路经济带建设，塑造新时代澄海城市精神，打造旅外潮商华侨的故土家园，构建传统与现代相辉映的文化产业融合发展新高地。

一是挖掘深化澄海华侨文化内涵，保护整合侨文化资源。支持东里、隆都申报历史文化名镇，加大古镇古村落古墓葬、历史街区、名人故居、历史遗迹和非物质文化遗产保护力度，争取澄海文化考古工作取得新突破、文化遗产资源合理利用取得新进展、历史文化名城内涵得到新提升。加强对现状历史人文资源普查梳理，推进文化遗产保护、恢复，重点包括秦牧故居、陈慈黉故居、塔山古寺、莲花山寺、丹砂古寺、冠山书院、状元生第、莱芜大炮台等，建立各种遗址公园，依托古城古镇古村落，积极修复樟林古港等一批历史文化街区，新建一批文化生态保护试验区。推进非物质文化遗产保护名录体系建设，完善非物质文化遗产传承人认定保护机制，改造提升“游神”“赛会”等民俗文化遗产，重视版画、灯谜、动物舞蹈、微雕等民间优秀传统文化艺术的传承和创新发展。开展澄海文化遗产展示、非物质文化遗产保护等系列活动，普及文化遗产保护知识，增强全社会共同保护的意识。

二是有序推动潮剧、潮乐、版画、花灯、书法、舞蹈、微雕、文学、影视“走出去”，扩大澄海优秀地方特色文化在海内外的影响。发挥专业演艺团体和业余文娱组织的优势，营造优良文化氛围，培育和打造一批具有鲜明澄海文化特色和较大影响力的文化节庆活动品牌，办好文化论坛、潮乐论坛、民间艺术节、潮剧艺术节、版画艺术节、灯谜艺术节等系列文化活动。积极与国家、省、市政府和高校院所社科机构开展合作，深入开展社科应用研究和历史文化研究，提高澄海人文遗产、文史档案、史志家谱的开发利用水平。办好《澄海》杂志，汇聚区内外潮人侨商文学人才，推动区内外文学艺术碰撞交流，创造更多的文学

精品，提高在省内文坛的影响力，开创“文化澄海”新境界。

三是打造区域性文化产业发展平台，重点规划建设莲阳河精品人文走廊、两大文化名镇（东里、隆都）、十大古村落活化工程、五大文化旅游度假区（莲花山、塔山、神山、莱美、樟林古港），以及国际玩具文化创意设计园、玩具动漫主题乐园（欢乐宝奥城）、侨乡生态博物馆、泰国华侨历史文化公园、文化创意产业集聚区、文化体育中心城区商贸文化综合配套区等文化产业载体。重点推进莱芜岛旅游基地、莲花山旅游基地建设，推进完善隆都广东省旅游名镇的建设，完善莲华、前美侨文化旅游区国家4A级景区旅游配套设施，深度挖掘推介民俗文化、华侨文化、特色产品、特色美食等侨文化旅游精品线路，打造国内知名、海外侨胞观光、寻根、文化交流以及粤东最佳乡村旅游目的地。

四、潮阳区主要行动计划

2016年11月7日，潮阳区人民政府办公室印发了《汕头市潮阳区国民经济和社会发展第十三个五年规划纲要》。在“十三五”规划中，潮阳区深刻认识到，国家“一带一路”建设的推进，将创造巨大投资需求，这将为潮阳的发展空间进一步扩大提供了有利的条件。并提出坚持改革开放原则，对接21世纪海上丝绸之路建设，主动融入汕头华侨经济文化合作试验区建设，要充分利用区外潮人众多的优势和国家实施“一带一路”倡议的机遇，进一步扩大对内对外开放合作，建立全方位、宽领域、多层次、高水平的开放型经济格局。潮阳区参与“一带一路”建设的战略行动计划有：

（一）发展海洋产业

利用潮阳海洋资源丰富的优势，主动融入21世纪海上丝绸之路建设，积极对接市蓝色海洋生态发展计划，大力发展海洋经济。以潮阳国家中心渔港为中心，辐射周边一带，重点建设好水产品贸易基地、水产品加工基地、渔业生产基地三个基地，推动渔船“改木建钢”和远洋化的技术升级，推动潮阳渔业的复苏和长远发展。发展海洋生物技术产业，提高海洋生物精深加工水平，重点开发海洋生物保健品、海洋环保材料、海洋生物制药等高附加值产业。

（二）加快转变外贸发展方式

推动音像、内衣等加工贸易转型升级，积极引导外贸企业更新设备、引进技术、研发创新、延伸产业链和创立品牌，扶持一批有规模、有优势的加工贸易企业从贴牌生产、委托设计向自主研发、自有品牌转型。优化进出口结构，推进对外贸易从以货物贸易为主向货物贸易与服务贸易并重转变，扩大先进技术设备、关键零部件、重要物资等进口。充分利用海峡西岸经济区、“一带一路”等国家级对外开放平台，巩固和发展传统市场，大力拓展新兴市场，推进出口市场多元化。

（三）提高利用外资和对外投资水平

充分利用华侨华人优势，加大招商引资力度，重点吸引世界 500 强、国际知名企业来潮阳投资，优化引资和投资结构，使引资领域从以传统制造业为主转向先进制造业、现代服务业并重，发挥利用外资对地区经济结构调整的积极作用。鼓励优势企业总部留在潮阳，“走出去”发展，到发展中国家建立生产基地和营销网络，到发达国家和地区设立研发机构，推进企业向集团化、品牌化、国际化发展。鼓励有条件的企业跨国并购、股权置换、境外上市，获取境外营销渠道、知名品牌和资源开发权。开展金融、教育、医疗、文化等领域中外合资、合作试点，吸引海外优秀人才和高端资源集聚潮阳。主动向国际通行商务运作标准和规则靠拢，构建法治化、国际化营商环境。

（四）加强区域交流合作

主动承接珠三角产业转移和辐射带动，吸引优势项目进驻省产业转移园区海门片区，加强重大交通基础设施互联互通，降低合作交流成本。积极参与汕潮揭一体化建设，重点在基础设施、产业布局、公共服务、环境保护等领域加强协调合作，促进区域要素的自由流动和统一市场的建设。发挥潮剧、潮州音乐和潮阳民间艺术的纽带和桥梁作用，加强同海外华侨华人及社团的联络和沟通，建立海外侨商与潮阳企业的对接合作机制。切实维护侨胞合法权益，为华侨华人来潮阳投资创业提供良好的服务。

（五）挖掘历史文化，加强与华侨联系

依托海门的古港文化，开发古港海洋文化旅游区，打造海洋历史文化旅游。继承和发展民间艺术，用现代化眼光对潮阳英歌舞、民间剪纸和笛套音乐进一步挖掘、整理和提高，发展"三瑰宝"特色文化产业，利用好非物质文化遗产等资源，引入影视企业、旅游企业宣传潮汕文化，精心打造潮阳文化品牌。发挥潮汕文化的纽带和桥梁作用，加强与海外华侨华人联系。

五、潮南区主要行动计划

潮南区在《汕头市潮南区国民经济和社会发展第十三个五年规划纲》中提出，要充分发挥潮南毗邻珠三角城市群、连接港澳台闽的区位优势和产业、商贸基础，抓住"一带一路"和汕头华侨试验区建设的重大机遇，积极应对国际国内形势变化，进一步树立全球视野，要加快"引进来""走出去"步伐，创新招商引资方式、优化对外开放环境，加大区域合作力度，着力构建对外开放协同经济体系。

（一）构建全方位的开放格局

坚持国际市场和国内市场开拓并重、利用外资和内资并重、利用国内资源和国际资源并重、"引进来"与"走出去"并重，加快形成内外联动、互利共赢、安全高效的开放型经济体系。要在注重经济领域国际化的同时，加大科技、教育、文化等社会领域的开放力度。要在积极引进资本和项目的同时，大力引进先进技术、管理经验和高素质人才。要在积极推动市场国际化的同时，大力推进企业经营、要素配置、体制机制、社会服务等各个层面的国际化，形成全方位、宽领域、多层次和更高水平的开放格局。

（二）全面提高对外经济技术合作的质量和水平

主动融入丝绸之路经济带和21世纪海上丝绸之路建设。大力推进市场多元化，在巩固扩大美、欧、日、韩等传统市场的同时，积极开拓“一带一路”沿线国家，特别是非洲、拉美、中东等新兴市场，研究开发俄罗斯、东盟等潜力市场。通过展会、推介会等渠道，扩大对外贸易。加快出口贸易结构调整，实施以质取胜战略，创立出口名牌，支持高新技术产品和自主知识产权产品的出口。提升加工贸易的产业层次，提高承接国际服务业转移的能力。积极发展多种形式的海外经营合作，鼓励更多有实力的企业到国外进行战略投资、建立境外生产基地和营销网络，重点办好奇伟实业有限公司境外连锁专卖店、南非星河城广东品牌联盟基地。

（三）加大区域合作

充分发挥潮南区位、侨乡优势，加强与港澳台的交流与合作，积极组织企业参加“粤港时尚生活系列展”“香港和澳门中小博览会”等港澳知名展会，拓展市场。利用区公益基金会、发展咨询委员会等平台，加强对珠三角和港澳定向招商。发挥台湾农民创业园的纽带作用，加强与台湾地区的经贸合作，推进汕台文化广场建设。主动融入汕潮揭同城化建设，形成特色鲜明、互联互补、共同发展的局面。

六、濠江区主要行动计划

濠江区在《汕头市濠江区国民经济和社会发展第十三个五年规划纲要》中提出，以华侨经济文化合作试验区国家战略平台为依托，构建与东南亚及全球的国际合作交流平台，进一步拓展在先进制造业、临港产业以及电子信息产业的合作与交流，推进国外资本与技术输入，提高“引进来”水平，加快“走出去”步伐，为建设21世纪海上丝绸之路重要门户搭建良好的基础。

濠江区采用的战略行动计划有：

（一）大力发展航运物流服务业

着力提升航运物流业、现代商贸业的综合竞争力，增强城市资源配置能力和集聚辐射功能。濠江作为汕头打造区域交通航运中心的重要参与者，启动新一轮的振兴港口经济是建设21世纪海上丝绸之路重要门户的重大战略举措，也是对省关于建设汕潮揭临港空铁经济合作区的积极响应。要加快打造以广澳深水港和保税区为依托，以高速公路、疏港铁路、疏港大道为支撑的快速化、智能型现代化立体交通网络，建设成为国家枢纽港，成为连接粤东、珠三角及海西经济区的重要节点。全力推进广澳深水港建设。创新港口建设机制，着力引进国内外港口航运龙头企业作为战略合作伙伴，全面参与广澳深水港的开发建设，高标准建设一批大型、专业化泊位，建设大型深水港区。完善港口集疏运体系。努力优化港口交通网络，加快港口集疏运体系建设，主动配合推进连接港口的疏港大道、铁路和高速公路等重大基础设施项目的统筹规划和协同建设，提高港口经济辐射力。加快“区港联动”和“港城融合”。推进广澳港区与濠江区融合发展，整合港口资源，加强站场枢纽、仓储、货物装卸、运输装备等设施建设，完善物流支持体系，配套服务港口经济。重点加快广澳港区二期工程、广澳港区航道二期工程、广澳港区2万吨级石化码头以及广澳国际集装箱中转站（物流中心）等项目的规划建设。

（二）推动利用外资内涵式发展

坚持引资和引智并重，加大产业链高端招商引资力度，引导外资投向现代服务业和战略性新兴产业。依托华侨经济文化合作试验区建设契机，积极引进国外智力资源，推进建设开放型自主创新体系。创新利用外资方式，鼓励外资以参股、并购等方式参与濠江区境内企业兼并重组，促进外资股权投资和创业投资发展。

（三）加强对外投资合作力度

按照市场导向和企业自主决策原则，鼓励企业开展境外投资，推动优势企业有序向境外拓展。支持相关中介服务、协会、商会发展，营造有利于企业“走出去”的人才、信息、金融等服务环境。

七、南澳县主要行动计划

在《南澳县国民经济和社会发展第十三个五年规划纲要》中，南澳县清楚认识到“一带一路”带来的机遇，认识到国家“一带一路”建设将为南澳县挖掘历史人文资源、侨乡资源，密切海外华侨联系，推动国际知名旅游海岛建设带来重大机遇。并提出要抓住机遇加快融入“一带一路”建设，积极推进重大基础设施区域一体化建设，加快构建互利共赢的国际产能与装备合作体制机制，推进“一带一路”建设。为积极参与“一带一路”建设，南澳县提出的主要行动计划有：

（一）加快“21世纪海上丝绸之路”南澳节点申报工作

发掘和保护好南澳的历史文化古迹，做好宋井、总兵府等著名景区的保护工作，新建南澳Ⅰ号博物馆，挖掘“南澳Ⅰ号”的历史文化价值，带动海洋综合开发利用。

加快21世纪海上丝绸之路南澳节点申报工作，充分展示南澳独特的历史文化魅力；充分保护《车鼓舞》《舞麒麟》《渔灯赛会》等一批有影响力的非物质文化遗产，创新一批有民间文化特色的活动，打响海岛文化特色品牌。

（二）挖掘华侨文化，发展华侨文化休闲观光

海岛是一种不可再生的稀缺性宝贵资源，南澳应坚持因地制宜，充分发掘海岛资源，发挥海岛优势和对台优势，改善和提升城区品质，加强历史文脉保护，重点发展华侨文化休闲观光、海岛旅游度假、海上运动体验等高端旅游业态以及海洋养生、疗养康复康体等高端服务业态，打造成为享誉全球华侨华人的滨海生态休闲养生度假胜地。

第八章 建设华侨试验区

第一节 华侨试验区的由来

2012 年 11 月，广东省政府办公厅印发了《汕头海湾新区建设工作方案》，提出由广东省发展改革委牵头，会同汕头市政府及广东省有关部门抓紧编制汕头海湾新区发展规划，包括总体规划和专项规划。汕头市政协经济委建议汕头市要切实负担起主体责任，主动推进该项工作，尽快明确海湾新区以及华侨经济文化合作试验区的区域范围、战略定位、发展目标、主要任务、管理体制和政策导向。

2013 年 10 月，党中央、国务院明确提出，建设面向 21 世纪的海上丝绸之路。汕头以此为重大契机，紧密结合汕头实际，在省政府批准建设海湾新区的基础上谋划创办国家级改革创新平台——华侨试验区。

2013 年 11 月，广东省政府常务会议审议并原则通过了《广东汕头海湾新区发展总体规划（2013~2030 年）》。该规划显示，汕头海湾新区位于汕头市东部，规划面积约 480 平方千米，包括核心区和拓展区，其中核心区 36 平方千米，包括东海岸新城、珠港新城、濠江滨海新城南滨片区构成的“一湾两岸”城市核心圈，是构建中国华侨经济文化合作试验区的核心载体。东海岸新城是汕头正在全力打造的海湾新区、华侨经济文化合作试验区的核心区和起步区，功能定位为华侨经济文化交流合作新平台、现代产业发展集聚地、生态型滨海新区。

2013 年 12 月 20 日，《广东省人民政府关于支持汕头经济特区创办华侨经济文化合作试验区的请示》（粤府〔2013〕122号）上报国务院。

2014年初，知名侨领谢国民、陈有汉、陈伟南、林建岳、刘艺良、陈经纬等，联名致信习近平总书记、李克强总理、俞正声主席，建议国家批准在汕头设置华侨试验区。

2014年1月26日，国家发改委办公厅发函征求外交部、商务部、工信部、侨办等20多个国家部委的意见，国务院20多个部门都对创办华侨试验区表示支持。

2014年9月15日，国务院发布了《国务院关于支持汕头经济特区建设华侨经济文化合作试验区有关政策的批复》（以下简称《批复》），同意在汕头设立华侨试验区。《批复》中指出，华侨经济文化合作试验区处于汕头经济特区核心地带，区位条件优越，比较优势突出，具备加快发展的条件和潜力。充分发挥华侨华人资源优势，把试验区建设作为汕头经济特区进一步深化改革开放和建设21世纪海上丝绸之路重要门户的重大举措，积极开展先行先试，为新时期全面深化改革、扩大对外开放探索新路。

国务院在批复中明确提出对华侨试验区建设予以四方面的支持：

一是支持试验区着力转型升级，推动海外华侨华人与祖国经济深度融合发展。研究建立符合广大海外华侨华人意愿和国际通行规则的跨境投资、贸易机制，打造更加国际化、市场化、法治化的公平、统一、高效的营商环境，形成可复制、可推广的经验。大力发展跨境金融、商务会展、资源能源交易、文化创意、旅游休闲、教育培训、医疗服务、信息、海洋等产业，培育富有活力的都市产业体系。依法保障海外华侨华人投资权益，创新侨务工作模式，推动引资、引技、引智有机结合，依法给予海外华人更多出入境便利。创新人才引进机制，对符合来华工作条件的外籍华人，优先办理有关手续。积极推动试验区教育医疗事业发展，为海外华侨华人在教育医疗方面提供便利，确保海外华侨华人依法享受相应的社会保障待遇。

二是支持试验区搭建海外华侨华人文化交流平台，深化与有关国家（地区）的人文合作。拓展文化传播渠道，不断扩大中华文化的影响力。要以合作、创新和服务为主题，构建面向海外华侨华人的聚集发展创新平台，建设跨境金融服务、国际采购商贸物流、旅游休闲中心和华侨文化交流、对外传播基地。

三是支持试验区全面深化改革，构建开放型经济新体制。要以全面深化改革为动力，推进体制机制创新，在华侨经济文化合作、营商环境、通关制度、社会管理、土地管理、海域使用和投融资等方面创新体制机制。推进国际贸易与投资便利化，进一步研究放宽外商投资市场准入，推进金融、教育、文化、医疗等服务业领域有序开放，积极创新利用外资管理体制。

四是加大政策支持，统筹推进试验区建设发展。要进一步明确发展思路，突出发展重点，创新发展方式，在有关规划编制、政策支持、项目安排、机制创新、全面深化改革、扩大对外开放、侨务管理、人文交流等方面研究给予政策支持。试验区规划建设要符合土地利用总体规划、城市总体规划，着力优化空间布局，切实节约集约利用土地和海域资源，对尚不在《汕头市城市总体规划（2002～2020年）》范围内的20平方千米，待其纳入城市总体规划并得到国务院批准后再实施。执行国家统一财税政策，涉及的重大政策和建设项目要按规定程序报批。

汕头是著名侨乡，潮籍海外侨胞超过1000万人，遍布40多个国家和地区，其中80%聚集在海上丝绸之路沿线。潮籍华人华侨爱国爱乡，海外潮人与家乡人民有着共同的文化基础，对家乡有着极强的认同感和归属感。通过华侨试验区这个桥梁，利用同族同宗的天然优势，汕头可以与海内外潮人潮企在众多领域进行深度的交流合作。华侨试验区的运作能发挥海内外华侨华人参与“一带一路”建设，推动海外华侨华人与祖国经济深度融合发展。汕头建设华侨试验区不仅能发挥侨乡优势，又契合国家发展战略需要，自然得到国家的大力支持。

第二节　市委市政府建设华侨试验区重要战略行动

自华侨试验区批准成立以来，汕头市委市政府一直把华侨试验区建设作为汕头经济特区进一步深化改革开放和建设21世纪海上丝绸之路重要门户的重大举措，大力推动华侨试验区的建设。

一、成立试验区管委会

2014年12月8日上午，华侨经济文化合作试验区管理机构在汕头市举行揭牌仪式，标志华侨经济文化合作试验区正式开始运行。

2015年6月29日，汕头市人大常委会审议并表决通过《汕头市人民代表大会常务委员会关于华侨经济文化合作试验区行政管理有关事项的决定》，正式赋予华侨试验区管委会及其工作机构实施行政管理的法律主体地位，为试验区管委会及其工作机构行使有关行政管理职权提供了法律依据。

试验区管委会成立后，为推进试验区建设，出台了一系列政策文件。

2016年3月31日，出台《汕头华侨经济文化合作试验区管理委员会关于促进华侨试验区产业发展的若干意见》，对跨境金融、商务会展、资源能源交易、文化创意、旅游休闲、教育培训、医疗服务、信息和海洋等都市产业进行扶持。

2016年11月20日，汕头市人民政府出台了《关于进一步加快华侨试验区现代产业发展的若干意见》。

2017年8月4日，汕头华侨经济文化合作试验区印发《汕头华侨经济文化合作试验区管理委员会关于促进华侨试验区产业发展若干意见实施细则》，明确对重点项目、优质企业、创业园区、孵化基地和创业企业、创投产业和互联网、战略性新兴产业、高层次（专业）人才进行奖励，以鼓励产业发展。

二、谋划华侨试验区建设

华侨试验区获批后，如何建设好华侨试验区是摆在汕头市委市政府面前的重要问题，为集思广益，广纳智慧，广东省委省政府、汕头市委市政府通过举办座谈会等形式邀请有关专家建言献策。

2014 年 10 月 20 日，市委、市政府联合中央政研室经济局在北京举行“推进华侨试验区建设专家座谈会”，请国家各相关部委的领导专家为华侨试验区建设把脉支着。2014 年 11 月 28 日，广东省省长在广州主持召开座谈会，邀请戴德丰、陈有庆、陈经纬、周泽荣、林建岳、刘艺良等 36 位知名侨领侨商为华侨试验区建言献策。2014 年 12 月 5 日，由中新社与省政府新闻办共同组织的“中央外宣媒体高层考察团”赴汕头专题考察采访，并举行高峰对话活动，为试验区建设提供了非常独到的支持和帮助。2015 年 1 月 30 日，以“同享海上丝路新商机，共建汕头华侨试验区”为主题的中国（汕头）华侨经济文化合作试验区推介会在香港举行。

三、高起点规划华侨试验区

为贯彻落实《国务院关于支持汕头经济特区建设华侨经济文化合作试验区有关政策的批复》(国函〔2014〕123 号) 精神，全面推进华侨经济文化合作试验区开发建设，汕头市编制了《华侨经济文化合作试验区发展规划（2015~2030 年）》(以下简称《规划》)，于 2015 年 12 月得到广东省人民政府的批复。《规划》对华侨试验区的战略定位是：21 世纪海上丝绸之路重要门户、国家通侨联侨重要枢纽、华侨文化交流传播基地、发展机制创新示范区和粤东地区新兴增长极。并分阶段提出发展目标：

到 2018 年，起步区建设初见成效，试验区开放型经济体制初步建立。

到 2022 年，核心区建设初具规模，试验区发展步伐明显加快，开放型经济新体制基本形成。

到 2030 年，现代化试验区基本建成，实现海外华侨华人与祖国经济文化的深度融合发展。

2016 年 2 月召开的汕头市第十三届人民代表大会第六次会议，审议通过了《汕头市国民经济和社会发展第十三个五年发展规划纲要》。

在汕头市的“十三五”规划中提出：充分用好国家赋予华侨试验区先行先试权，按照整体推进与先行先试相结合的原则，坚持统筹规划，高起点、高标准推进华侨试验区创新发展，建设面向海外华侨华人聚集发展的创新平台和21世纪海上丝绸之路的重要门户。力争“十三五”期末，核心区产业发展初具规模，基本建成珠港新城、东海岸新城、南滨新城3个主体功能片区。

第三节　华侨试验区建设进展与发展现状

试验区自成立三年多来，华侨试验区重点发展基础设施、公共配套、金融创新和总部经济四大项目，均取得了一定成绩：基础设施和公共服务配套较以前有了较大改善；试验区积极实施创新驱动发展战略，加大“简政放权”改革，大大提升了区内行政效率，改善了营商环境；华侨特色金融产业发展势头良好、总部经济活力初显。

一、试验区基础设施建设进展

（一）交通基础设施建设框架与进展

1. 华侨试验区重点围绕“一带三环五轴”总体路网建设框架进行建设

“一带”指由金鸿路、中山路以及滨海大道等构成试验区主要交通廊带。“三环”指通过中山路、滨海大道、苏埃过海隧道、海湾大桥以及南滨南路等形成围绕试验区的交通环路和通过滨海大道、礐石大桥、海湾大桥以及磊广路等形成围绕整个试验区的交通环路。“五轴”指苏埃过海隧道、沈海高速公路、礐石大桥、泰山路以及莲河路南北向5条交通轴线。

2. 华侨试验区内部交通建设进展

东海岸大道已于2017年6月建成通车，大大提升了东海岸新城对外联系的便捷程度，对于片区开发、带动周边经济发展、改善试验区与区外联系具有极其重要的意义。此外，东海岸新城又启动了综合管廊建设工程，确保市政管线的高效运转，增加城市管线的综合防灾抗灾能力，为高水平建设华侨试验区基础设施奠定基础。自成立至2018年1月，华侨试验区基础设施建设累计已投入221.02亿元。①

3. 试验区周边交通建设进展

2012年以来，汕头在交通基础设施建设方面取得了较为显著的成果，初步建成区域交通主骨架。包括汕揭高速汕头段、惠潮高速、南澳大桥、金凤高架桥主线现已建成通车；汕头海湾隧道、惠揭高速、牛田洋快速通道、汕湛高速、潮汕环线高速、厦深铁路汕头联络线、汕尾—汕头高铁等项目正在加紧建设。2012~2016年，汕头区域内交通基础建设累计投资已超过200亿元。预计到2020年末，汕头全市高速公路总里程将达到231千米，高速公路密度与2015年末相比增长197.3%。②

（二）公共配套建设进度

2017年4月，华侨试验区已建成配备高质量师资和设备的汕头金中华侨试验区学校。此外，华侨试验区正紧密筹备开办高水平的国家示范性高中和国际学校。国家示范性高中与国际学校合作办学，既能实现教育资源共享，又能通过国际学校提供适应海外学生的教育。发展高质量的高中小学教育，将能有效解决试验区内优质教育资源短缺的大难题，对推动试验区教育事业发展有重要引领作用，进一步提升了区内公共设施配套和公共服务水平，提升试验区对外来人才、海外华商的吸引力。

宜华集团和华侨试验区正计划建设一所高端综合医院——汕头宜华华侨医院，打造一个具有国际级水准的医疗及康复养老医院，进一步为

① 周子龙：《侨试验区起步区基础设施已投221亿》，《南方都市报》，2018年1月17日。

② 罗勉：《汕头市5年180亿打造全国性综合交通枢纽》，发展网，http://www.chinadevelopment.com.cn/news/cy/2017/10/1181499.shtml，2017年10月12日。

入驻试验区华侨华人解决老人照顾和医疗问题。

二、创新行政管理体制进展

创新行政管理体制，打造与国际接轨的营商环境、不断提升行政管理效率是华侨试验区吸引侨商侨资、充分利用侨商侨资的基础。华侨试验区要先行先试，深化行政审批制度改革，通过推进"放管服"改革，简政放权，以精简化的行政体系为侨商、潮商、民营经济提供优质高效的服务，提高试验区的吸引力和竞争力。

试验区致力于创新行政审批机制，积极提升行政审批效率，坚持做到"马上就办、马上办好"，实行"一工作日"审批制，推行"互联网+"高效服务机制，大大提升了试验区的行政审批效率。以投资 6.9 亿元的潮商中心大厦建设为例，该项目将建成为全球潮商和海内外潮属社团共同总部基地，从接手、申报到挂牌，该项目仅用了 12 天。

同时，侨试验区还致力于提供优质、到位的营商服务，不断改善区内营商环境。比如，对有意落户试验区的企业，安排专业人员对其进行专业化指导，提供优质、到位的服务，助推入驻企业的发展。

试验区勇于创新的精神，推动行政体制不断改革创新，鼓励了越来越多的企业选择落户华侨试验区。截至 2017 年 9 月，试验区内登记注册企业 926 家，已投资落地建设产业项目 18 个，总投资额超 360 亿元。[①]

三、金融创新发展现状

在华侨试验区积极打造的九大现代产业中，重点是发展高水平的生产性服务业，其中具有华侨特色的金融服务业是试验区最有可能实现突破、最能充分利用华侨资源的产业之一。试验区的目标，是通过金融创新，促进侨资高效流动、创新人民币与新台币和东南亚国家货币的外汇业务、扩大人民币对外直接间接投资、创新保险业务。

① 陈恒、吴春燕：《以侨为桥，打造中国南部新侨城》，《光明日报》，2017 年 12 月 18 日。

现阶段，试验区依托国内外潮商金融资源丰富的优势，积极探索具有华侨特色的金融创新发展道路。华侨试验区于 2015 年 9 月成功创办全国首家以华侨为核心概念的区域股权市场板块——“华侨板”，此举旨在为境内外侨企侨资提供包括股权融资、债权融资、财务顾问在内的金融服务，并为粤东区域乃至更广区域的中小微企业解决融资难的问题，推动本地及华侨中小微企业走向更高层次资本市场。截至 2018 年 1 月，“华侨板”已累计挂牌 492 家企业，挂牌企业覆盖粤东三市及珠三角。挂牌企业中，有 8 家企业通过孵化成功转板至“新三板”，实现了进一步与资本市场对接，也意味着“华侨板”对中小微企业培育指导、孵化的功能在进一步加强，“华侨板”成果日渐显现。① 此外，华侨试验区还成功举办粤东首次深交所路演、出访泰国投资推介、推动具体融资项目落地等，与多家金融机构开展务实合作。

“华侨板”的创办，一方面，可帮助华侨及本地中小微企业以更好地进入资本市场，获得更大发展；另一方面，“华侨板”又能吸引大量的资金，实现资金的高效管理和流动，进一步推动侨资与汕头产业经济的融合发展。在今后，“华侨板”将会继续发挥具有华侨特色的地区性金融服务平台的综合作用，充分利用境内外华侨资本资源，为侨资企业及粤东本土的中小微企业迈入更高层次的资本市场提供更好的服务。

除此之外，华侨试验区以打造粤东区域金融中心为目标，积极吸引优质金融资源，发挥金融的聚集效应。设立包括华侨人寿保险公司等一批金融机构，服务华人华侨，并建立一批私募基金，拓宽投融资渠道，助力企业转型升级。②

华侨试验区凭借其独有的华侨特色，正打造出一条差异化的金融创新道路。重点发展具有华侨特色的金融产业，对于带动区内其他产业发展具有重要意义。

---

① 叶青：《华侨之乡有个“华侨板”》，《科技日报》，2018 年 2 月 5 日。

② 魏盼生：《探索具有华侨特色金融创新道路》，《汕头日报》，2016 年 12 月 19 日。

四、总部经济发展现状

总部经济是一个城市产业发展的中坚力量，对于构建城市产业圈，推进区域产业结构转型升级具有重要意义。为进一步落实创新驱动发展，构建大企业集聚发展的格局，汕头推出扶持总部经济发展的奖励政策，包括总部企业落户奖、给予对地方经济做出突出贡献的总部企业以经营贡献奖、总部企业常驻特别奖、办公用房补贴等奖励，以鼓励总部企业落户汕头。

近几年，华侨试验区积极发挥海内外潮商力量，在发展总部经济方面取得了一定成果。截至2017年8月，试验区直管区已有10家总部企业项目落地建设。除此之外，还有一大批重大产业项目正在洽谈中。①

第四节　试验区面临的挑战与发展建议

一、试验区面临的挑战

（一）华侨试验区建设滞后于规划

按照《华侨经济文化合作试验区发展规划（2015~2030年）》（以下简称《规划》）的建设目标，《规划》的实施推进进展比较滞后，在先行先试和政策创新方面，也尚未取得较大的进展。

在基础设施及公共服务设施建设方面。东海岸大道的建成通车，大大提升了东海岸新城对外联系的便捷程度，对于片区开发、带动周边经济发展、改善试验区与区外联系具有重要的作用。但由于试验区原有基

① 林少丽、赵丽蓉、聂金秀：《汕头华侨试验区总投资250亿多，10家总部企业项目落地》，中国发展网，2017年8月16日。

础薄弱，加之粤东地区比较落后的交通条件和公共服务配套，为提升试验区竞争力，华侨试验区内及周边交通建设仍有待加快落实，同时，各项公共配套设施的完善进度需加快进行。

在产业建设方面，以跨境金融、商务会展、资源能源交易、文化创意为重点的现代服务业发展缓慢，产业集聚需待时日。

在体制机制改革方面，华侨试验区在建立符合海外华侨华人意愿和国际通行规则的跨境投资、贸易机制框架方面尚未取得较大进展，即便在复制推广中国（广东）自由贸易试验区改革创新经验方面也进展缓慢。

（二）周边发达地区以及其他改革试验区带来的竞争

首先，周边发达地区的发展给试验区的发展带来了挑战。以粤港澳大湾区为例，粤港澳大湾区的发展将对外围地区产生“虹吸效应”。粤港澳大湾区旨在打造我国新的经济增长极、创新发展新平台、参与全球经济贸易竞争的重要平台，蕴藏着巨大的发展潜力，对华侨试验区的吸引力形成巨大挑战。随着粤港澳大湾区的发展，可能将对华侨试验区的发展造成一定冲击，使人才、资金等要素从汕头流向粤港澳大湾区，使得华侨试验区和汕头的发展失去了更多资源。

粤港澳大湾区与华侨试验区的竞争主要体现在人才、现代服务业和总部经济的竞争。现代服务业竞争方面，粤港澳大湾区凭借其良好的现代服务业发展基础和巨大的市场需求，发展现代服务业、高新产业等将使华侨试验区打造现代都市产业体系面临更大的竞争压力。总部经济竞争方面，尽管汕头曾推出相关政策优惠扶持一批总部企业，但培养出来的总部企业很可能受湾区巨大的市场潜力和政策支持、投资便利化等的吸引，选择易地发展，使试验区沦为粤港澳大湾区总部企业的孵化地。

其次，广东福建两大自贸区的发展也对华侨试验区的建设形成巨大挑战。在两大自贸区建立的背景下，汕头除了有机会把握其“溢出效应”，同时也面临着其带来的“虹吸效应”。自贸区巨大的发展潜力，有可能吸引潮汕当地及海外华侨人才选择在自贸区所在城市发展；自贸区在探索跨境融资方面享有政策优势，可能将为侨资提供更多便利，对华侨试验区的招商引资带来威胁等。

最后，目前全国已陆续成立了 17 个“侨梦苑”，各地展开激烈的侨商侨资竞争。除此之外，国家综合配套改革试验区的发展，也增加了华侨试验区与其竞争的激烈程度。

（三）文化挑战

虽然老一辈华人华侨对家乡感情深厚，但年轻一辈由于成长于国外，受外国文化影响深厚，家乡情结则淡薄许多，甚至对家乡的认识存在很大偏差，这对吸引新一代侨资侨智参与试验区建设乃至祖国建设形成了一定挑战。

二、试验区发展建议

华侨试验区需要积极借鉴和学习其他试验区先进管理方式和经验，继续深化行政改革创新释放制度红利，打造更便捷的侨商服务体系；充分利用“海丝”机遇在国内外推广华侨试验区；加快落实华侨试验区周边及粤东区域基础设施建设和公共服务配套；继续深化华侨特色金融创新，关联带动区内其他产业协调发展；发挥高校引领作用，构建校园华侨文化交流平台；大力弘扬潮汕优秀文化，充分发挥其在引侨引资的激励作用；积极动员民间组织，增进互联互通。

（一）积极借鉴和吸收先进经验

华侨试验区今后发展的重点，不仅是依赖于国家政策带来的优惠，更重要的是通过制度创新来释放试验区红利。

在行政管理体制改革方面，华侨试验区积极探索改革，大大提高了区内行政效率。在保持目前良好改革势头的同时，还需积极加强与其他改革试验区、自贸区的交流，不断借鉴改革经验和做法。例如，自贸区往往被国家给予更多的自主权，在行政改革方面享有更大的探索空间。自贸区的探索发展，能形成可复制、可推广的经验，因此华侨试验区应更加主动、积极地吸收各自贸区改革的经验，并结合自身实际情况，因地制宜地进行更深层次的行政改革创新。

在人才培养和引进方面，试验区应重点改善入驻项目和海外人才落户的便利程度，探索建立符合侨商和外来人才需要的综合服务平台。如，为归国华侨华人入驻试验区创新创业筹办华侨创业创新服务中心，提供政策咨询、产业扶持、项目孵化和移动办公等综合服务。[①] 又如，协调其他有关部门为海外华侨华人提供出入境、停居留、住房购买或者租赁等方面的便利和支持；对为华侨试验区发展做出突出贡献的华侨华人，应给予相应的表彰和嘉奖等办法，以激励更多侨胞为华侨试验区建设出谋出力。制定出台一系列更具特色的为侨政策，抢占侨务管理工作的制高点，加快建立符合海外华侨华人意愿和国际通行规则的跨境投资、贸易机制，推动重点项目尽快落地生根。

此外，主动学习自贸区和其他改革试验区的人才培养和引进经验，不断创新人才激励制度，逐步建立具有自身特点的、高效的人才管理体系，化解人才短板对华侨试验区乃至汕头发展的制约。

（二）充分利用“海丝”战略推广宣传华侨试验区

近年来，尽管汕头十分重视人才工作，也制定了一系列有助于人才引进和人力资源开发的政策措施，但由于宣传力度不足或者政策出台后在基层未能获得很好落实，使得优惠政策的吸引程度和实际功效大打折扣，这在很大程度上影响了汕头人才引进的效果。对此，华侨试验区应把握“海丝”机遇，突出其作为“海丝”重要门户的地位与作用，借助“海丝”在国内外的宣传，提高华侨试验区在全国和海外的知名度，充分发挥试验区政策优惠对人才的吸引力，鼓励更多国内外人才参与试验区建设。

（三）建设高效通达交通，促进要素流动

交通基础设施的建设，对于城市经济发展具有基础性、先导性作用，与该城市竞争力有着密切的关系。试验区周边及汕头与外界的交通

---

① 陈穗芳：《“大汕头湾区城市格局”正在形成》，《潮商》2017年第4期。

运输体系的完善，是试验区参与区域竞争的重要保障和物质基础，是保障试验区各产业良性发展的重要支撑。改善试验区交通基础设施建设对提升试验区营商环境硬件条件是最重要所在。为此，亟须加快落实试验区周边交通基础设施的建设，加快城际轨道交通、快速通道的建设，实现试验区与潮汕机场、汕头港及高铁站等交通枢纽的高效连接，保证要素在试验区与外界的高效流通；另外，加快建设试验区与汕头高新区、临港经济区的通道，缩短三大平台之间的通勤距离，促进资金、技术、人才等要素在三大平台之间高效流动，形成互补性发展。

（四）深化金融创新，注重产业带动

华侨试验区根据地域和人文特点，积极发展九大现代都市产业，旨在打造富有活力的现代都市产业体系。但是，由于发展的产业范围过大，而试验区本身还处于发育阶段，加之汕头经济基础薄弱，根据佩鲁的增长极理论，试验区应首先明确重点发展的产业，切忌各产业齐头并进，同时发展多种产业可能会导致发展多而不精，难以打造支柱产业带动其他产业发展。因此，试验区应选准并集中力量优先发展主导产业，建立以主导产业为核心、协调运转的区域产业系统。由于金融产业与其他产业关联性强的特点，且试验区在发展华侨特色金融方面有其独特优势，华侨特色金融呈现出良好的发展态势，因此试验区应确立现代金融服务业为主导产业，利用“华侨板”这一特色平台，重点发展跨境金融，如吸引侨资创办华侨银行等。通过“金融+”带动其他八大现代都市产业发展，实现支柱产业与其他产业更好的关联，最终以先发展带动后发展，实现试验区的产业建设目标。

另外，利用好港澳台华侨资源，积极吸引港澳台金融业华侨华人精英到试验区参与现代金融服务业建设。同时，应充分发挥汕头粤东区位优势，积极融入海峡两岸经济，充分利用好汕头台湾产业园，加强与台湾产业交流合作，学习台湾先进产业发展经验，加快汕头产业转型升级，增加新兴产业对金融服务业的需求，从而促进“华侨板”发展。

（五）打造区域总部经济中心，形成总部集聚高地

华侨试验区应充分利用侨资，通过不断提升区内营商环境水平，适

当给予政策支持，培育和引进相结合，建成一批与试验区重点发展的九大现代都市产业关联度高的总部企业，形成总部企业集聚发展。一方面，试验区应利用好汕头作为经济特区、区域中心城市等优势；另一方面，由于与珠三角等地区相比，汕头经济总量不大、第三产业不够发达、城市建设和管理水平有待提高等劣势，竞争力略显不足。因此，汕头应明确自身定位为区域性总部经济中心城市，专注于将华侨试验区打造成粤东区域总部经济中心，形成粤东区域总部企业集群，打造粤东地区新的增长极。

试验区应充分把握总部经济知识性、集约性、层次性、延展性、辐射性和共赢性六大特点，引领地区产业结构向更高层次结构转变，利用总部经济的发展形成对信息、金融等第三产业的有效需求，拉动第三产业快速发展，优化区域产业结构；通过集约式发展来实现最大程度地运用好各种要素资源；通过完善的产业链条实现信息、技术、人才等要素从总部企业集聚区向其周边地区扩散，增强总部经济对其他产业的关联带动作用，实现产业有序发展。同时，试验区在把握广东落实加快粤东西北发展战略机遇的同时，不仅应利用好产业共建不断吸引高质量的企业进驻汕头，还应不断创新投融资方式、资金管理模式，充分利用好华侨资金为总部经济建设的资金筹集、融通提供便利，形成金融创新与总部经济的良性互动，这样不仅能吸引更多有潜力企业落户试验区，也能为华侨资本提供更多的投资标的选择。两者相辅相成，最终助力于试验区构建富有活力的都市产业体系。

（六）重视华侨新生代教育，构建校园文化交流平台

华侨试验区应把握好国家级试验区的战略地位，把握好国家大力发展华侨事业的机遇，争取利用汕头大学和广东以色列理工大学两所重点高等院校的资源，发展海外华侨华人学生教育。扩大两所学校在海外的影响，对于团结海外华侨和港澳台同胞，意义十分重大。

要做好华侨学生回乡接受教育，一方面，学校应通过给予一定优惠条件，鼓励优秀华侨学生在祖国接受教育，理解和尊重华侨学生的特点，根据其不同特点给予适当照顾；另一方面，加强汕头与东南亚两地

高校的学生交换交流合作、科研合作。此举一来可增加华侨华人留学生对祖国、家乡文化的了解，对家乡发展现状、前景的客观认识，尽可能减少其对家乡的偏见，培养其对祖国的浓厚感情；二来可利用在培养和教育华侨学生的同时，研究和了解新一代华侨的观念和需求，这对于华侨与祖国建立更紧密的联系具有重要价值。同时，在生活上，应加强对他们的心理引导，使他们更好地适应国内生活和事业发展。

重视海外华侨华人学生教育，对于提升新一代华侨华人对家乡的认同感，留住海外人才参与试验区建设，充分吸引海外资本、人力资源，具有重要意义。通过汕头大学、广东以色列理工学院培养的华侨学生，将为试验区的建设提供更多的人才资源支撑。

（七）弘扬文化精神，以文化支撑发展

华侨试验区应致力于打造独特的潮汕文化传播基地，通过发展旅游业，更好地弘扬潮汕优秀文化，将汕头建设成为华侨特色旅游目的地，打造粤东区域旅游休闲中心。华侨试验区内，可考虑建立潮汕文化博览中心、华侨文化展示中心等展览馆，来向华侨华人展示更加全面的潮汕华侨文化，弘扬“开放、务实、包容、精细、进取、诚信、互助、感恩、奉献”的优秀潮汕文化，激发华侨华人建设家乡的情感，尤其是培养年轻一代潮汕华侨华人对祖居地的认知情感。再者，潮汕文化也可唤起从外地来的潮汕人对潮汕文化的认同，带来外来文化，从而促进潮汕文化多元化发展，更好地推动华侨试验区发展。

（八）动员民间组织，增进互联互通

潮汕籍华侨华人在东南亚当地的政治、商业、学术界等都有着重要影响力，充分运用好、发挥好东南亚各国潮汕籍华侨华人的作用和力量，是华侨试验区把握好“海丝”战略机遇加快建设的关键。因此，应鼓励支持海内外潮商商会、潮汕会馆等民间组织和社团增强联系与沟通，积极组织东南亚潮汕民间组织到试验区考察，增进彼此相互了解，发挥好民间组织在华侨文化交流、资源整合、文化传播等方面的作用，增进东南亚华人华侨对华侨试验区的了解。

当前，华侨试验区应重点加强同新加坡、马来西亚、印度尼西亚、泰国等经济体量大、总体投资环境较好、对改善我国经济环境有较大促进作用的国家的民间组织合作交流，以侨博会、国际潮商大会、东南亚各国中华总商会等为平台，会聚华人华侨资源，通过汕头与这些国家的城市发展友好城市关系、友好港口关系，互设经贸服务、金融服务和信息服务机构（康远志，2016），同时，积极宣传华侨试验区引侨引资的优惠政策，鼓励各地侨商在试验区投资建设，不断扩大华侨试验区在东南亚的知名度和号召力。

第九章

建设中以科技创新合作区

经过40年改革开放，我国在科学技术方面取得了巨大的进步，但与西方发达国家相比，仍有较大的差距，许多核心技术我们尚未掌握，许多关键零组件需要依赖进口。由于西方发达国家长期对高新技术的封锁，国际技术贸易壁垒日益严峻，给我国引进顶尖技术、消化运用国际产业革命最新成果带来诸多新的挑战。

因此，在"一带一路"建设中，促进我国与沿线国家开展科技合作，加快技术交流与创新，提升产业技术创新能力，是"一带一路"建设的重要内容。

汕头港是国家"一带一路"倡议中重点建设的15个港口之一，汕头近些年来一直在积极实施创新驱动战略，企业创新主体队伍不断壮大，以新材料、新医药、新能源和高端装备制造等为代表的战略性新兴产业发展取得了可喜的成绩。不过整体上，汕头的产业结构仍然以服装纺织、玩具等传统劳动密集型产业为主。目前，汕头正重点规划发展新材料、高端装备制造、新一代信息技术和海洋产业等新兴产业，推动产业转型升级，但从汕头的科技创新情况看，汕头缺乏高端创新型人才，企业研发投入少，产业技术创新能力水平较低。在"一带一路"倡议背景下如何能够实现产业技术创新能力的跨越式发展，以期尽快进入前沿技术领域，实现产业转型升级，是汕头市当前必须面对的重大问题。

第一节　中以（汕头）科技创新合作区成立背景

一、国家创新驱动战略

全球新一轮科技革命、产业变革和军事变革加速演进，科学探索从微观到宏观各个尺度上向纵深拓展，以智能、绿色、泛在为特征的群体性技术革命将引发国际产业分工重大调整，颠覆性技术不断涌现，正在重塑世界竞争格局、改变国家力量对比，创新驱动成为许多国家谋求竞争优势的核心战略。我国既面临赶超跨越的难得历史机遇，也面临差距拉大的严峻挑战。

我国经济发展进入新常态，传统发展动力不断减弱，粗放型增长方式难以为继。必须依靠创新驱动打造发展新引擎，培育新的经济增长点，持续提升我国经济发展的质量和效益，开辟我国发展的新空间，实现经济保持中高速增长和产业迈向中高端水平“双目标”。我国许多产业仍处于全球价值链的中低端，一些关键核心技术受制于人，发达国家在科学前沿和高技术领域仍然占据明显领先优势，我国支撑产业升级、引领未来发展的科学技术储备亟待加强。

党的十八大做出了实施创新驱动发展战略的重大部署，强调科技创新是提高社会生产力和综合国力的战略支撑，必须摆在国家发展全局的核心位置。创新是引领发展的第一动力。抓创新就是抓发展，谋创新就是谋未来。

面对全球新一轮科技革命与产业变革的重大机遇和挑战，面对经济发展新常态下的趋势变化和特点，实施创新驱动发展战略，对我国形成国际竞争新优势、增强发展的长期动力具有战略意义，对我国提高经济增长的质量和效益、加快转变经济发展方式具有现实意义，对降低资源能源消耗、改善生态环境、建设美丽中国具有长远意义。

随着当今世界经济全球化的不断深入和发展，科技的主导地位日益凸显，在当今国际政治经济格局中，科学技术的决定性作用得到了前所未有的加强，科技外交在总体外交中的地位也越来越重要。在“十二五”开始时，中国已与 152 个国家和地区建立了科技合作关系，在 46 个国家的 69 个驻外机构派驻了 141 名科技外交官，加入了 200 多个政府间国际合作组织，初步形成了较为完整的以政府间科技合作框架为主体的多元化合作格局。

当前，科技外交大有可为。从科技发展状况看，中国已经具备参与国际大科学合作的能力。国际大科学工程历来是发达国家的俱乐部。近年来，通过参与国际热核聚变实验堆计划、国际综合大洋钻探计划、全球对地观测系统等一系列大科学计划，中国与美、欧、日、俄等主要科技大国开展平等合作，为参与制定国际标准、解决全球性重大问题做出了应有的贡献。近年来，中国陆续建立了 5 个国家级国际创新园、33 个国家级国际联合研究中心和 222 个国际科技合作基地，成为开展国际科技合作的重要平台。

科技合作应该成为“一带一路”建设的重要内容之一，中以（汕头）科技创新合作区的建设将为中以科技合作提供一个重要载体，促进中以科技合作，提升汕头企业科技创新能力，促进产业转型升级。

二、中以科技合作情况

以色列西面和南面分别濒临地中海和红海亚喀巴湾，不管是“一带”还是“一路”，均为关键节点。以色列是“一带一路”沿线国家中的科技强国、创新大国，以色列的人均研发水平、万人科学家和工程师的数量等都名列世界第一，国家创新能力指数和在美国纳斯达克上市公司数量列世界第三，创新指数高居全球第二位。以色列在众多领域保持着世界领先的创新能力。

中国与以色列长期保持着良好的科技合作关系。2015 年 1 月 29 日，在钓鱼台国宾馆，中国以色列创新合作联合委员会第一次会议在这里召开。会后，国务院副总理刘延东与以色列外交部长利伯曼共同签署了《中以创新合作三年行动计划》。自此，中以创新合作踏上新的征程。2017 年 3 月，中以正式建立“创新全面伙伴关系”。有媒体报道称，“创新全面伙伴关系”的建立标志着两国关系发展进入了新的阶段，也意味着中国以更加积极的态度介入中东事务，也是以色列战略重心“向东看”的体现。目前，中国已成为以色列在亚洲的第一大贸易伙伴、全球第三大贸易伙伴。①

在中以合作中，广东以色列理工学院（英文缩写 GTIIT）是中国与以色列合作的一个重要项目，由享誉全球的知名高等学府以色列理工学院（英文缩写 Technion）与汕头大学（英文缩写 STU）合作办学的一所具有独立法人资格的中外合作大学，坐落于广东汕头。

广东以色列理工学院于 2016 年 12 月 5 日由中国教育部批准正式设立，2017 年第一年招生，是我国第一所引进以色列优质高等教育资源的具有独立法人资格的中外合作大学。著名经济学家李剑阁、2004 年诺贝尔化学奖得主阿龙·切哈诺沃分别为第一任校长、常务副校长。广东以色列理工学院将致力建设成为一所具有国际公认高水平教育、科研和创新能力的研究型大学，全面引进全球知名的以色列理工学院的优质教育资源，开展教育教学创新，培养具有创新能力、全球视野和人文素养的卓越工程师和科技人才。提升广东的创新水平及竞争力，为中国和以色列的进步发展，为人类福祉做出贡献。

依托广东以色列理工学院，汕头规划建设中以（汕头）科技创新合作区，发挥广东以色列理工学院、汕头大学的作用，加强与以色列理工学院的科技创新合作，促进技术引进与转化，推动粤东产业转型升级，促进地方经济增长。

---

① 《中以关系遇上“一带一路”：中国在以色列已完成超 50 亿美元并购》，央广网，2017 年 9 月 9 日。

三、汕头科技创新现状与问题

（一）汕头市科技创新现状

近年来，汕头市委、市政府坚定不移地把创新驱动发展战略作为核心战略和总抓手，围绕加快建设创新型经济特区、打造粤东科技创新中心的目标任务，落实省创新驱动发展八项重点工作，出台一系列政策措施，包括实施促进民营经济大发展大提升 50 条措施、支持上市企业做大做强 15 条措施等。全市创新创业环境持续优化，自主创新能力逐步提升。

1. 创新主体队伍明显壮大

高新技术企业（以下简称高企）是知识密集、技术密集的经济实体，是创新驱动发展的牛鼻子。2016 年，汕头全力以赴推进高新技术企业培育认定工作，全市高企数量达 324 家，比 2015 年增加 174 家，增长 116%。全市拥有国家级创新型企业 3 家、省级创新型企业 22 家、省级创新型试点企业 20 家。为大力培育龙头骨干企业，出台实施促进民营经济大发展大提升 50 条措施，享受税收优惠企业 130 家；支持上市企业做大做强 15 条措施，截至 2017 年上半年，全市 A 股上市企业、“新三板”挂牌企业分别达 31 家、53 家，A 股上市企业数量位居全省第三，其中 70%是高新技术企业。大力推进“个转企”“小升规”，出台促进企业上规上限实施意见，规上工业企业和限上企业数量分别为 1846 家和 1771 家，同比分别增长 4.2%和 14%。①

企业研发机构是企业技术创新的基础平台，它对于提高企业技术创新能力，推进产学研科技合作，为企业产品升级和规模化生产提供技术支撑，强化科技成果研发和转化有重要的作用。通过大力引导和扶持企业研发机构建设，2016 年汕头新增汕头市超声仪器研究所、广东雅绿特种经济植物研究院、广东北工商绿色护肤品研究院、广东思玛特工业

① 汕头市人大常委会：《汕头市创新驱动发展情况调研报告》，2017 年。

设计研究院4家省级新型研发机构，全市省级新型研发机构总数达6家，省级新型研发机构成果转化和技术服务收入达2.55亿元，比2015年增长63.67倍；全市拥有工程研发中心省级117家、市级180家，企业技术中心国家级1家、省级39家、市级140家，省重点实验室6家，省企业重点实验室2家。2016年，规模以上工业企业设立研发机构比例达8.06%，主营业务收入5亿元以上企业设立研发机构的比例为23.4%。[①]

全市公共技术服务平台不断发展，国家知识产权玩具快速维权中心落户澄海宝奥城，拥有国家玩具质检中心、国家洗涤护肤用品质检中心两个国家级检测中心，以及食品、服装、精细化工、文具、日用塑料制品、多功能包装机械、再生贵金属材料7个省级检测站。

2. 企业技术改造颇有成效

为推动传统制造业转型升级，近年来汕头市出台了一系列政策措施，包括《汕头市智能制造2015~2026行动方案》《汕头市“互联网+”行动计划》《汕头市工业企业技术改造事后奖补实施细则》等。2016年，全市工业技术改造投资370.47亿元，同比增长22%，总量位居全省第三；实施技术改造规模以上工业企业数量290家；推进智能制造试点示范、实施机器人应用、工业化和信息化深度融合，新增机器人应用510台，智能化技术改造示范企业数量达10家。推动纺织服装、化工塑料、轻工装备、工艺玩具、食品医药、印刷包装等8大传统产业转型升级。

3. 科技孵化育成体系初步形成

科技企业孵化器是专门为扶持新创的科技型企业而设计和运作的体系，承担着培养科技创业企业和加速科技成果转化的重任，为创业企业提供公共设施和服务。通过实施《汕头市科技企业孵化器倍增计划实施方案》，汕头现有国家级科技企业孵化器、国家级科技企业孵化器重点培育单位各1个，科技部备案众创空间2个、省众创空间试点单位4个、市级科技企业孵化器7个。科技企业孵化器面积10.93万平方米，

① 汕头市人大常委会：《汕头市创新驱动发展情况调研报告》，2017年。

是2015年的6.79倍；孵化器在孵企业数量171家，孵化器毕业企业数量42家，比2015年分别增长1.95倍和13倍。2016年以来，中海信汕头创新产业城已有37个创新创业企业入驻，深圳天安数码城进驻汕头高新区，有利于打造汕头科技企业孵化育成体系和创新创业生态环境，加快“众创空间—孵化器—加速器”孵化链条的建设。2016年，汕头被认定为“广东省小微企业创业创新基地城市示范”，华侨试验区被认定为全省“双创”示范基地。

4. 自主创新能力有所提升

2015年，汕头发明专利申请量达1043件，发明专利授权量达328件，PCT专利申请量52件。2016年，地方财政科技投入额度占本级财政支出比例为5.4%（快报数），获省级以上科技奖二等奖1项，三等奖4项。高效铜冷却设备、薄膜吹塑设备、电子化学品、化学试剂、塑料色母粒、可降解环保材料、动漫玩具文化等行业通过技术攻关，自主创新能力得到较好提升，发展优势突出，形成了区域特色产业集群，具备较好的产业配套能力和完整产业链条，具有较强竞争力，在国内外形成了一定影响力。

（二）汕头科技创新存在不足

1. 研发经费投入存在不足

2016年，全市R&D经费投入14.83亿元，同比增长19.89%，但研发经费投入强度仍然较低，为0.71%，低于江门的1.78%，广东省的2.56%，全国的2.11%；不仅研发经费投入强度低，研发经费结构也不合理，基础研究经费占比仅为3.31%，低于全国的5.2%。

2016，全市企业R&D经费占主营业务收入为0.41%，而全国为0.94%，研发经费投入强度较低，企业创新能力有限。从产业来看，全市主要传统产业研发投入强度太低，如纺织服装、服饰业的研发强度仅为0.04%、纺织业为0.05%、橡胶和塑料制品业为0.18%、文教、工美、体育和娱乐用品制造业为0.42%。从经费来源看，全市财政科技投入额度较少。2016年，汕头财政科研投入为3.67亿元，而江门为 9.46 亿元。2016 年汕头市政府资金占企业研发经费比重为 1.8%，同比下降 1 个百分点。从支出结构来看，汕头企业研发经费几乎全部集中于试验发展支出，占 95.58%，应用研究支出占 4.42%，基础研究则为零。

2. 创新人才队伍问题

在应用性基础研究方面，汕头的应用性基础研究几乎集中于汕头大学；其他高校和市属研究所研究力量薄弱，缺乏较高层次研究人员，而企业则缺乏研究人员从事应用性基础研究。虽然汕头大学从事基础研究的人员基本由博士组成，但缺乏高层次领军人才，基础研究队伍规模较小，每个基础研究的学科平均仅有 25 位研究人员。

在产业技术创新方面，一是全市企业研发人员队伍规模较小。2016 年，汕头工业企业研发活动人员数为 7697 人，江门为 17120 人，厦门为 46054 人。2017 年，汕头高级职称专业技术人才数量为 1.27 万人，江门为 1.5 万人。二是企业缺乏较高层次创新人才。在企业办的研发机构中，博士硕士占机构人员比重仅为 4.84%，缺乏较高层次研究人员，更是缺乏领军人才。截至 2017 年，汕头还没有国家“千人计划”项目，而江门有 2 项，厦门国家“千人计划”人才已达 102 人。

整体上看，汕头人才引进力度不够，研发队伍不够稳定。2017 年，汕头引进博士 83 人，硕士 425 人；江门引进院士 1 人，博士 87 人，硕士 758 人；2016 年，佛山引进博士 2114 人。在人才引进方面，汕头力度不如江门等兄弟城市。另外，从近年汕头研发人员队伍来看，队伍不仅没有壮大，还出现人才流失，比如 2016 年企业研发机构中博士、硕士毕业人数比前一年有所减少，其中博士人数从 29 人减少为 22 人。

3. 缺乏科技带动力强的优势产业

汕头战略性新兴产业增加值占地区生产总值比重 2015 年为 0.7%（全省为 7.3%），高新技术产品产值占规模以上工业总产值比重 2015 年为 6.96%，全省为 43.63%。2016 年，汕头高技术制造业增加值占规模以上工业增加值的比重仅为 5.7%，远远低于全省 27.6%的占比。这表明作为 R&D 投入强度相对较高的高技术制造业，在汕头工业总量上并不存在优势。这反映出汕头市工业的产业布局仍然集中在传统劳动密集型产业，缺乏产品附加值高、科技带动力强的优势产业。

4. 缺乏高端创新平台

一是企业研发机构创新能力有限，缺乏国家级产业技术创新平台，推动产业转型升级作用不明显。全市省级以上创新平台达 217 家，数量不少，但缺乏国家级实验室、国家级工程技术中心的支撑。企业研发机构极少开展应用研究和基础研究，未能针对产业关键技术共性问题等进行研究，无法为全市众多的中小微企业提供较好的技术服务，促进产业转型升级。汕头共有 29 个专业镇，但缺乏相应的技术服务平台的支持，长期处于粗放发展状态，创新水平较低，而佛山通过为中小微企业提供技术服务，已将原来的专业镇发展成为今天的优势产业。

二是应用性基础研究比较薄弱，缺乏国家级应用性基础研究平台，对产业技术创新支撑作用有待提高。虽然汕头大学的应用性基础研究为海洋生物、水产养殖、机械装备、包装印刷、精细化工等产业提供了重要的技术支持，但仍缺乏重大原创成果，在解决传统产业技术瓶颈，推动传统产业转型升级方面力度不够。全市应用性基础研究主要依托汕头大学的 8 个省部级重点实验室，缺乏国家级实验室、国家级工程技术中心的支撑。没有国家级创新平台的支撑，难以组织实施重大科技问题研究，有较大影响力的原始创新成果也较少。

5. 高新技术企业创新能力有限

2017 年，汕头高企数量增加到 538 家，但高企普遍规模较小，研发投入强度也较低，产业技术创新能力有限。全市高企行业分布比较分散，各产业集群内龙头企业带动能力不足，尚未形成有较强优势地位的高新技术产业。2016 年，高技术制造业增加值占规模以上工业增加值比重汕头仅为 5. 7%，低于江门的 7. 8%和全省的 27. 1%；先进制造业增加值占规模以上工业比重汕头为 13. 6%，江门为 43%，全省为 48. 7%。

第二节　中以（汕头）科技创新合作区的发展规划

一、战略定位

2016 年 1 月 22 日，中国共产党汕头市第十届委员会第六次全体会议通过了《中共汕头市委关于制定国民经济和社会发展第十三个五年规划的建议》，明确了把中以（汕头）科技创新合作区建成国家级创新发展平台的定位，依托中以合作区，全面提高开放型经济发展层次，提升汕头产业在“一带一路”的竞争力，积极参与全球经济合作和竞争。

2017 年 7 月 25 日，汕头市委书记接受《南方日报》记者专访。专访中市委书记进一步阐述了中以（汕头）科技创新合作区的战略任务，即依托广东以色列理工学院，加快建设中以（汕头）科技创新合作区，推动汕以双方在航空产业、现代农业、清洁能源、生物技术、医疗器械、污水治理等领域的交流合作，培育形成一批装备制造、生物医药、新材料等战略性新兴产业。利用中以技术转移平台及汕以孵化器项目等平台优势，为汕头引进以色列创新项目提供解决方案。通过将众多行业的前沿科技引入汕头，提升汕头制造业向高科技产业转化升级的能力。

在《中以（汕头）科技创新合作区发展战略规划》中，中以（汕头）科技创新合作区被定位为汕头创新开放新引擎，把合作区建设成为具有国家影响力的科技新城，粤东科教创新中心的核心区域；推动产业转型升级的强大引擎；传承多元文化、展现山水特色的生态智慧新城。起到构筑广东研发“新三角”和填补沿海创新带的作用，即打造省内新策源地，构筑“广州—深圳—汕头”研发新三角；通过国际科技合作和建立区域技术创新战略合作联盟，提升潮汕地区创新能力，填补“珠三角—潮汕—闽三角—温台—长三角—环渤海”沿海创新带。

二、发展目标

2017年，金平区公开组织园区规划竞赛活动，上海同济城市规划设计研究院“创智新硅谷、生态健康城”的规划方案（草案）被录用，并进入论证和评估阶段。中以（汕头）科技创新合作区项目作为汕头首个跨国合作的科技创新合作平台，被赋予历史使命：即在战略支撑上完成潮汕地区产业的转型升级，提升本地产业竞争优势；在科技建树上具有国家影响力，提升城市竞争力；在知识经济转化交流上高效运转，让创新回归城市。按照《中以（汕头）科技创新合作区发展战略规划》，中以（汕头）科技创新合作区的发展目标如下：

（一）提升产业竞争优势

在战略上，优先培育具有一定竞争优势的高新技术产业，完善创新产业集群的制度配套和建设配套，引导本地企业积极研发或适当引入符合自身需求的国际领先技术，以科技创新技术为引擎，触发科技创新产业落地发芽；以区域创新为引领，带动园区内产业转型升级。

（二）提升城市竞争力

在核心竞争力上，保持原有的环境生态优势，依托汕头大学、科研机构、本土企业的基础，聚集具有先进科技的国外人才和机构，把握住国际交流的蜜月期，根据对方优势和自身优势，在高端教育、先进科研、科技经贸、跨国研发等方面洽谈深入合作，产生具有强烈生命力的创新主体，能够在适宜的环境下释放创新触角，催生创新集群，逐步形成一个运转活跃的科技创新产业生态网，以其具有本土特色的不可分割性和不可替代性提升本土在国内外的核心竞争力。

（三）建设创新生态圈

构建一个可以同时满足科研、市场、合作、资金、政策、人才、培育、孵化、交易等企业运营需求的信息高速流转平台，势必要开放共享多元复合的创新环境，让创新回归城市，使高端人才在结束工作之后有丰富的生活，在满足生活需求之余宜洽谈，洽谈之点可研发，研发之初可孵化、孵化之时有资金，资金投入有市场，市场扩大有人才，人才不足有培育，培育成期有机构，机构落地有政策，形成一个科研圈、孵化圈、产业圈、生活圈四圈合并，“有求速应”的创新闭合循环，降低交易的时间成本和匹配成本，提升区域吸引力。

三、功能定位

（一）技术输入输出的强大引擎

在科研方面，依托汕头大学、广东以色列理工学院的科研基础和人才基础，整合资源，布局优势学科研发中心，形成优势学科研发高地。在教育方面，借助汕头大学、广东以色列理工学院的特长学科，通过高等教育交流，各施所长，以此引入其他国内外知名高校，增加本土高校数量；借助汕头职业技术学院在专业技术人才培训的优势，接轨园区新增的特殊专业技工和新型专业培育，形成特种技师培育高地。在企业方面，充分利用汕潮揭三地同城政策和交通的优势，调动优势产业和企业采用创新科技转型升级的积极性；培育本土技术转移服务机构，保持对高新技术嗅觉敏感，对有需求的企业能够精准配对。

（二）乐住宜居的人才集聚生活区

在专业集群上“集贤聚优”，打造国家“千人计划”和特殊高端人才创业基地，设立对应的孵化加速机构，组织高端众创活动，吸引和留住优秀创业团队；在业余生活上“配齐全套”，除了原有的生态山水景色外，配套适应高端人才生活习惯的交际、爱好、学习的特色设施和便捷服务，满足高端人才对城市功能的需求。

（三）建设“五大平台”

中以科技创新合作区的成立是汕头市贯彻落实《中以创新合作三年

行动计划》和广东以色列产业研发合作计划，深入实施创新驱动发展战略、加快振兴发展的重要举措。中以（汕头）科技创新合作区主要包括高教科研孵化区、创新产业拓展区、现代工业园区、高端服务配套区、桑浦山人文生态景观区和牛田洋湿地保护区等功能分区。合作区将依托汕头大学和广东以色列理工学院，围绕建设沿海开放型经济新高地的总体目标，构建国际化科技创新综合平台、国际化科技孵化创业平台、新型综合开放合作示范平台、特区转型发展示范平台和国际化城市综合治理平台“五大平台”，着力建设国家级的创新中心、孵化基地、创业载体和人才洼地。

四、产业规划

按照《中以（汕头）科技创新合作区发展战略规划》，中以（汕头）科技创新合作区规划发展新材料产业、大健康产业、高端电子信息产业、智能制造产业。其中，新材料产业主要发展纳米材料、生物降解材料、增材材料和化工材料；大健康产业主要发展生物医药、医疗器械、高端食品和智慧医疗；高端电子信息产业主要发展云计算、对外数据服务与传输、电子商务和电子信息制造；智能制造产业主要发展汽车配件、机械装备、输配电设备制造业和精密机械。

第三节　中以（汕头）科技创新合作区建设面临的挑战与建议

在《2018年金平区政府工作报告》中，提出“高标准建设中以（汕头）科技创新合作区。按照市委提出的中以合作区作为国家高新区重要组成部分并打造成为新经济、新技术、新产业的集聚区和重要平台的定位，加快完善合作区发展战略规划和核心区控制性规划，高起点、前瞻性、科学性谋划合作区的空间、功能、产业、基础设施、重大项目布局”。目前，中以（汕头）科技创新合作区的发展战略规划已出台，有待加快推进落实。

当前，合作区主要是加快推进基础设施建设和引进重点项目。在基础设施建设方面，主要是加快市政道路等基础设施建设。在国际科技合作方面，目前已引进两个国际合作项目。一是瑞祥模具 3D 金属打印项目，由汕头市瑞祥模具有限公司与以色列航空工业公司（IAI）合作共建，配套航空及汽车零部件、模具 3D 打印制造等多条智能自动化生产线。二是汕头民用航空培训学院，由以色列航空工业公司与汕头技师学院合作建立，在航空职业教育和技术培训展开合作。

目前，中以（汕头）科技创新合作区的建设面临的困难与挑战主要有：一是政策方面不具优势，与珠三角地区科技园区相比，中以合作区并没有特殊的政策倾斜，如税收优惠或产业优惠政策等。因此，建议合作区针对国际科技合作，积极出台有关优惠政策，吸引企业落户。二是缺乏资金。合作区的建设需要大量的前期资金投入，中以（汕头）科技创新合作区的建设任务目前由金平区负责，而金平区财力有限，在资金投入方面有相当压力。建议汕头要加大对合作区的财力支持，尽快完善合作区基础设施及配套建设，以加快合作区的建设。

第十章
打造国际枢纽港

第一节　汕头港的现状

汕头港是中国华南地区对外贸易的重要口岸，是沿海25个国家级主要港口之一，是广东东翼唯一的主要港口。

汕头港地理位置重要，区位优势明显。汕头不仅是粤东的中心城市，也是粤东、赣东南、闽西南的商品集散地，处于"大珠三角"和"泛珠三角"经济圈的重要节点，也是长三角、珠三角和海峡西岸经济带的重要连接点，拥有亚太地缘门户的独特区位优势，素有"岭东之门户，华南之要冲"的称誉。汕头港扼韩江、榕江、练江之出海口，邻近西太平洋国际黄金航道，距福州至广州黄金海岸线中央。东临台湾海峡，距高雄214海里，距香港187海里，历来是粤东、闽西、赣南物资的重要集散地和海上门户，也是广东省距离台湾最近的港口。在《愿景与行动》中，汕头港被列为"一带一路"我国加强沿海城市港口建设15个港口之一。根据《全国沿海港口布局规划》，在沿海五大港口群中，汕头港是珠江三角洲地区港口群的枢纽港。《广东省沿海港口布局规划》将汕头港确定为广东五大枢纽港之一。①

汕头港建港条件优越，开发利用空间充足。全市共有海岸线336千米，其中适宜建港的港口岸线有73.6千米，拥有广澳湾、海门湾、烟

① 汕头港，百度百科。

墩湾等一批自然水深大、泥沙回淤轻微、靠近国际航线、掩护条件好的优良岸线，具备建设10万吨级集装箱码头、15万吨级煤码头、30万吨级原油码头等大型深水码头的条件，可建5万~30万吨级泊位50多个。规划通过能力达3亿吨、集装箱1200万标箱。

港口是经济社会发展的重要支撑、对外开放的重要门户、海洋经济发展的重要节点和先进制造业发展的重要依托。改革开放以来，汕头港口得到了长足发展，港口基础设施不断完善，集疏运通道初步建立，港口吞吐量持续增长。

汕头港至今已与世界57个国家和地区的268个港口有货物往来。现有500吨级以上泊位89个，其中万吨级深水泊位19个。主要为集装箱、多用途、石化、油气、煤炭等泊位，集中在马山港区、珠池港区、广澳港区、海门港区（见图10-1）。港口实际通过能力4747万吨，其中集装箱通过能力76万标箱。[①] 2017年，汕头港货物吞吐量已达4889.7万吨，其中，集装箱货物吞吐量达129.9万标箱。汕头港历年吞吐量如表10-1所示。

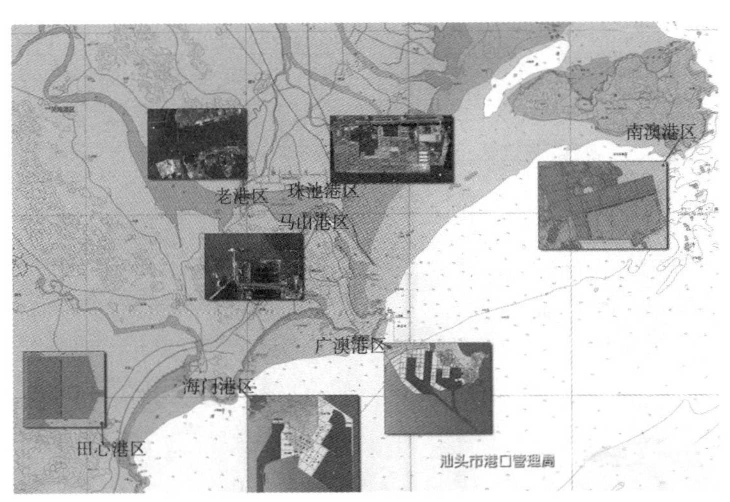

图10-1　汕头港分布

资料来源：汕头市港口管理局（http：//www.shantou.gov.cn/gkj/index.shtml）。

① 港口概况，汕头市港口管理局网站，http：//www.shantou.gov.cn/gkj/gkgkg/list_tt.shtml。

表 10-1 汕头港历年完成吞吐量

年份	货物吞吐量（万吨）	货物吞吐量（万 TEU）	年份	货物吞吐量（万吨）	货物吞吐量（万 TEU）
1990	437	0.61	2004	1576	28.47
1991	545	2.18	2005	1736	36.8
1992	678	4.06	2006	2015	44.3
1993	1008	7.86	2007	2301	59.4
1994	1059	10.32	2008	2806	72
1995	1000	13.57	2009	3101.8	82.1
1996	1200	24.1	2010	3509	93.5
1997	1360	36.6	2011	4004.9	110.1
1998	1290	27.73	2012	4562.8	125
1999	1191	11.54	2013	5037.9	128.8
2000	1283	11.43	2014	5160.9	130.3
2001	1309	15.84	2015	5180.9	117.9
2002	1380	20.62	2016	4985	124
2003	1470	22.28	2017	4889.7	129.9

注：TEU 是英文 Twenty-feet Equivalent Unit 的缩写。是以长度为 20 英尺的集装箱为国际计量单位，也称国际标准箱单位。通常用来表示船舶装载集装箱的能力，也是集装箱和港口吞吐量的重要统计、换算单位。下同。

资料来源：汕头市港口管理局网站。

不过，在"一带一路"我国加强沿海城市港口建设的 15 个港口中，无论是港口货物吞吐量还是集装箱吞吐量，汕头港均比较落后（见表 10-2）。如 2017 年，除三亚外，汕头港港口货物吞吐量远远落后于其他 13 个港口，排名末位，集装箱吞吐量仅高于宁波—舟山和湛江，排第 12 位。在 2018 年 1~10 月外贸货物吞吐量中（见表 10-3），汕头港为 1279 万吨，只高于海口的 293 万吨，排名第 13 位。

表 10-2 15 个港口货物吞吐量

序号	港口	2016 年		2017 年	
		港口货物吞吐量（万吨）	集装箱吞吐量（万 TEU）	港口货物吞吐量（万吨）	集装箱吞吐量（万 TEU）
1	上海	70177	3713	75050.79	4023.31
2	天津	55056	1452	50100	1506.9
3	广州	54437	1576	59011.74	2037.2
4	青岛	51463	1805	51314	1830.9
5	大连	44000	958.3	46000	970.7
6	宁波—舟山	42590	87	45782	104.1
7	烟台	35407	260.14	40058.03	270.23
8	湛江	25612	72	28152	89.22
9	深圳	21410	2398	24136.28	2520.87
10	厦门	20900	961.37	21116.25	1038.14
11	泉州	12560.57	209.15	12986.18	224.26
12	福州	11812.1	260.77	11984.39	292
13	海口	8866.82	—	10112.78	163.6
14	汕头	4985	124	4889.7	129.9
15	三亚	—	—	—	—

注：“—”表示缺数据。

资料来源：各城市统计年鉴及年度统计公报。

表 10-3 2018 年 1~10 月 15 个港口货物吞吐量

计量单位：万吨

序号	港口	货物吞吐量		其中外贸货物吞吐量	
		1~10 月累计	为去年同期（%）	1~10 月累计	为去年同期（%）
1	宁波—舟山	91507	107.1	41663	104.3
2	上海	57259	97.4	33523	98.4
3	广州	49926	106.3	11363	106
4	青岛	44493	104.7	32565	106.4
5	天津	41578	98.6	22772	96.8

续表

序号	港口	货物吞吐量		其中外贸货物吞吐量	
		1~10月累计	为去年同期（%）	1~10月累计	为去年同期（%）
6	大连	39352	102.2	13070	100.4
7	烟台	38736	119	11186	119.6
8	湛江	25514	107	7292	101.5
9	深圳	20741	103.9	15629	99.7
10	厦门	18125	104.1	7859	101.3
11	福州	15002	124.1	5678	113.2
12	泉州	10801	98.7	3319	101.4
13	海口	9923	105.7	293	109.3
14	汕头	3415	83.1	1279	121.3
15	三亚	—	—	—	—

注："—"表示缺数据。

资料来源：中华人民共和国交通运输部网站，2018年11月14日。

第二节　"一带一路"建设对汕头港的要求

2015年，在《愿景与行动》中，汕头港被列为"一带一路"我国加强沿海城市港口建设的15个港口之一。同年12月，省政府出台了《广东省参与丝绸之路经济带和21世纪海上丝绸之路建设实施方案》，方案要求加强汕头港港口建设，积极参与沿线国家港口园区建设。

《粤东港口群发展规划（2016~2030）》进一步提出对汕头港的战略定位：国家沿海主要港口和公共物流枢纽港，广东参与21世纪海上丝绸之路建设的海上合作战略支点和海上通道重要支点之一。

可见，汕头港作为21世纪海上丝绸之路我国沿海15个加强建设的港口之一，是广东建设世界级港口群的重要支撑和组成部分，是广东参与21世纪海上丝绸之路建设的重要支撑。

第三节　汕头市建设汕头港战略行动

一、汕头市委市政府对汕头港的发展战略部署

汕头市委高度重视国家和省的战略部署和要求，主动部署对接“一带一路”建设，抓住机遇，推动汕头港快速发展。2016 年 2 月，汕头市委对制定《汕头市国民经济和社会发展第十三个五年规划纲要》提出建议，建议指出汕头要打造区域性交通航运中心。汕头要以现代化深水大港为依托，以高速公路、高速铁路、疏港铁路、干线路网、交通枢纽中心为支撑，形成快速化、智能型立体交通网络，建设海上丝绸之路重要支点城市。全力推进港口“头号工程”建设。集中资源加快建设广澳深水港，2017 年前完成广澳港区二期工程建设，力争“十三五”期间启动三期工程并部分建成投产。按照国际枢纽港定位完善汕头港发展规划，建设一批高标准、大吨位、专业化的泊位、码头和配套设施，预留港口建设用地。加强内河航道开发，积极发展公—铁—水联运、江海联运、水—水中转等多式联运。深化与海上丝绸之路沿线国家和地区的港口国际合作，增加国际集装箱班轮航线，与重要港口缔结友好合作关系，组建港口联盟，推动海上物流大通道建设。加快“区港联动”，推进广澳港区与保税区、濠江区融合发展，促进商业贸易、仓储物流、港口运输快速发展。

二、大力推动港口建设

近年来，广澳港区相继建成 5 万吨级集装箱泊位 2 个、7 万吨级和 15 万吨级煤炭泊位各一个、5 万吨级和 10 万吨级深水航道各一条。此外，交通运输部和省重点项目广澳港区防波堤工程及广澳港区二期工程

两个10万吨级集装箱码头和一个2万吨级石化码头正加紧建设，主体建设将于2019年初完工；广澳港区航道二期工程于2018年底建成，2019年初首个10万吨级集装箱码头将达到试运营条件；广澳港区三期工程前期工作正在积极开展，将于2019年开工建设。

当前，汕头港正迎来其重大发展机遇。汕头将以建设东南沿海亿吨大港为目标，加快推进港口建设发展步伐，改善和提升港口枢纽作用，努力打造成为21世纪海上丝绸之路重要门户。远期规划通过能力达3亿吨，集装箱1200万标箱。①

三、建设临港经济区

在《2017年政府工作报告》中，提出要加快建设临港经济区。“坚持港航并重、港区联动、港城融合。广澳港区两个10万吨级集装箱泊位、防波堤、航道二期工程同步建成。引进大型码头运营商、航运龙头企业，参与港区综合运营开发，完善港口配套服务和集疏运体系。以广澳港区、海门港区为核心，加快规划建设临港物流中心和临港工业园，推进保税物流中心建设，大力发展港口航运、装备制造等现代临港产业”。

2017年，临港经济区完成总体规划编制，临港经济区在产业布局上将按照“港产城融合、圈层辐射带动”的思路，围绕临港经济区现有的重点产业和重大项目实施“聚链、展链、补链”，打造技术领先、配套完备、链条完整的现代航运服务业、海洋新兴产业、智能装备制造业、新一代信息技术产业和临港商务服务业五大产业集群。争取将临港经济区建设成为高端临港产业集聚发展、具有较强示范作用和国际竞争力的海上丝绸之路深度合作区、东南沿海区域性国际航运中心、广东临港产业创新发展引领区、生态宜居湾区新城。

2017年，汕头保税物流中心（B型）建成并通过验收，并于2018年5月23日正式封关运营。比亚迪3D玻璃、上海电气风电装备项目等

① 《汕头临港经济区努力打造21世纪海上丝绸之路重要门户》，http://www.ceh.com.cn/cjpd/2017/04/1031408.shtml，《中国经济导报》，2017年4月21日。

项目开始启动建设，中海信（汕头）创新产业城完成首期招商。

在《2018 年政府工作报告》中，对临港经济区的建设进一步提出要求，要发挥“保税区+保税物流中心”优势，打造集出口加工、商品交易、物流配送、跨境电商、服务贸易等功能于一体的对外贸易中心。大力发展临港装备制造业，构建现代临港产业带。

第四节 汕头港建设面临的挑战及建议

随着“一带一路”建设的顺利推进，各国的交往日渐深化，海上贸易必然会迎来新一轮的增长。然而，客观地说，目前汕头港的产能还是较为落后的，汕头港的吞吐量是东南沿海八大港口中最低的，约是广州港的 1/10，厦门港的 1/4。汕头作为海上丝绸之路重要门户，要深度融入即将到来的海上贸易增长，在国家“一带一路”倡议中发挥重要作用的一个重要前提是把汕头港建设成集疏运配套齐全，具备高效现代物流能力的国际枢纽港。

汕头港建设滞后于经济发展，港口基础设施仍然落后。汕头港集装箱通过能力仅为 76 万标箱，而 2017 年吞吐量已经达到 129.9 万标箱，码头吨位级别偏低，集装箱码头最大仅为 5 万吨级，与国际主流的集装箱船 10 万吨级有较大的差距。[①] 码头吨位太低，10 万吨级轮船无法停泊，货物需要通过香港或其他港口中转，增加了企业的运输成本。因此，汕头要加快广澳港区建设，两个 10 万吨级集装箱码头要加快建设投入运营，为港区企业提供便利的海运条件，降低企业运输成本。

汕头港口信息化建设水平相对滞后，影响通关效率。集疏运体系尚不配套，疏港铁路尚未动工，无法形成港铁联运。综合交通运输体系存在诸多薄弱环节，必须加快补齐补全港口及集疏运通道建设的短板。

与东南沿海其他主要港口相比，无论是港口基础设施建设还是专业

① 汕头市港口管理局，http：//www.shantou.gov.cn/gkj/。

化、信息化管理等方面，汕头港无疑都比较落后。随着经济全球化及亚太地区经济贸易快速发展，国际航运资源正向亚洲地区进一步集聚，给中国航运业发展创造了难得的地缘优势和战略机遇；现代航运业呈现中转多元化、船舶大型化、竞争联盟化、港口智慧化的新特点，为适应现代航运需求，需要加快推进汕头港规模化、大型化、专业化泊位建设，并提升港口智能化管理水平，从而提升港口发展质量和竞争力。

第十一章
发展跨境电商

跨境电子商务是指分属不同关境的交易主体，通过电子商务平台达成交易、进行支付结算，并通过跨境物流送达商品、完成交易的一种国际商业活动。跨境电商分为出口跨境电子商务和进口跨境电子商务。

从海关角度来说，跨境电商等同于在网上进行小包的买卖，主要是针对消费者。传统的进出口 B2B 货物只能销售给进口商，需要签订传统的外贸购销合同，准备箱单、纸质发票、报关单等纸质单证，不属于跨境电商范畴。跨境电商将传统贸易流程数字化、网络化、碎片化，购买特点以小批量、多批次、单笔交易金额小为主，包括直接交易和相关服务，即“产品+服务”，可按进出口方向、交易模式、平台运营方、服务类型等角度分类。

第一节　汕头发展跨境电商的背景

近年来，我国跨境电子商务快速发展，支持跨境电子商务发展，有利于用“互联网+外贸”实现优进优出，发挥我国制造业大国优势，扩大海外营销渠道；有利于加快实施共建“一带一路”，推动开放型经济发展升级。跨境电商作为我国外贸的新增长点，近几年我国政府工作报告明确提及“跨境电商”，充分说明了国家对跨境电商行业的认可和支持。

在出口相对比较疲软的阶段，跨境电商已经成为促进我国经济转型升级的重要推动力之一。根据海关总署的统计，2017 年，全国海关通过系统验放的跨境电商进出口商品总额合计 902.4 亿元，同比增长 80.6%。跨境电子商务的蓬勃兴起，不仅带动了我国外贸的发展，同时也推动了传统制造业转型升级，而"一带一路"作为我国国家级顶层合作倡议，对跨境电商的发展及拉动经济增长有着重要的推动作用。

一、我国跨境电商的交易规模

按照海关总署监管司编的《2017 中国跨境电商发展年鉴》提供的数据，2016 年我国跨境电商零售进出口总额达 543.43 亿元，同比增长 42.44%，而同期我国外贸进出口总值同比下降 0.9%。

跨境电商零售进出口业务按照海关监管模式的不同，可以分为四种模式，即网购保税进口、直购进口、一般出口和特殊区域出口。2016 年各模式交易规模如表 11-1 所示。

表 11-1　跨境电商交易规模（2016）

跨境电商交易模式		城市数（个）	交易额（亿元）	增长率（%）	票数（万）	增长率（%）
网购保税进口	保税备货是海外商家将货物运送到国内试点城市的保税区仓库，然后通过进口平台实现向消费者的交易，再从保税区出关寄送	16	256.2	75.41	15321.7	45.88
直购进口	货物直接从境外以包裹形式通关入境	24	66.12	73.07	1832.42	35.44
一般出口	交易主体是国内商家和境外消费者，多以个人物品、邮包、快递等形式出口	21	196.39	42.63	29559.7	24.74
特殊区域出口	出口卖家采用境内关外的备货模式，先将货品整批运送到海关监管区，及时获得退税，接到订单后，再进行发运配送	2	1.6	-10.98	24.13	44.74

资料来源：海关总署监管司：《2017 中国跨境电商发展年鉴》，中国海关出版社 2017 年版。

在四种跨境电商模式中，网购进口规模最大，达256.2亿元，一般出口次之，为196.39亿元，直购进口排第三，交易额为66.12亿元，特殊区域出口交易额最少，交易额为1.6亿元。可见，在跨境电商业务中，“网购保税进口”是最主要的进口模式，而“一般出口”是最主要的出口模式。2016年，全国共有16个城市开展“网购保税进口”业务(涉及试点城市10个，非试点城市6个)，“网购保税进口”模式海关业务量前三位是郑州、宁波、杭州（见图11-1）；24个城市开展“直购进口”业务，“直购进口”模式海关业务量前三位是广州、黄埔、上海（见图11-2）；21个城市开展“一般出口”业务，“一般出口”模式海关业务量前三位是广州、杭州、北京（见图11-3）。另有2个城市开展“特殊区域出口”业务。

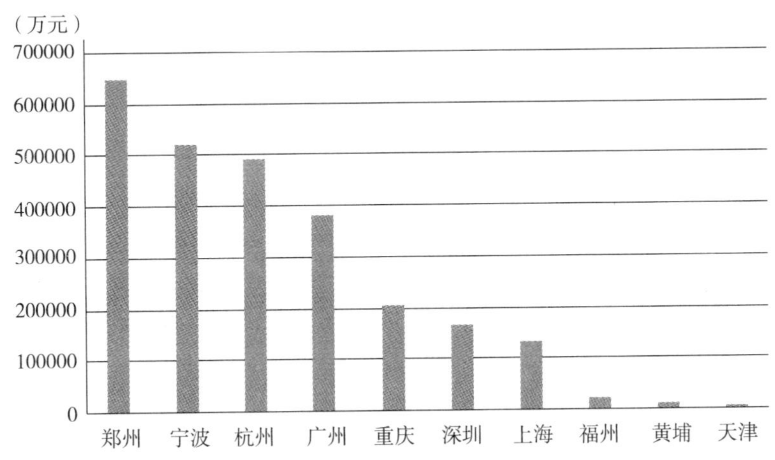

图11-1　2016年网购保税进口模式前十位海关业务量

资料来源：《中国跨境电商发展年鉴》(2017)。

在进出口实务中，因无法为全部出口商品提供进项增值税发票，出口商品不仅不能享受出口退税，反而要加征增值税，即长期困扰跨境电商零售出口的“不退反征”问题。由于存在“不退反征”的矛盾，跨境电商零售出口商品没有选择跨境电商“一般出口（9610）”和“特殊区域出口（1210）”两条“阳光化”出口渠道，海量的包裹或以行

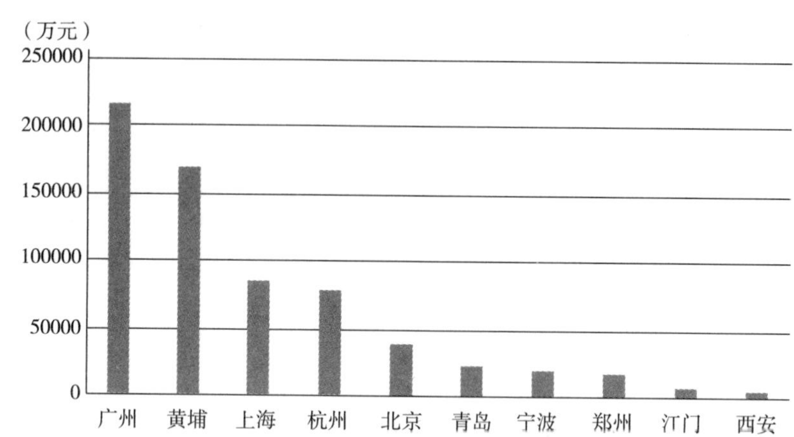

图 11-2　2016 年直购进口模式前十位海关业务量

资料来源：《中国跨境电商发展年鉴》（2017）。

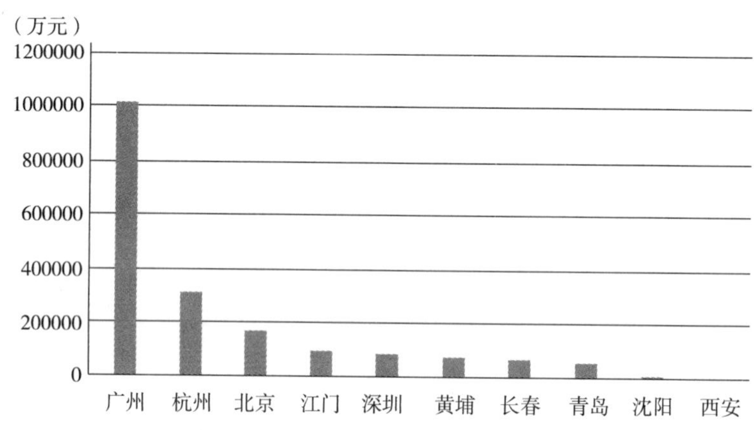

图 11-3　2016 年一般出口模式前十位海关业务量

资料来源：《中国跨境电商发展年鉴》（2017）。

邮物品方式向邮政交运，或交由有资质的贸易企业按“市场采购（1039）”方式申报出境后向其他国家邮政交运，再或者是交由物流企业以“一般贸易（0110）”方式申报出境后再向其他国家邮政交运。这样，有相当数量的贸易额没有被纳入海关跨境贸易电子商务统计范围，因此，海关总署监管司编著的《2017 中国跨境电商发展年鉴》中的数据并不能准确反映我国跨境电商的交易规模。

按照阿里研究院《2016 中国跨境电商发展报告》，该报告认为，2015 年中国跨境电商零售出口额为 5032 亿元，同比增长 60%，2020 年跨境电商零售出口额将达到约 2.16 万亿元，年均增幅 34%。按年均 34%增长率推算，2016 年中国跨境电商零售出口额为 6742 亿元，2017 年为 9035 亿元，而按照中国电子商务研究中心的统计，2015 年全国跨境电商零售出口（B2C）规模约 7200 亿元，增长率为 33.3%；按 30%增长率推算，2016 年全国跨境电商零售出口规模约为 9360 亿元，2017 年超过 1.2 万亿元。

综合（加权平均）上述两份研究报告的统计、预测数据，2016 年、2017 年中国跨境电商零售出口总量分别约为 8000 亿元和 1 万亿元，如图 11-4 所示。

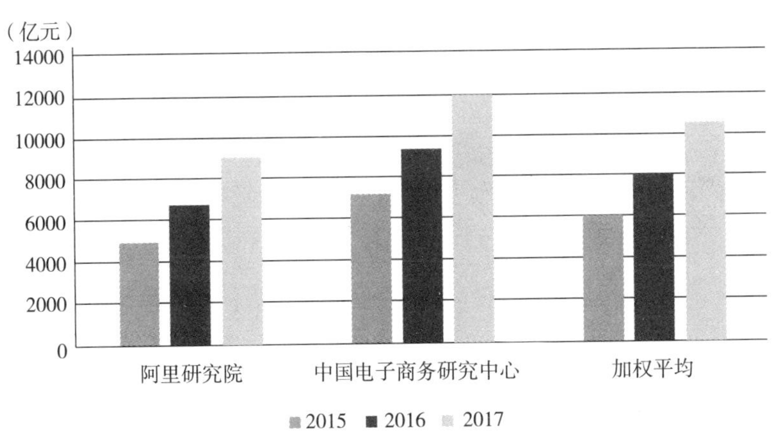

图 11-4　研究机构对 2016 年、2017 年跨境电商零售出口额的估算

虽然目前对于我国跨境电商业务并没有一个精确的统计数据，但可以判断，随着电子信息技术和经济全球化的深入发展，电子商务的地位和重要作用日益凸显。近年来，我国力促跨境电子商务的发展，更多旨在扶持传统外贸企业借助互联网的渠道实现转型升级。在“互联网+外贸”模式下，在国家“一带一路”倡议背景下，中国进出口贸易中的电商渗透率将持续增长，中国跨境电商业务仍将保持较高的增长速度。

二、我国保税区跨境电商业务

保税区是由海关监管的特定区域，国家赋予保税区出口加工、保税仓储、转口贸易和商品展示功能，享有“免证、免税、保税”政策，实行“境内关外”运作方式，是中国对外开放程度最高、运作机制最便捷、政策最优惠的经济区域之一。

保税政策的优势有四点：外国货物入区保税且只检疫不检验、国内货物入区视同出口并享有退税、区内交易不征增值税和消费税且不实行进出口许可证管理、货物出区入境按进口相关规定报关征税。

随着跨境电商的快速发展，电商企业自建仓储的需求量急剧攀升，在保税区内建设仓储成为布局跨境电商的重要举措。在保税区内设置保税仓的优势是：先备货后接单，国外商品整批抵达国内海关特殊监管区域和保税监管场所（如保税区、保税港区、保税物流中心等）。商家根据消费者下单情况，商品从保税区直接清关发出。消费者退换货体验如同国内电商，海关的商品备案及溯源机制，规避以往海淘灰色进境的风险。目前，作为海关特殊监管区域，保税区开展的跨境电商业务有以下模式：

（一）跨境电商零售进出口

1. 跨境电商零售进口

可采用“网购保税进口”跨境模式，不过，试点城市和综合试验区适用“1210”监管模式，非试点城市适用“1239”监管模式，这两种模式的区别在于“1239”需要通关单和许可证。

2. 跨境电商零售出口

可采用“特殊区域出口（1210）”模式，“特殊区域出口（1210）”模式下，商品先批量运进海关特殊监管区域享受退税政策，海外有订单后从特殊区域形成包裹发往海外，明显比“一般出口（9610）”模式更有优势。

（二）商品展示交易

利用保税仓优势，开展跨境电商商品展示和交易，是保税区跨境电商经营模式的创新。从现有实践来看，出现了“前店后仓”经营模式，该模式又包括“保税区内，前店后仓”和“保税区外，前店后仓”两种模式。

1. 保税区内前店后仓

消费者在位于保税区的店内体验商品后直接下单，商品经过出库、打包、清关等环节后，消费者可以直接将购买的商品带走，省去跨境O2O体验店需要下单后等待商品送货上门的时间，提高了用户的消费体验。郑州跨境电商综试区已率先实现“O2O线下自提”。此外，用户仍然可以选择以往“线上下单、物流配送”的模式，商品交付时间也有所减少。“前店后仓”的监管模式通过关检“审、验、放”一体化监管，实现了商品“存、展、销”一站式经营，将企业的通关通检成本和通关通检时间压缩到最低，促进了跨境电商进口渠道的便捷、安全、高效。

2. 保税区外前店后仓

该模式的先行者是深圳精茂城，深圳精茂城是实现“红线内、围网外，前店后仓”保税展示交易的商业城，正打造“保税展示+跨境电商+直购直销”的国际商贸O2O生态园。精茂城位于保税区外，大批进口货物进境后入保税仓，精茂城作为进口商品展示交易平台，不需缴纳任何税款担保（保证金或银行保函）就可以开展进口商品保税展示交易，对展示期间发生内销的货物实施先销后税、集中报关，商品价格比国内同类商品便宜15%~20%。

保税区外商城依托保税区“区内仓库”和“区外商城”联动，在“统一监管平台、统一系统平台、统一纳税平台”下，打造进口商品保税展示交易平台，将最大限度发挥国际贸易产业链的延伸功能，这也是保税区转型升级、制度创新成果的战略突破。

第二节 汕头发展跨境电商的基础与优势

一、区位：海丝门户，交通便利

汕头位于广东东部沿海潮汕平原上，是中国最早对外开放的四个经济特区之一，是华南重要港口城市，也是潮汕地区政治、经济、文化的中心，为粤东和闽西南出海的门户，历来是粤东、闽西南、赣南地区的主要交通枢纽，是进出口岸和商品集散地。2017 年 3 月 20 日，国务院正式批复通过《汕头市城市总体规划（2002~2020 年）》，明确汕头为国家经济特区、海上丝绸之路重要门户、粤东中心城市的城市定位。

汕头交通发达，现已初步形成海陆空相互配套的立体交通网络。汕头港是国家“一带一路”重点建设的 15 个沿海港口之一，从高铁站、潮汕国际机场到市中心仅约需 40 分钟车程，交通便利。近年来，汕头加快推进港口、铁路、高速公路等基础设施建设，构建全国性综合交通枢纽。汕头保税区濒临汕头广澳港区，汕头港广澳港区是粤东港口群的核心港区和粤东公共物流枢纽港区，这为汕头，特别是汕头保税区发展跨境电商提供了便利的物流条件。

二、产业：货源丰富，电商发达

汕头民营经济发达，全市共有 29 个专业镇，玩具和内衣是最主要的传统优势产业，也是汕头出口额最大的两大商品，扎实的产业基础为汕头电子商务发展提供了丰富的货源，也推动了汕头电子商务产业的发展。

近年来，汕头高度重视玩具、内衣等传统优势产业的转型升级，大力推动“互联网+传统产业”，作为“国家电子商务示范城市”，汕头电子商务发展取得了显著成效。澄海玩具、潮南内衣家居服两大产业集群入围“中国质造”全国23个标杆产业带。2016年，汕头在“全国电商百佳城市”中列第26位，其中电商服务指数居全国第24位，广东居第四位；全国大众电商创业最活跃的50个城市中，汕头居第19位；服务生态竞争力城市排名第21位。2017年，汕头淘宝村数量增至66个，在全国排名第八，居全省第二，拥有11个淘宝镇，居全省第一。汕头与电商巨头强强联合，发力农村电商，打造地方特色鲜明的“汕头馆”集群，在各大平台开设“汕头馆”“澄海馆”等地方特色馆。近年来，汕头电子商务交易额年增长率保持在30%以上。在载体建设方面，已建成5个电子商务产业园区、4个电商创业基地，拥有各类电商平台20多个、从业人员数万人，形成了12个市级、11个县级共23个创业孵化基地。全市应用电子商务企业达90%以上，总数达到十几万家。汕头电商支撑服务体系建设不断完善，构建了良好电商生态圈，为跨境电商发展提供了良好的产业基础。

三、人文：著名侨乡，潮商网络

汕头是全国著名侨乡，海外潮汕籍华侨约1500万人，分布在全球各地，香港、澳门、东南亚是潮汕籍华侨的集中地。潮汕人素以经商闻名，潮商分布全球各地，经济实力雄厚，特别在中国香港、东南亚，潮商对当地的经济贡献具有举足轻重的地位。

汕头华侨经济文化合作试验区是国务院正式批复的全国第一个以“华侨”命名的国家发展战略平台，被赋予打造“21世纪海上丝绸之路重要门户”的重任，构建面向海外华侨华人的聚集发展创新平台。

汕头一向与中国港澳台地区、东南亚国家保持密切的经贸联系，特别与中国港澳地区、新加坡、泰国、印度尼西亚、马来西亚、菲律宾等海上丝绸之路沿线国家和地区保持密切经贸联系。汕头与亚洲国家和地区的进出口额占汕头进出口总额的56%，对亚洲国家和地区的出口额占汕头出口总额的50.1%，从亚洲国家和地区的进口占汕头进口总额的74.6%。汕头的外商投资也主要来自中国香港、东南亚等地华侨的投资。

潮商爱国爱乡，一向热心祖国和家乡建设。在“一带一路”倡议背景下，整合海内外潮商商业网络资源，能够为汕头跨境电商发展带来得天独厚的优势。

四、港区：亿吨大港，港区联动

汕头保税区配套由海关总署批准的广澳深水港专用码头，广澳港区由汕头保税区海关监管，进出境货物可直提入区，实现港、关、区一体化运作。目前5万吨级集装箱泊位已建成并投产，两个10万吨级集装箱码头正建设中。“十三五”期间，汕头将加快打造海上丝绸之路国际性枢纽亿吨大港。计划投资125亿元，2020年全市港口通过能力超1亿吨，集装箱通过能力达到260万标箱，良好的港口条件将为保税区跨境电商业务提供高效的物流服务。

当前，保税区正以积极贯彻落实市委、市政府关于加快建设区域交通航运中心的决策，以广澳港建设为契机，大力发展保税仓储物流，充分发挥保税区功能政策优势和港口区位优势，打造临港保税物流集聚区，推进保税区和广澳港的深度融合。

五、政策：领导重视，政策支持

汕头是全国首批21个国家电子商务示范城市之一，汕头自获得“国家电子商务示范城市”称号以来，产业发展迅速，并于2012年出台了全国首个电子商务特区立法，即《汕头经济特区电子商务促进办法》，促进电子商务发展。随着我国跨境电商的发展，汕头市委、市政府高度重视跨境电商工作，为促进跨境电商发展，2017年出台了《汕头市人民政府关于促进跨境电子商务发展的指导意见》，明确了汕头跨境电商的发展目标。汕头市委书记对汕头保税区给出“明晰定位，吸引大型企业特别是跨境电商落户”的指示精神。汕头保税区也出台了《汕头保税区发展跨境电子商务工作方案》，认真贯彻市委书记指示精神，配合汕头申报跨境电商综合试验区的契机，进一步加大招商引资力度，争取引进更多符合保税功能产业定位的优质项目，做大保税主业。

第三节 汕头发展跨境电商战略行动

一、提供政策支持

汕头是全国首批 21 个国家电子商务示范城市之一，汕头在 2012 年出台了《汕头经济特区电子商务促进办法》，是全国首个电子商务特区立法；2017 年为促进跨境电商发展，专门出台了《汕头市人民政府关于促进跨境电子商务发展的指导意见》，出台了《汕头保税区发展跨境电子商务工作方案》，推动跨境电子商务发展。

汕头市委、市政府高度重视跨境电子商务工作，成立专门机构，落实专项经费，多次召开跨境电商专题工作会，推动汕头跨境电子商务发展。海关、检验检疫局、保税区、商务局、发改局、经信局、金融局、财政局等各部门分工协作，共同推进跨境电商工作。目前，在各个联检部门的大力支持下，汕头正努力打造适合跨境电子商务发展的成熟条件，积极为跨境电子商务交易各环节优化创造高效便捷的新模式，各部门不断完善查验“硬环境”和服务水平，协同推进，出实招，创新招，力促通关提速，助力汕头构建全面开放新格局。

二、推动汕头邮政速递跨境电商监管中心建设

经过半年的建设，2017 年 9 月 6 日上午，汕头邮政速递跨境电商监管中心举行开业仪式，该中心设于汕头金环路邮政处理中心内，是粤东第一家跨境电子商务监管中心，这标志着真正意义的跨境贸易电子商务模式在汕头落地，填补了粤东跨境电商业务空白，对推动粤东对外贸易

发展及密切与"一带一路"沿线国家的外贸联系等方面，具有积极的促进作用。

汕头邮政速递跨境电商监管中心将开展"直购进口"和"一般出口"两种跨境电商交易模式。跨境电商直购进口业务开展后，国内消费者通过邮政跨境易平台购买海外商品后，邮政企业将负责为消费者提供预缴税费、通关派送等一系列服务，消费者在家中就可以收到海淘商品。同时，有了跨境电子商务监管中心后，粤东的国内电商企业也可通过平台向海关传输相关电子信息，并采取"清单核放、汇总申报"方式办理跨境电商一般出口报关手续。

此外，对于跨境电子商务一般出口，海关实行"清单核放、汇总申报"的通关新模式，使申报模式更加简化，让企业增加效率、降低成本，有力推动中小企业采用跨境电商方式，扩大商品出口，有利于企业国际竞争力的提升和自主品牌的推广。同时，可以辐射带动汕头市及周边城市玩具产品、服装服饰、日用百货以及跨国物流、跨境支付等相关行业的发展，推动产业转型升级，助推汕头外向型经济发展。

据了解，在汕头邮政速递跨境电商监管中心建设的过程中，汕头海关为切实保障跨境电子商务工作的顺利开展，成立了专门的跨境电子商务工作小组，全程跟踪服务，提供政策咨询，在场所规划、硬件配置、监管流程等方面提出了专业性的引导和意见，同时推动地方政府建设通关服务平台，指导监管场所经营人、仓储企业建立符合海关监管要求的计算机管理系统，完善企业、海关以及相关管理部门之间数据交换与信息共享平台，助力企业顺利开展跨境电子商务工作。在跨境电商正式运行之后，海关也将继续优化跨境电子商务监管模式、加强后续监管、完善电商系统，构建多层次的跨境电商贸易监管体系，推动跨境电商更好发展，促进粤东外贸进出口稳定增长。①

2018 年 1 月，汕头海关在汕头和香港之间成功启用了"跨境快速通关系统"，有效缩短了货物通关时间。"跨境快速通关系统"是中国海关为适应陆路跨境运输业的迅猛发展而设计的全新监管模式。该系统

---

① 康洁：《粤东首个跨境电商监管中心落户汕头》，http：//www. dahuawang. com/gundong/showfirst1. asp？CNo＝1101&ID＝131596，《汕头特区晚报》，2017 年 9 月 5 日。

以“守法便利”为向导，以跨境快速通关为基础，装货清单电子数据提前申报为前提，利用车上装有的全球定位系统（GPS）、电子关锁等各项先进设备对跨境运输车辆实施途中监控，实现对车辆在公路口岸自动快速放行。与普通车辆不同的是，这些运输车辆需经中国海关备案，并使用海关认可的电子关锁和卫星定位管理设备。

抵达汕头的跨境电子商务零售进口商品在香港装车封关后，运输车辆途经深圳皇岗海关时启动车上相关设备，到达汕头邮政速递跨境电商监管中心后经电子检测即直接入场。与以往二次报关手续相比，车辆无须进入皇岗口岸轮候人工施封关锁，而是采用直通模式通过口岸，1~2分钟就可以通过卡口，通关效率大幅提高，企业的运输成本也得到降低。

不过，汕头邮政速递跨境电商监管中心只能开展“直购进口”和“一般出口”两种跨境电商交易模式，不具规模经济，交易规模比较有限。依托汕头B型保税物流中心开展跨境电商业务，才能较好撬动汕头乃至粤东跨境电商的发展。

三、推动保税区B型保税物流中心建设

（一）汕头保税区经营现状

汕头保税区于1993年成立，是粤东唯一海关特殊监管区域。由于历史的原因，保税区经济结构偏重于加工制造业，仓储物流、国际贸易等所占比重较小，未能充分发挥保税功能。如2017年汕头保税区进出口额约11.61亿元，在海关统计的保税区中，排名末位（见表11-2）。2017年4月12日，汕头市委书记对汕头保税区作出了“突出保税功能，做强做大，助推全面振兴”的重要批示。在保税区书记的领导下，保税区管委会新领导班子认真贯彻市委指示精神，正以保税物流加工、跨境电子商务、汽车贸易等为主方向发展新型贸易业态，打造集跨境物流、保税仓储、线上交易、线下展示、支付金融、快递配送等于一体的跨境电商产业链和生态圈。

表 11-2　2017 年我国保税区进出口额

单位：亿元，%

项目/保税区	进出口		出口		进口		比 2016 年增长百分比		
	数额	占比	数额	占比	数额	占比	进出口	出口	进口
上海外高桥保税区	7725.03	54.83	1872.68	44.40	5852.35	59.28	20.3	8.8	24.6
深圳福田、沙头角、盐田保税区	3329.97	23.63	1499.79	35.56	1830.18	18.54	-13.8	-23.4	-4
天津港保税区	712.31	5.06	138.79	3.29	573.52	5.81	18.6	13.5	19.9
山东青岛保税区	655.26	4.65	85.64	2.03	569.62	5.77	70.2	-18.1	103.1
宁波北仑港保税区	531.73	3.77	150.19	3.56	381.54	3.86	37.5	25.5	42.9
厦门象屿保税区	397.69	2.82	181.49	4.30	216.20	2.19	34.3	8.8	67.1
江苏张家港保税区	294.90	2.09	123.80	2.94	171.10	1.73	40.8	49.3	35.2
珠海保税区	147.74	1.05	65.18	1.55	82.56	0.84	16	27.8	8.1
广州保税区	134.87	0.96	37.36	0.89	97.50	0.99	-17.4	-48	6.6
大连大窑湾保税区	109.59	0.78	27.59	0.65	82.00	0.83	-9.6	-2.6	-11.8
福州保税区	38.57	0.27	29.66	0.70	8.91	0.09	131.6	360.9	-12.9
汕头保税区	11.61	0.08	5.27	0.13	6.33	0.06	-2.7	5.7	-8.7
合计	14089.27	100	4217.45	100	9871.81	100	11.8	-5	20.9

资料来源：海关总署。

在保税区管委会新领导班子的有力领导下，保税区进一步明晰定位，建设“三平台六中心”推动保税区转型升级和创新发展。三平台是“保税商务+保税产业孵化+保税物流”三个保税综合运营服务平台，六中心包括跨境电商服务中心、塑料流通加工中心、农产品进出口交易中心、医药物流配送中心、进口汽车展销中心和国际商品采购中心。保税区加大招商引资力度，引进符合保税功能产业定位的优质项目，吸引了一些大型企业特别是跨境电商企业进驻园区。为突出保税功能，做大保税物流，保税区加快汕头保税物流中心（B 型）的建设，并于 2018 年 5 月 23 日正式封关运营。

汕头保税物流中心占地面积约 127 亩，拥有 3 栋多功能大型物流仓库，以及综合监管大楼、罚没监管仓库、查验平台等配套设施，仓储面积超过 10 万平方米。保税物流中心积极对接各大中型物流企业，业务范围涵盖保税仓储、流通性简单加工和增值服务、全球采购、国际分拨和配送、转口贸易、保税展示、跨境电子商务等国际物流服务。截至目前，物流中心已开展了出口复进口、进口分拨业务，进出中心货物主要包括塑料原料、电子产品、红酒和生产设备。保税物流中心将尽快开展陆路跨境快速通关、出口集拼以及跨境电商保税网购进口业务等。

汕头保税物流中心是粤东地区唯一享有“入中心退税”的海关特殊监管场所，其封关运营将有效弥补汕头保税区功能上的短板，具有“境内关外”等政策优势。未来，汕头保税区通过运作“保税区+保税物流中心”功能叠加模式作为突破口，可集合保税区、保税仓库、出口监管仓、保税物流中心等多种区域及场所的政策功能优势，与邻近的深水港区联动，形成区域产业集聚发展效应，构建汕头乃至粤东地区的外贸发展新格局。

（二）汕头保税区跨境电商业务现状

作为全国首批 21 个国家电子商务示范城市之一，汕头在国内电子商务发展方面势头强劲，但跨境电子商务业务发展较为滞后，这与汕头不是我国跨境电商试点城市或跨境电商综合试验区密切相关，因缺乏相应的政策支持，汕头并没有真正开展跨境电商业务，粤东地区跨境邮包快件需转运至广州、深圳、上海、杭州等地进行跨境监管后才能到达汕头，出境电商物品则需走广州、深圳方可出口，严重制约了汕头跨境电商的发展。直到2017年9月6日汕头邮政速递跨境电商监管中心正式开业，意味着“直购进口”和“一般出口”两种跨境电商模式在汕头落地。

鉴于汕头不是跨境电商试点城市，也不是跨境电商综合试验区，因此，汕头保税区适用的跨境电商模式有适用非试点城市的“网购保税进口（1239）”和“特殊区域出口（1210）”。但这两种跨境电商模式不具政策优势，也无法发挥保税仓储的优势。

随着保税物流中心（B型）建成运作，汕头亟须在跨境电商方面的政策支持，特别是“网购保税进口（监管方式1210）”业务，以便发挥保税区和保税物流中心（B型）在保税物流方面的作用，促进汕头乃至粤东跨境电商的发展。

（三）汕头保税区拟开展跨境电商业务

1. 跨境电商零售进出口

依托汕头保税物流中心（B）型政策功能优势，围绕跨境电商新贸易业态进行精准招商，引进电商和物流行业龙头企业（目前已引进了领域电商、宝能集团等企业），率先在保税物流中心（B）型开展“网购保税进口（监管方式1210）”和“特殊区域出口（1210）”跨境电商业务，充分发挥保税批量进口在降低成本、保税仓储、入区退税等方面的优势，在“直购进口、一般出口”两种贸易方式基础上，实现汕头市跨境电商全种类、全覆盖均衡发展，提升电商企业整体竞争力和效益。

2. 培育发展“前店后仓”贸易模式

一是支持企业开展前店后仓等业务。企业可依托保税区、保税物流中心（B型）开展“前店后仓”贸易模式，企业可以在保税区内开展跨境电商商品展示交易业务，也可到保税区外开设商业综合体，开展“保税+实体新零售”式的保税展示交易。

二是规划打造跨境电商国际风情街。按照“保税区内，前店后仓”模式，规划在保税区东面沿海堤内侧，打造东南亚、中东、欧洲、东非等“一带一路”国家的特色商品展示馆，形成跨境电商国际风情街。

三是规划建设保税跨境小镇。按照“保税区外，前店后仓”模式，利用保税区在广达大道附近的区外用地，同时整合周边濠江区用地，高标准建设保税跨境电子商务小镇。建设进出口商品交易中心、商务中心、智能化物流产业园等区块，涵盖仓储物流、电商交易、会议展览、技术服务、体验式旅游等功能。

四是连通国内国外两个市场。依托全球潮商作为连接国内外市场的天然通道优势，积极探索跨境电子商务 B2B2C 模式，充分利用跨境电子商务海外仓和货源中心，将跨境电子商务与传统商业相结合，以保税区 B2B、M2B 展示展销中心为基点，连接全球货源中心，设立跨境体验式购物中心，实现生产商与消费者之间的订采、集货以及全球无障碍通关，缔造全球集市跨境 O2O 商业模式。

第四节　汕头发展跨境电商面临的挑战与发展建议

一、主要挑战

按照目前的政策，保税区适合开展“特殊区域出口（1210）”和适用非试点城市的“网购保税进口（1239）”，但因这些业务都不具政策优势，这将大大限制保税区发展跨境电商业务。

在进口方面，因“1239”监管方式需要企业提供通关单和许可证，其便利程度无法与“1210”相比。在出口方面，由于存在“不退反征”的矛盾，极少有城市开展“特殊区域出口（1210）”业务，现有政策无法发挥保税仓储的优势。

如果依托现有保税区政策条件，“网购保税进口（1210）”业务是无法开展的，没有“网购保税进口（1210）”的支持，“前店后仓”进口商品展示交易业务也无从开展。

因此，汕头市许多跨境电商业者多采用多通过跨境电商平台，如速卖通、敦煌网等开展业务，并在深圳等跨境电商综合试验区或试点城市通关。汕头如能早日解决跨境电商政策障碍问题，就能吸引跨境电商业者通过 B 型保税物流中心开展跨境电商业务，促进跨境电商发展。

二、政策建议

大力发展跨境电商，对于汕头外贸转型和实现汕头全面振兴发展具有战略性的意义。汕头保税区正全力以赴加快跨境电子商务园区建设，为保证园区建成后顺利运作，亟须国家和汕头相应的政策支持，包括国家跨境电子商务综合试验区政策支持、汕头跨境电商线上综合服务平台支持、通关便利化措施支持、保税物流中心（B 型）仓库租金减免、进出口奖励等扶助措施。只有在相关政策的支持下，才能吸引跨境电商产业链各主体的落户，促进汕头跨境电商发展，密切与“一带一路”沿线国家的贸易关系，为汕头的经济发展做出更大的贡献。

（一）跨境电商业务政策支持

为保障汕头保税区能够大力发展跨境电商业务，需要相关政策支持。

一是汕头要力争成为跨境电商综合试验区或自贸区。只有得到国家的政策支持，汕头保税区企业才可开展“网购保税进口（1210）”和“跨境商品展示交易”等跨境电商业务，才能更好发挥保税区和保税物流中心（B 型）的功能，更好地推动汕头乃至粤东地区跨境电商的发展。

二是汕头要加快建设跨境电商综合服务平台。综合服务平台通过对接监管部门和各类市场主体，集成在线通关、物流、退免税、支付、融资、风控等多种功能，实现“一点接入、一站式服务、一平台汇总”，以降低跨境电商通关制度成本，提高通关效率，为汕头跨境电商发展提供关键支撑。

如果没有汕头的跨境电商综合服务平台，虽然电商企业现在可以通过与海关总署的进口统一版对接后开展业务，但电商企业需要逐个与国检、国税、外管、商务等监管部门对接，大大增加企业经营成本。再者，电商企业大多习惯了在地方政府综合服务平台开展业务，汕头如果没有这样一个综合服务平台，将难以吸引电商企业落户汕头。

三是汕头市要加快复制推广相关政策。如尽快在汕头复制推广跨境电商综合试验区探索形成的成熟经验做法；在汕头复制中国（广东）自由贸易试验区改革创新经验，开展“保税+实体新零售”式的保税展示交易，复制郑州跨境电商综试区“O2O 线下自提”模式等。

（二）加大对跨境电商的支持力度

汕头要实现全面振兴，需保持较高的增长速度，需要改善整体外贸环境，以发展跨境电商为抓手，强化外贸在经济增长中的作用和地位。比如，河南郑州通过多种创新模式，更好地服务进出口企业，大力发展跨境电商，2017 年成为首个外贸总额突破 5000 亿元的内陆省份。因此，建议汕头将发展跨境电商上升到战略高度，成为汕头践行“一带一路”倡议的重要组成部分和汕头实现全面振兴战略的重要组成部分。建议成立汕头跨境电商发展领导小组，由市领导任组长，大力推动汕头跨境电商发展。

（三）营造良好的跨境电商经营环境，建设跨境电商生态圈

1. 实施关、检、税、汇等便利化措施

通过简化通关手续、创新检验检疫监管、提升出口退税效率、便利外汇交易结算，可以极大地降低企业成本，为跨境电商的发展营造良好的政策环境。汕头可复制综试区探索形成的成熟经验做法（详见商贸函〔2017〕840 号），比如实行“简化申报、清单核放、汇总统计”通关模式；实行“一地报关，多地放行”；优化跨境电商 B2B 通关手续；提高关检信息共享水平；加强关检合作，实现关检“一机双屏，联合监

管”等。

2. 加快广澳港建设，增加国际航线，降低国际物流成本

加快广澳港区两个10万吨级集装箱码头建设，发挥保税区功能，完善港区联动，进一步提升通关效率。吸引更多船运公司在汕头开通国际远洋航线，为货主提供更多的选择和便利，进一步降低企业物流成本，提升进出口企业的市场竞争力，同时增强汕头港货源辐射力和综合竞争力。

3. 出台扶持政策，吸引电商企业落户

跨境电商产业的发展不仅需要厚实的产业基础，还需要电商平台、仓储物流、金融信保、风控服务等跨境电商各类企业，形成跨境电商全产业链。要吸引这些经营主体落户汕头，形成产业集聚和跨境电商生态圈，汕头可参照兄弟城市做法，出台促进跨境电子商务扶持政策，比如进出口奖励、保税区及保税物流中心（B型）仓库租金减免、企业开设跨境商品展示交易中心奖励、企业自建监管场所奖励等。

第十二章
营商环境建设

第一节 营商环境的重要性

营商环境是指伴随企业活动整个过程（包括从开办、营运到结束的各环节）的各种周围境况和条件的总和。营商环境包括影响企业活动的社会要素、经济要素、政治要素和法律要素等方面，影响着企业的交易成本，是一项涉及经济社会改革和对外开放众多领域的系统工程。一个地区营商环境的优劣直接影响着招商引资的多寡，同时也直接影响着区域内的经营企业，最终对经济发展状况、财税收入、社会就业情况等产生重要影响。良好的营商环境是一个国家或地区经济软实力的重要体现，是一个国家或地区提高综合竞争力的重要方面。

营商环境法治化的内涵，则是指一套行之有效、公平公正透明的具体法律、法规和监管程序；营商环境国际化的内涵，是指建立符合国际惯例和世贸规则的市场经济运行机制和体系。在中小企业营商环境构建上，要考虑市场环境、政策政务环境、社会化服务环境、融资环境和法治环境，推动实现投资自由化、对外贸易和投资更加便利化。投资自由化是经济全球化的更高阶段，这要求有三个转变：一是监管理念的转变，即从货物管理转变为企业管理；二是贸易体制的转变，即从现有的贸易壁垒、配额限制转变为贸易和投资的自由化；三是向开放型和创新性政策转变，如放宽外汇政策和税收政策都将更加开放并具有国际竞争力。

第二节　汕头营商环境变迁

改革开放之初，汕头凭借经济特区的优惠政策和商业传统，为企业和个体工商户的茁壮成长提供了良好的营商环境，汕头成为外商直接投资的重要城市，1998 年利用外资达 9.4 亿美元，占广东外商直接投资比重的 7.83%。

我国的改革开放过程，是计划经济体制向市场经济体制转型的过程，也是熟人市场向陌生人市场转型的过程。在转型过程中，由于适用于市场经济的法治体系尚未建立，而传统依靠熟人关系得以保障的信用关系已无法适用市场经济的发展，导致市场乱象丛生，如假冒伪劣、欺行霸市和贪污腐败等。正如吴敬琏所说的：熟人市场向陌生人市场转变，建立一个符合公正正义的法律体系和独立公正的司法体系来保证合同实施便显得不可或缺……这时业界的逐利活动才会被引导到技术和市场创新的方向上去，而缺乏这一条件，市场就会变成骗子横行、欺行霸市等不良行为猖獗，业界的逐利活动反而会与行政权力和黑恶势力结合起来，将资源和精力耗费在形形色色的寻租活动中，腐蚀整个经济的效率，破坏长期发展能力（吴敬琏、马国川，2013）。如果用这句话作为汕头 2000 年信用危机的脚注，无疑是比较恰当的。

作为改革开放的先行区域，汕头经济经过 20 年的快速增长，也面临转型经济的尴尬。2000 年的汕头，经济秩序比较混乱，“走私、骗税、造假”案震惊全国，特别是骗取出口退税给汕头带来的经济灾难，是“骗子”们始料不及的。

早在 2000 年 1 月 17 日，国家税务总局就下达通知，明确要求税务机关严格加强对广东潮汕地区购进出口货物的退（免）税管理。通知称“对出口企业出口的货物，凡供货地或任何一环节的供货方涉及广东省汕头市……必须在申报退税单证真实、齐全、有关电子信息核对无误且排除一切疑点的基础上方可办理退税，绝不能以单证齐全、真实为由而不顾及其他”。实际上，这是将汕头为首的粤东四市列入了骗税的“黑名单”，一些省份也采取了相应的制裁措施。由此，许多地方不敢同汕头人做生意，不敢要汕头开出的发票。即便有业务往来，也互相猜疑，如履薄冰，甚至倒退到一手交钱、一手交货的原始状态（王斌，2001）。

在一些非法企业的大肆造假和虚开增值税发票面前，守法经营的企业则不得不承受由此带来的恶果。一些守法企业产品信誉度降低，连汕头出具的发票别人都要怀疑。真正的出口企业拿不到国家正常的出口退税款，某些汕头的本地企业为了避免嫌疑，甚至不显示本地的厂址。无奈之下，有1200多家企业相继撤出了汕头。

2000年，汕头的GDP比上一年下降了几个百分点，而2001年更是出现了20%的负增长，这是汕头自改革开放以来的首次负增长。实际利用外资到2000年跌至低谷，此后利用外资保持在一个较低水平，占广东利用外商直接投资比重也在1%的低位徘徊。外商投资汕头的意愿已大不如前，汕头营商环境面临严峻的挑战。

汕头上上下下都意识到，“重建信用、重塑形象”的信用体系建设已刻不容缓，并将它喻为汕头21世纪的生命工程。2001年，汕头重拳整治汕头经济秩序和社会秩序，半年多的时间内，汕头共取缔“三无企业”3502家，挽回经济损失3.2亿元；查处走私贩私案件130宗，案值1.05亿元；捣毁制假窝点249个，处理各类涉假案件1787宗，开展声势浩大的“重建信用”活动。[①]

经过整治汕头经济秩序和社会秩序，重建信用，汕头的营商环境逐步好转。在台湾地区电机电子工业同业公会出版的《中国大陆地区投资环境与风险调查》中，2002~2003年汕头是值得推荐城市，2004~2005年汕头是极力推荐城市，2003~2004年在台商投资主要城市中排名第12位。不过，随着我国加入WTO、特区优惠政策不断弱化、东南沿海城市群的崛起等因素的影响，汕头对于外商直接投资来说已不再有较大的吸引力。虽然2004年后，汕头利用外商直接投资开始呈现增长势头，

① 中央电视台经济半小时：《汕头：打造信用名片》，2002年5月13日，http://www.cctv.com/financial/jingji/sanji/diaocha/20020513/120.html。

2011年实际利用外商直接投资达3.46亿美元，但占广东实际利用外商直接投资的比重也仅为1.59%，已无法回到20世纪90年代的地位了。

近年来，汕头通过创文强管，推动行政审批改革，简政放权等，营商环境进一步改善。吸引了许多大型企业到汕头投资，比如比亚迪3D玻璃、上海电气风电装备等项目已开工建设；2017年汕头实际利用外商直接投资达3.55亿美元，比2016年增长291%。

第三节　营商环境示范城市建设

2018年，广东聚焦当前经济社会发展的突出问题和短板，在继续推进中央和省已部署开展的试点基础上，谋划部署一批新的改革试点项目。其中，重点开展3项综合改革试点。在广州、深圳、汕头、东莞市开展营商环境综合改革试点，率先创建营商环境建设示范城市，要求年内制定出台优化营商环境总体方案，重点推进政务服务管理改革、降低综合营商成本、投资贸易便利化等改革试点任务。①

汕头以省委书记“栽好梧桐树，留下金凤凰”的批示精神为指导，以被省委确定为全省营商环境综合改革试点城市为契机，全力推动营商环境“革命性再造”。“革命性再造”的提法，将营商环境的打造工作提升到一个新高度。如何再造？一方面，汕头各区各部门梳理自身贯彻落实中央、省关于推进体制机制改革创新，特别是推进营商环境改革的情况和成效，实事求是把弱项缺项找出来，共梳理出营商环境问题清单270多项；另一方面，引入第三方评估，委托厦门大学中国营商环境研究中心，参照世界银行营商环境指标体系、评价标准和评估方法，对汕头市营商环境现状进行全面评估，形成汕头2017年的营商环境评估报告，找出了汕头与厦门等先进城市的差距，明确了优化营商环境的努力方向。

① http：//www.gddrc.gov.cn/zwgk/gzdt/sxdt/201804/t20180412_469077.shtml。

根据自身摸查和第三方评估的结果，汕头立行立改，制定印发了《汕头市打造法治化国际化便利化营商环境责任分工方案》。着重聚焦投资贸易便利化，突出问题导向，瞄准企业需求，先期启动包括开办企业、办理建设许可、获得电力，登记财产、获得信贷，保护少数投资者、纳税、跨境贸易、执行合同、办理破产等重点领域的工作任务，针对办理手续、办理时间、办理成本等营商因素，对标国际最高标准、最好水平再造流程，重点在减环节、压时限、降成本上下功夫，切实提升服务企业、服务基层、服务群众的效率。同时，还邀请厦门大学专家与各专项指标责任单位进行对接，研究提出符合汕头实际的本地化举措。①

按照汕头市发布的《关于重塑营商环境优势加快构建开放型经济新体制的意见》，汕头市将以建设广东营商环境改革示范城市为契机，以推进政务服务管理、降低综合营商成本、投资贸易便利改革为重点，全面对标国内外先进城市最高、最好、最优水平，着力建设公平竞争的市场环境、高效廉洁的政务环境、公正透明的法律政策环境和开放包容的人文环境，打造与高素质创新创业之城、高颜值生态花园之城相匹配的法治化、国际化、便利化营商环境高地。

第四节　营商环境示范城市建设取得阶段性成果

一、营商环境优化再造

截至 2018 年 8 月，汕头市优化再造营商环境取得阶段性成果，全市 42 个网厅进驻单位 985 个事项办理时限全部达到全省前 3 名的要求，

① 陈静莹：《我市全力推进营商环境“革命性再造”》，中国汕头政府门户网站，《汕头日报》，2018 年 7 月 8 日。

实现100%达标，比预期提前3个月完成目标，审批时限总和从原6431个工作日压减为3193个工作日，提速50.4%，走在全省前列。

一系列有力举措大大优化了营商环境，“全网通”“一站式”“只跑一次”等服务理念在全市许多政府部门的办事窗口得到践行。如今走进汕头的窗口单位、职能部门，都能切身感受到优质快捷的服务和高速高效的办事效率。

市行政办大力推进行政许可和公共服务事项“一门一网”办理模式，确保进驻市行政服务中心的内设审批机构或人员有权作出审批决定，方便企业和群众办事。同时，采取“全市统建、分级管理”的方式，推动市、区（县）、镇（街）、村（社区）四级政府服务信息系统的一体化建设，实行数据的集约化管理，实现政务信息公开和全方位的生产生活服务，真正实现“一个门、一张网”办事。市住建部门将施工许可证的办理时间从15个工作日提速为2个工作日。税务部门多项办税事项实现“最多跑一次”和“全程网上办”。龙湖区工商登记时限从30个工作日压缩到2个工作日。金平区开展营商环境改革“三年行动计划”，打通区民政、人社、公安等18个部门之间的信息壁垒，取消了120项涉企涉民证明事项。澄海区最大限度缩短审批事项办理时限、实现“最多跑一次”“零跑动”，实现全区事项办理总天数由原来的8045天压缩到3205天，总体效率提速60.16%。①

当然，优化营商环境是一项系统工程，目前汕头的营商环境改革刚开了个好头。按照营商环境综合改革试点的要求，汕头必须全力以赴，健全与国际投资贸易相适应的体制机制，努力形成稳定公平透明可预期的行政管理机制和法律政策体系，推动营商环境不断优化和改善，力争2018年审批事项办理效率跻身全省前列，率先创建全省营商环境建设示范城市，到2020年成为全国营商环境先进城市。②

二、营造便利化通关环境

受2000年信用危机影响，此后汕头海关等监管部门加强了对汕头

①② 陈静莹：《打造“汕头效率”厚植发展新优势》，《汕头日报》，2018年8月14日。

进出口的监管，加上汕头港建设滞后于经济发展，码头吨位级别偏低，大吨位轮船（如10万吨级轮船）无法停泊，货物需要通过香港或其他港口中转，增加了企业的运输成本。因此，汕头的贸易便利化程度一直颇受诟病，一些企业选择在厦门、深圳进出口而不在汕头进出口，大大影响了汕头的对外贸易发展。

随着国家"一带一路"建设的推进，加上汕头港建设的加速，汕头海关积极推动粤东融入"一带一路"建设，从培育高资信企业、通关便利、政策引导、知识产权保护等方面为企业"走出去"提供了发展平台，帮扶企业提升整体竞争力。

近年来，汕头海关把培育AEO认证企业作为持续优化地方营商环境的重要举措，着力培育一批有意愿参与海关认证的优质企业，积极助推粤东企业走出去。截至2018年9月，汕头关区培育高级认证企业11家，已有3家通过实地认证；培育一般认证企业31家，已有14家通过认证，同比分别增长220%和700%，关区企业信用度大幅提升。通过海关高级认证的企业，不仅能够享受到免除担保、提前申报等最高信用等级通关待遇，而且对规范企业内部管理，效果也非常明显，有效地提升了企业的竞争力。

在广澳港区，汕头保税区海关做好广澳港区规划建设的对接工作，通过采用全天无间断通关、推出进口提前报关交税模式，对出口货物复制推广广东自贸试验区"先装船后改配"的创新制度，以及启用海运智能值守卡口系统的多项措施，不断推进业务改革，实现通关效率的有效提升。目前，汕头广澳港区国际远洋航线物流范围覆盖东南亚和中东、东非地区，发展势头迅猛。

为了更好地服务"一带一路"建设，汕头海关推动通关作业无纸化、区域通关一体化改革，推动智能卡口系统、视频监控系统、快速通关系统等建设，运用大数据、物联网等科技手段，提高监管查验有效性和口岸通关效率，继推行"先装船后改配"等多项改革措施促使通关速度得到明显提升之后，该海关又研究出台了提高关区通关效率的26项措施。

目前，汕头被列为全省提升跨境贸易便利化水平措施试点城市，报检报关“并联”受理、口岸物流信息电子化、口岸通关时效评估公开制度、口岸收费公示制度等 10 项试点措施已落地推行；出台实施 28 条通关提速措施，推进关检融合，深化国际贸易“单一窗口”国家标准版应用，在全省率先实现了“单一窗口”口岸和企业两个 100% 全覆盖，报关、报检、舱单覆盖率 3 项指标同时达到 100%，整体通关速度再提速超三成，进出境旅客通关时间缩短近三成；进口货物报关不报检的，提离时间由 1 个工作日缩短为 1 小时；进口货物报关报检的，提离时间由 2 个工作日缩短为 1 个工作日。①

三、营商环境优化再造亮点

在汕头市营商环境综合改革试点城市建设的阶段性成果中，除了便利化通关环境取得重要进展之外，在其他方面也都取得了明显进展。《汕头日报》记者陈静莹列出了若干亮点。②

（一）开办企业明显提速

汕头市出台了《汕头市打造法治化国际化便利化营商环境开办企业提速专项工作方案》《汕头市行政服务中心开办企业审批提速工作方案》等文件，围绕办理环节、申请材料、审批时限 3 个维度发力，将开办企业时间从原来 42 天提速至 10 天内。

（二）项目审批效率提高

推进建设项目“并联审批”和推行行政审批“三集中”，将建设项目审批流程整合为项目立项、用地审批、规划报建、施工许可、竣工验收 5 个并联审批环节，变“群众来回跑”为“部门协同办”，实现立项到施工许可核发的审批时限压缩近 60%。

（三）便民服务流程简化

用电方面，推行全部用电报装业务远程“一口受理”和“一证办

①② 陈静莹：《打造“汕头效率”厚植发展新优势》，《汕头日报》，2018 年 8 月 14 日。

理”，大幅减少盖章环节，已实现“上门服务+一次办结”一日通电；用水方面，落实“一站式”服务制度，对省、市重点项目申报用水开通绿色通道，实行首问首接责任制；用气方面，申请之日起5个工作日内上门勘察，具备开通条件后3个自然日内上门开通点火。

（四）不动产登记便利度提升

实施不动产登记服务改革，实现市国土资源局、市不动产登记中心与市房产管理局、市税务局不动产登记信息的互联互通，信息资源实时共享，以及二手房交易转移登记“一窗收件、内部流转”，不动产首次登记的时限缩短为7个工作日。

（五）获得信贷环境优化

“汕头市公共信用信息大数据系统”上线试运行并完成第一阶段建设，已归集各类公共信用信息1200多万条。出台建立完善守信联合激励和失信联合惩戒制度的实施方案，形成联合奖惩合作备忘录责任分工表（第一批）。设立市中小企业信贷风险补偿资金、企业融资专项资金，创设广东华侨金融资产交易中心，出台小微科技企业信贷风险补偿资金管理办法，帮助纳税信用良好的民营企业解决“贷款难”“融资难”问题。

（六）办税服务提速增效

出台优化税收营商环境20项措施，推行“线上申领，线下配送”的发票申领服务，深化省内通办、同城通办业务。建立“定期+应需”流动上门服务模式，开出国地税流动办税服务车，打通纳税服务“最后一公里”。深化电子税务局应用，持续推进网上办税全覆盖，开启纳税人线上、掌上同步办税新模式。

第十三章

汕头参与“一带一路”建设成果

我们以“政策沟通、设施联通、贸易畅通、资金融通、民心相通”为主要内容，对近几年来汕头参与“一带一路”建设成果进行总结分析。

第一节　政策互通

加强政策沟通是“一带一路”建设的重要保障。加强政府间合作，积极构建多层次政府间宏观政策沟通交流机制，可以为开展务实合作、协商解决合作问题提供政策支持，实现双方利益的深度融合，最终达到共同发展的目标。作为地方政府，政策互通主要体现在地方政府领导与“一带一路”沿线城市的互访和伙伴关系、签署重要文件等。

在城市互访方面。作为著名侨乡，汕头一直与海外华侨侨居地保持密切联系，特别是与东南亚国家与地区保持密切联系。在 2016~2017 年 8 月间，汕头市领导出访了泰国、印度尼西亚、菲律宾、以色列法海，而以色列海法市市长、加蓬总统及首都利伯维尔市代表团、越南芹苴市代表团也莅汕访问，通过地方政府领导的互访活动，增进了互信，深化友谊，促进战略性合作，推动伙伴关系的发展。以广东以色列理工学院落户汕头为契机，汕头与以色列法海建立了友好合作关系，促进了广东以色列理工学院的建设，也为未来中以（汕头）科技创新合作区的建设打下了良好的基础。

在签署重要文件方面。2015 年 5 月，华侨试验区获国家发改委批准纳入全国 5 个中欧区域政策合作试点地区之一。6 月 23 日，汕头与西班牙安达卢西亚签署中欧区域政策合作试点地区结对合作备忘录，开展区域可持续、科技创新、金融创新、产业升级、知识产权保护、城市建设、人文交流等多领域务实合作。[①] 如表 13-1 所示。

表 13-1　汕头市领导与“一带一路”沿线国家或城市互访活动

序号	互访活动	事件报道时间
1	进一步加强友好往来，深化实质性合作交流——越南芹苴市代表团莅汕访问	2016 年 7 月 5 日
2	加强交流，促进合作——以色列海法市市长尤纳・亚哈维莅汕访问	2016 年 7 月 5 日
3	积极推动两市结好，汕头副市长会见加蓬首都利伯维尔市政府代表团	2016 年 7 月 5 日
4	赵红副市长率团访问印度尼西亚	2016 年 8 月 26 日
5	友好交流再添新篇章——汕头代市长率团访问以色列海法市	2017 年 2 月 22 日
6	加蓬总统阿里・邦戈・翁丁巴一行莅汕访问	2017 年 3 月 6 日
7	陈丽文率团出访菲律宾、印度尼西亚并出席第十九届国际潮团联谊年会团长秘书长会议	2017 年 8 月 23 日
8	汕头市委书记率团访问泰国	2017 年 8 月 23 日
9	借助“一带一路”密切交流合作——加蓬利伯维尔市政府代表团莅汕访问	2017 年 8 月 23 日
10	深化汕头海法友好合作——书记率领汕头市代表团访问以色列海法市	2017 年 8 月 23 日

资料来源：根据汕头市外事侨务局网站有关报道整理。

① 《汕头市年鉴》（2016）。

第二节　设施联通

设施联通是“一带一路”建设的优先领域。设施联通主要包括以公路、铁路、空运、水运等搭建起来的交通设施网络，以光缆、卫星等搭建起来的通信设施网络，以石油、天然气、电力等搭建起来的能源互通设施网络。

截至 2017 年，汕头港已与世界 57 个国家和地区的 268 个港口有货物往来。已开通至地中海、中东、菲律宾、南美、西非、东南亚等国际集装箱班轮航线和内贸集装箱航线共计 25 条。2016 年全港货物吞吐量达到 5000 万吨、集装箱完成 124 万标箱，分别占粤东三港总量的 56.5%、99%。

目前，汕头正加快广澳港区两个 10 万吨级集装箱码头建设，吸引更多船运公司在汕头开通国际远洋航线。作为 21 世纪海上丝绸之路沿线 15 个重要港口之一，汕头港要深化与海上丝绸之路沿线国家和地区的港口国际合作，增加国际集装箱班轮航线，与重要港口缔结友好合作关系，组建港口联盟，推动海上物流大通道建设。

汕头国际海缆登陆站是目前中国规模最大的国际通信海底光缆登陆站，也是国际海底光通信骨干网络的几大最重要的登陆站之一，海缆出口带宽占中国大陆出口总带宽的 45%。已有亚欧国际海底光缆、中美国际海底光缆、亚太二号国际海底光缆和东南亚—日本国际海缆共 4 条海缆在此登陆并开通运营，汕头也是“金砖国家光缆”在我国唯一的登陆站。①

依托独特的海缆资源，汕头具备发展临港信息服务无可比拟的基础网络优势。汕头的互联网发展及数据应用处于全国全省先进地位，是全国首个与国家互联网应急中心开展网络安全合作的城市。已为腾讯、百

---

① 《汕头国际海缆登陆站将成“金砖国家光缆”在我国唯一的登陆站》，《中国经济导报》，2016 年 7 月 25 日。

度、迅雷等全国知名企业提供主机托管、带宽出租等高品质的互联网数据服务业务。

作为沿海开放城市和著名侨乡，汕头具有吸引国外大型互联网企业落户汕头开展离岸数据业务的巨大潜力。在汕头开展离岸数据业务，可以省去国内通信传输的环节，节约传输成本和资源，并能为互联网企业提供稳定、安全的网络环境。国内互联网企业也可借助海内外华人华侨的经济文化实力，建设支撑国内互联网企业走出国门参与国际竞争的试验区和桥头堡，使得国内大型互联网企业在海外经营的权益得到保护。

依托独特的海缆资源，汕头可大力发展海洋信息服务。积极参与中国—东盟海洋合作中心、中国—东盟海洋气象联合观测站等国际性海洋及海洋气象研究基地建设。建立海洋立体环境观（监）测和海洋救援等信息保障服务体系，形成近海及中远海海洋信息获取能力，构建海洋大数据与服务平台，为“海洋强国”“海洋强省”的建设贡献力量。

第三节 贸易畅通

投资贸易合作是“一带一路”建设的重点内容。贸易畅通旨在顺应经济全球化、区域经济一体化趋势，着力推进投资贸易便利化，消除投资和贸易壁垒，构建良好的营商环境，深化与沿线国家经贸往来、产业投资、能源资源和产能合作，做大做好合作“蛋糕”。我们将从双边贸易、双边投资和营商环境建设方面来总结分析贸易畅通方面的内容。

在双边贸易方面。2017 年，汕头对外贸易进出口总额为 88. 1 亿美元，外贸依存度为 25. 3%；其中，出口 67. 13 亿美元，出口依存度为 19. 28%，进口 20. 97 亿美元，进口依存度为 6. 02%。自 2010 年中国与东盟自贸区启动以来，自 2011 年起东盟便超越美国成为汕头市第一大贸易伙伴，东盟成为汕头外贸进出口的主要增长点。东盟十国占汕头市贸易进出口总值的比重已由 2010 年的 13. 9%提升至 2015 年的 21. 24%，近两年占比虽然有所回落，2017 年，东盟十国占汕头贸易进出口总值的比重为 18.65%，但仍保持着汕头第一大贸易伙伴的位置。其他主要贸易伙伴，如欧盟（28 国）、中国香港、日本、阿联酋、韩国与汕头的贸易额近五年来都有所下降，占汕头贸易进出口总额的比重也在下降。

与国家"一带一路"重点建设的其他 14 个港口城市相比，汕头市在外贸方面仍然比较落后。如 2017 年，汕头进出口额为 88.1 亿美元，在 15 个港口城市中排名第 12 位，外贸依存度为 25.3%，排名第 11 位（见表 13-2）。不过，在 15 个港口城市中，以东盟为第一大贸易伙伴的只有 3 个，分别是汕头、泉州和湛江。汕头可进一步发挥侨乡优势，扩大开放力度，进一步密切与东盟的贸易往来，扩大"一带一路"贸易畅通成果。

表 13-2　2017 年 15 个港口城市对外贸易情况

单位：亿美元，%

序号	城市	进出口额	外贸依存度	进口额	进口依存度	出口额	出口依存度	第一大贸易伙伴
1	上海	4797.29	107.49	2844.87	63.74	1952.43	43.75	欧盟
2	深圳	4149.85	124.87	1700.43	51.17	2449.42	73.7	中国香港
3	广州	1439.16	45.19	581.07	18.25	858.1	26.94	中国香港
4	天津	1132.87	41.13	695.78	25.26	437.39	15.88	—
5	宁波	1125.94	77.2	387.56	26.57	738.4	50.63	欧盟
6	厦门	858.41	133.18	378.26	58.69	480.15	74.5	美国
7	青岛	745.7	45.62	296.55	18.14	449.16	27.48	美国
8	大连	612.78	56.18	353.54	32.42	258.64	23.71	日本
9	烟台	455.94	41.95	189.09	17.4	257.85	23.72	韩国
10	福州	334.42	31.87	122.23	11.65	211.2	20.13	中国香港
11	泉州	231.5	20.71	77	6.89	154.5	13.82	东盟
12	汕头	88.1	25.3	20.97	6.02	67.13	19.28	东盟
13	湛江	51.2	12.24	19.13	4.57	32.3	7.72	东盟
14	海口	31.14	15.12	22.93	11.13	8.22	3.99	美国
15	三亚	7.4	9.44	6.7	8.55	0.7	0.89	—

资料来源：各城市统计年鉴和年度统计公报。

在双边投资方面。近年来汕头实际利用FDI呈波动态势，2015年汕头实际利用FDI为2.18亿美元，2016年实际利用FDI减少为9085万美元，2017年又回升到3.55亿美元。与其他港口城市相比（见表13-3），汕头实际利用外资处于靠后位置，可见汕头对外资缺乏吸引力。如2017年，汕头实际利用外资在15个港口城市中排第12位。汕头实际利用外资主要来自华侨资本，但近年来也有所减少，除了受国际经济形势、区域间竞争、劳动力成本上涨等因素影响外，可能还与汕头的营商环境不够国际化、法治化有关。

表13-3　2017年15个港口城市实际利用外资情况

单位：亿美元

序号	城市	2015年	2016年	2017年
1	上海	184.59	185.14	170.08
2	天津	211.34	101	106.08
3	青岛	66.9	70.03	77.35
4	深圳	64.97	67.32	74.01
5	广州	54.16	57.01	62.89
6	宁波	42.34	45.13	40.3
7	大连	27.03	30.02	32.5
8	厦门	20.94	22.24	23.78
9	烟台	19.17	20.62	21.47
10	福州	16.79	18.14	19.85
11	泉州	15.8	16.28	15.92
12	汕头	2.18	0.91	3.55
13	湛江	1.57	0.61	0.81
14	海口	—	—	—
15	三亚	—	—	—

注：“—”表示缺数据。

资料来源：各城市统计年鉴及年度统计公报。

近年来，汕头本地企业国际化进程加快，境外投资保持强劲势头，尤其对“一带一路”沿线国家和地区投资保持升温状态，整体发展势头良好。截至2017年5月，汕头协议在境外投资设立企业累计169家，协议投资总额达27.98亿美元，现有30多家企业在“一带一路”沿线国家进行投资。① 汕头企业对外投资区域除了东盟地区的马来西亚、新加坡、泰国、印度尼西亚、缅甸之外，中东阿联酋地区，南亚的印度、巴基斯坦、孟加拉，俄罗斯、土耳其，非洲的坦桑尼亚、肯尼亚、埃塞俄比亚近年都有新增投资。

为助力潮商“走出去”，更好地参与“一带一路”建设。2016年12月18日，潮商“一带一路”战略联盟成立。② 联盟的成立表明了海内外潮商积极响应“一带一路”倡议，高举合作、共赢、发展旗帜，构建大联合、大经贸、实体化、财团化的发展平台，把“一带一路”沿线国家和地区的潮属社团和国内各地潮属社团联合起来，以第三方的力量参与“一带一路”建设。联盟将汇聚全球潮商资源、资本、技术和人才，投入到“一带一路”建设去中，也将能为潮汕地区的经济创新发展做出应有的贡献。

营商环境方面。近年来，汕头海关加大改革力度，改善边境口岸通关设施条件，加快边境口岸“单一窗口”建设，降低通关成本，提升通关能力，提高贸易自由化便利化水平。汕头近年来也在挖掘贸易新增长点，大力推动跨境电子商务等新的商业业态发展；积极与东盟国家开展农林牧渔业、农产品生产加工等领域深度合作，积极推进海水养殖、

① 沈丛生：《汕头探索“一带一路”合作发展新模式》，《南方日报》，2017年5月25日。

② 2016年12月18日，由商务部直属的中国国际贸易学会、商务部国际商报社和深圳市潮汕商会共同主办的2017年“一带一路”海内外企业合作洽谈会深圳分论坛在深圳五洲宾馆隆重举行。在论坛上，深圳市潮汕商会与潮汕四市政府及十多个国家和地区的30多家潮属社团启动潮商“一带一路”倡议联盟签约仪式。此次参与签约战略联盟的有汕尾市人民政府、汕尾市工商业联合会、汕头市工商业联合会、揭阳市工商业联合会、潮州市工商业联合会；加拿大潮商会、印度尼西亚潮州总会、国际潮籍博士联合会、国际潮商经济合作组织、国际潮青联合会、美国潮商总会、香港潮州商会、澳门潮属社团总会、泰国潮州会馆、新加坡潮州八邑会馆、马来西亚潮州工商总会、泰国中华总商会、澳大利亚潮汕商会、法国潮州会馆、英国潮汕商会、日本潮州联谊会、菲华潮汕联乡会（菲律宾）、台湾中华潮汕总会、香港广东汕尾市同乡总会、非洲潮人联谊会、新加坡海陆丰会馆、巴西潮汕总商会、新西兰潮属社团总会、比利时潮州同乡会、阿联酋潮汕总商会、挪威潮汕商会、台湾台南市潮汕联谊会、老挝潮州乡亲会、正大集团。资料来源：《潮商“一带一路”倡议联盟举行签约仪式》《2017年“一带一路”海内外企业合作洽谈会盛大开幕》，http：//www.chaoshang.org/Meet/Info-993.html，2018年2月28日。

远洋渔业、水产品加工、海水淡化、海洋生物制药、海洋工程技术、环保产业和海上旅游等领域合作。

不过，从当前汕头营商环境看，离国际化、法治化和便利化的营商环境仍有一定差距。可喜的是，汕头已认识到营商环境存在的问题，出台了《汕头市打造法治化国际化便利化营商环境责任分工方案》，正在大力推动国际化、法治化和便利化营商环境的建设。

第四节　资金融通

资金融通是“一带一路”建设的重要支撑。加强“一带一路”金融合作，坚持金融发展服务实体经济、跨国贸易和投融资需求，推动人民币跨境使用，增加贸易投资的便利性，降低交易费用，提高本地区经济国际竞争力。下面从跨境人民币业务、跨境金融创新方面看汕头是如何参与“一带一路”建设的。

跨境人民币业务。自2010年被允许办理跨境人民币业务以来，汕头银行机构对开展跨境人民币业务的热情逐步高涨，成功办理业务的金融机构不断增加。目前，汕头共有18家可开展跨境人民币业务的银行业金融机构，其类型包括国有商业银行、股份制商业银行、城市商业银行、外资银行等。国有银行因其安全性高、可信度好，并在海外拥有众多分支机构等因素，结算量遥遥领先。以2017年为例，国有银行跨境人民币业务量占全市跨境人民币业务量的71%，股份制银行和外资银行仅占29%。

2017年，在汕头市跨境人民币业务中，资本及金融项目支出为12.09亿元，资本及金融项目收入为23.59亿元，经常项目支出为23.03亿元，经常项目收入为28.30亿元。从业务结构看，经常项目下的货物贸易结算占比为79%；资本及金融项目下的直接投资占比为88%，直接投资占比较高的原因有：从收入方面来看，汕头近年来的经济社会发展得到海外华侨的广泛认可，尤其是华侨试验区的设立，吸引了一大批境外资金到此投资；从支出方面来看，汕头企业积极“走出去”，如宜华集团、东风集团等，都在境外开展投资，且利用人民币进行结算（陈凌翔，2018）。①

跨境金融创新。2015 年 9 月 15 日，全国首个以“华侨”为主题的“华侨板”股权交易市场在汕头正式挂牌开板，是中国地方在跨境金融创新，尤其在引导侨资投资国内中小微企业上的最新探索。“华侨板”是“华侨试验区板块”的简称，是以广东金融高新区股权交易中心为载体，旨在为境内外侨企侨资提供包括股权融资、债权融资、财务顾问在内的金融服务，并为粤东区域乃至更广区域的中小微企业解决融资难的问题，推动本地及华侨中小微企业走向更高层次资本市场。截至 2018 年 1 月，“华侨板”已累计挂牌 492 家企业，挂牌企业覆盖粤东三市及珠三角。挂牌企业中，有 8 家企业通过孵化成功转板至“新三板”，实现了进一步与资本市场对接，也意味着“华侨板”对中小微企业培育指导、孵化的功能在进一步加强，“华侨板”成果日渐显现②。此外，华侨试验区还成功举办粤东首次深交所路演、出访泰国投资推介、推动具体融资项目落地等，与多家金融机构开展务实合作。

汕头力争在“华侨板”的带动下将华侨试验区建成中国与世界各地区间 24 小时跨境金融结算中心、区域产权交易中心、证券、期货与基金交易中心、跨境电商交易中心、海内外投资综合服务中心，形成中国面向全球的金融创新服务窗口和金融聚集产业区，为汕头参与国家“一带一路”建设注入强大动力。③

第五节　民心相通

民心相通是“一带一路”建设的社会根基。民心相通所涉及的领

---

① 陈凌翔：《华侨经济文化合作试验区跨境人民币业务发展研究》，汕头大学硕士学位论文，2018 年。

② 叶青：《华侨之乡有个“华侨板”》，《科技日报》，2018 年 2 月 5 日。

③ 《汕头市年鉴》（2016）。

域非常广泛，从《愿景与行动》关于民心相通的表述可以看出，"一带一路"中的民心相通可以归纳为教育、文化、旅游、科技、卫生等多个方面。汕头依托侨乡优势，传承和弘扬潮汕文化，近年来加强潮汕文化的开发与保护，推动文化交流、民间交流、旅游活动、学术往来等，为深化汕头与东南亚等国的合作奠定了坚实的民意基础。

一、加强潮汕文化的开发与保护，开发华侨旅游资源

近年来，汕头加强非物质文化遗产保护，启动海上丝绸之路文物史迹申报世界文化遗产工作，市非物质文化遗产展示馆建成并免费开放。汕头抽纱、贵屿双忠信俗、陶瓷微书、太安堂中药文化 4 个项目入选第四批国家级非物质文化遗产名录。侨批档案成功入选世界记忆名录，实现我市世界记忆文献遗产零的突破。加强文物保护工作，国民革命军东征军总指挥部、政治部旧址、文光塔、崎碌炮台被国务院列为全国重点文物保护单位。"南澳Ⅰ号"出水瓷器近 3 万件，水下文化遗产保护取得丰硕成果。截至 2018 年，汕头市新增省级非物质文化遗产项目 10 项、市级文保单位 50 个，实施樟林古港南粤古驿道保育活化。

2018 年 5 月，汕头出台《汕头市打造法治化国际化便利化营商环境三年行动计划》，提出实施魅力人文城市塑造工程，活化开埠文化建筑。根据实施魅力人文城市塑造工程的要求，将建设汕头埠民俗文化体验馆，融入潮剧、潮曲、潮乐等非遗元素，打造连接老妈宫、存心善堂和汕头非遗馆的民俗文化旅游圈。改造提升一批老字号美食店，注入城市客栈、红酒屋等新业态，打造老城历史保护与可持续发展有机结合的新商业模式。做好历史风貌建筑保护，逐步认定一批历史风貌建筑，保护好一批象征地域文化特点的建筑遗产。建设多层次高品质公园体系，大力倡导文化建园，加大对地域、历史、文化元素的挖掘，提高公园文化品位和内涵。①

近年来，汕头市通过活化开埠文化建筑，吸引大批华侨回汕寻根探

① 沈丛升：《汕头将重塑优势加快构建开放型经济新体制，230 项措施再造营商环境》，《南方日报》，2018 年 5 月 17 日。

亲，增进了与华侨的交流。2016 年，汕头旅游收入 353.75 亿元，比 2015 年增长 36%，接待过夜外国人数 154549 人，其中，来自新加坡、泰国、印度尼西亚、马来西亚、菲律宾的外国人数为 37864 人，占总人数的 24.5%。

二、民间交流活动

汕头市与“一带一路”沿线国家，特别是与东南亚国家间的民间交流非常活跃。有同乡会、潮属社团等民间组织到汕头探亲寻根、交流、访问等，有华商商会组织到汕头进行考察访问，也有专家学者莅汕进行义医义诊活动、为华侨试验区建设建言献策等。汕头市领导人及有关部门也积极参与有关交流活动，如接待到访代表团或客人，拜访侨商侨领，参与海外华侨活动等，如积极参加国际潮青联谊年会、新加坡潮州节、国际潮团总会年度大会等活动，加强了与海外华侨的联系与交流。近年来有关民间交流活动情况如表 13-4 所示。

表 13-4　近年来汕头与“一带一路”沿线国家或城市“民间交流”活动简表

序号	民间交流活动	事件报道时间
1	非洲 26 个国家代表考察团访汕寻商机、觅合作	2014 年 6 月 20 日
2	汕头市与哥斯达黎加蓬塔雷纳斯市建立友好交流城市关系	2014 年 7 月 29 日
3	汕头市友好代表团成功访问哥斯达黎加、巴西和美国	2014 年 7 月 29 日
4	旅澳侨胞周密博士携手中医院医务骨干举行“弘侨爱义医义诊活动”	2014 年 9 月 30 日
5	汕头市委副书记率团赴新加坡参加第八届国际潮青联谊年会等活动	2014 年 9 月 30 日
6	2014 年马来西亚华裔青少年“中国寻根之旅”冬令营——汕头营开营	2014 年 11 月 6 日
7	马来西亚柔佛哥打丁宜潮州会馆潮汕探亲交流访问团莅汕访问	2014 年 11 月 6 日
8	副市长赴港拜访知名侨商侨领	2014 年 11 月 7 日
9	陈茂辉、郑人豪会见正大集团副董事长李绍祝	2014 年 12 月 3 日

续表

序号	民间交流活动	事件报道时间
10	文化教育交流　推动了解合作——郑人豪市长会见以色列驻广州总领事	2014 年 12 月 13 日
11	国际潮青潮汕文化经济文化研习班在汕举办	2014 年 12 月 18 日
12	正大集团董事长谢国民莅汕考察　积极融入华侨试验区建设	2015 年 1 月 15 日
13	新加坡潮州八邑会馆青年企业家代表团访汕	2015 年 1 月 30 日
14	新加坡知名人士成汉通一行访问汕头　考察华侨试验区	2015 年 4 月 15 日
15	陈汉士先生春节回乡慰问乡亲	2015 年 4 月 15 日
16	市领导会见泰国泰中促进投资贸易商会访问团	2016 年 6 月 29 日
17	新西兰潮属社团总会会长张乙坤一行访汕	2016 年 6 月 29 日
18	新加坡潮州八邑会馆郭明忠会长率团访问汕头	2016 年 7 月 4 日
19	汕头市外事侨务局及海洋与渔业局助菲律宾侨领谋划“新丝路”上的新思路	2016 年 7 月 4 日
20	李大西率领国际华人科技工商界人士访汕　助推华侨试验区建设	2016 年 7 月 4 日
21	九旬赤子暹罗来，访亲祭祖叙乡情	2016 年 7 月 4 日
22	副市长会见外国媒体驻粤记者一行	2016 年 7 月 4 日
23	陈茂辉书记会见以色列客人	2016 年 7 月 4 日
24	副市长会见印尼驻广州总领事一行	2016 年 7 月 4 日
25	市委书记会晤泰国泰华报人公益基金会主席陈郑伊梨女士一行	2016 年 7 月 5 日
26	市委书记会晤法国华裔互助会会长郑辉先生	2016 年 7 月 5 日
27	汕头举办 2016 年马来西亚华裔青少年“中国寻根之旅”夏令营	2016 年 7 月 5 日
28	新加坡潮州总会及义安文化中心潮汕文化寻根之旅访问团莅汕访问	2016 年 7 月 5 日
29	新加坡潮州八邑会馆访问团莅汕访问	2016 年 7 月 5 日
30	第十九届国际潮团联谊年会筹委会访问团访汕	2016 年 7 月 5 日
31	菲律宾菲华各界联合会访问团莅汕考察华侨试验区	2016 年 7 月 5 日
32	市领导会见世界李氏宗亲总会访问团一行	2016 年 7 月 5 日
33	市领导会见泰国著名侨领陈汉士先生伉俪一行	2016 年 7 月 5 日

续表

序号	民间交流活动	事件报道时间
34	阿联酋迪拜龙城华人华侨总商会会长金国中先生一行莅汕访问	2016 年 7 月 5 日
35	马来西亚吉玻潮州会馆潮汕寻根交流考察团访问汕头	2016 年 7 月 5 日
36	马来西亚柔佛潮州八邑会馆友好访问团访汕	2016 年 7 月 5 日
37	"2015 海外华媒看广东" 采风团莅汕活动	2016 年 7 月 5 日
38	深化交流合作　促进互利共赢——马来西亚柔佛州政府代表团访汕	2016 年 7 月 5 日
39	东非广东同乡会访问汕头	2016 年 7 月 5 日
40	马来西亚柔佛州永平潮州会馆潮乡文化之旅访问团访汕	2016 年 7 月 5 日
41	"2015 海外华商广东行" 嘉宾莅汕参观考察	2016 年 7 月 5 日
42	以色列驻广州总领事安亚杰夫妇访汕	2016 年 7 月 5 日
43	泰国稻米司及水稻种植户代表团访汕	2016 年 7 月 5 日
44	泰国中国和平统一促进会代表团莅汕访问	2016 年 8 月 26 日
45	陈鹏局长出席国际潮团总会 2016 年会员大会	2016 年 8 月 26 日
46	泰国华人青年商会代表团莅汕访问	2016 年 8 月 26 日
47	以球会友，促进交流——市外事侨务局积极推动汕头市与哥斯达黎加的友好往来	2016 年 10 月 8 日
48	泰国夜功府府尹级塔・帕宏楚蒂玛女士率团访汕并出席经贸座谈会	2016 年 10 月 8 日
49	"海外华裔书画家南粤采风行" 莅汕开展活动	2017 年 2 月 22 日
50	市委书记会见泰国潮州会馆黄迨光主席一行	2017 年 2 月 22 日
51	泰国商品（汕头）交易会开幕　泰国驻穗总领事率团出席	2017 年 2 月 22 日
52	以色列驻广州总领事南可安访汕	2017 年 2 月 22 日
53	市委书记会见英国驻广州总领事卢墨雪一行	2017 年 2 月 22 日
54	市委书记会见陈汉士伉俪	2017 年 3 月 6 日
55	泰国侨领陈汉士伉俪春节回乡慰问乡亲	2017 年 3 月 6 日
56	中国（汕头）—东盟青年华侨经济文化交流营在汕举行	2017 年 3 月 6 日
57	万侨创新，智汇汕头——中国侨商创新发展论坛等系列活动在我市隆重举行	2017 年 3 月 6 日
58	潮音汇狮城　乡情连四海	2017 年 3 月 6 日
59	马来西亚巴生滨海潮州会馆寻根交流团莅汕访问	2017 年 3 月 6 日

续表

序号	民间交流活动	事件报道时间
60	市政协副主席率团15日赴新加坡出席2016潮州节	2017年3月6日
61	汕头市青少年柔道代表团赴以色列海法市访问	2017年3月6日
62	澳洲潮州同乡会董事局主席周光明率团访汕	2017年8月23日
63	“华侨华人广东文化行”嘉宾莅汕访问	2017年8月23日
64	在粤华裔留学生潮汕行访问团莅汕学习考察	2017年8月23日
65	陈良贤会见泰国潮州会馆主席黄迨光暨访问团一行	2017年8月23日
66	陈丽文率团出访菲律宾、印度尼西亚并出席第十九届国际潮团联谊年会团长秘书长会议	2017年8月23日
67	瑞士驻广州总领事博智东先生莅汕访问	2017年8月23日
68	德国驻广州总领事馆副总领事雷德一行莅汕访问	2017年8月23日
69	塞舌尔中国和平统一促进会会长拜访汕头市外侨局	2017年8月23日

资料来源：根据汕头市外事侨务局网站有关报道整理。

为发挥海内外潮商在建设家乡中的作用，汕头市近年来还实施乡贤反哺工程，引导国内外潮商积极参与家乡经济和公益事业建设，设立省潮商公益基金会、潮阳公益基金会和潮南公益基金会，累计募集公益项目资金51.35亿元。

三、科教交流合作

科教交流包含教育、文化、科技等几个方面的内容。依托汕头大学、广东以色列理工学院，近年来，汕头与“一带一路”沿线国家的科教交流合作日益密切。

截至2017年底，汕头大学的在校国际留学生达到51人；汕头大学已与英国、美国、加拿大、爱尔兰等17个国家和地区68所高校建立了密切的交流合作关系。2017年，汕头大学与11所国外知名大学签署国际交流合作协议/备忘录；2017年汕头大学派遣各类学生出境交流、学习1381人次，其中本科生占93%。汕头大学16个“优秀本科生国际交流项目”共计53个名额获得国家留学基金委资助。

在科学技术交流与合作方面。近年来，汕头大学与以色列理工学院、意大利马尔凯理工大学、马来西亚登嘉楼大学加快合作步伐，合作成立研究机构，进一步深化交流合作。

汕头大学练江流域综合治理创新中心成立于2016年6月，中心联合广东以色列理工学院相关专家和企业资深工程师，本着“基础理论研究—关键技术研发—应用示范”的建设技术路线，开展一系列政产学研合作项目。近两年，通过联合广东以色列理工学院教授开发黑臭水体中氨氮的去除、印染废水处理、可持续性雨水处理等技术做针对性项目的开发和转化，为解决练江污染提供技术支持，让最新科研成果服务本地发展。

汕头大学—意大利马尔凯理工大学联合藻类研究中心于2017年9月11日在汕头大学正式成立，作为广东省首家中意联合藻类研究中心，将有力推动藻类学的研究，加快汕头与意大利在海洋生物方面的合作研究。

2018年7月，汕头大学与马来西亚登嘉楼大学合作成立了汕头大学—马来西亚登嘉楼大学虾蟹贝类联合实验室，两校合作交流进入实质性阶段，对于推动海洋与生命学科的发展，加强汕头大学师生参与国际合作具有重要意义。

四、友好城市

友好城市在世界上又被称为姐妹城市（Twin Cities），它指一国的城市（或省州、郡县）与另一国相对应的城市（或省州、郡县），以维护世界和平、增进相互友谊、促进共同发展为目的，在签署正式友好城市协议书后，双方城市积极开展在政治、经济、科技、教育、文化、卫生、体育、环境保护和青少年交流等各个领域的交流合作，我们称这种正式、综合、长期的友好关系或制度安排为友好城市关系。“国之交在于民相亲”，国家关系的重要基础在于民众间的了解与友谊。民间外交作为我国外交工作的重要组成部分，其作用日益凸显。友好城市合作是推动更广泛民间外交的重要形式。

目前，汕头共有 4 个国际友好城市和 10 个国际友好交流城市。汕头的第一个国际友好城市是日本岸和田市，于 1990 年建立国际友好城市关系。2015 年与以色列海法市建立了友好城市关系。汕头市友好城市如表 13-5 所示。

表 13-5　汕头市友好城市列表

类别	友好城市	缔结时间
国际友好城市	日本岸和田	1990 年 6 月 2 日
	加拿大圣约翰	1997 年 2 月 28 日
	越南芹苴	2005 年 8 月 1 日
	以色列海法	2015 年 12 月 16 日
国际友好交流城市	泰国曼谷	2000 年 3 月 2 日
	韩国平泽	2003 年 3 月 25 日
	澳大利亚费菲	2005 年 4 月 26 日
	马来西亚新山	2011 年 11 月 4 日
	美国费德勒尔韦	2013 年 3 月 12 日
	哥斯达黎加蓬塔雷纳斯	2014 年 7 月 22 日
	阿尔巴尼亚都拉斯	2015 年 8 月 14 日
	加蓬利伯维尔	2015 年 11 月 5 日
	葡萄牙雷利亚	2018 年 10 月 12 日
	新西兰大南岛	2018 年 10 月 15 日

资料来源：由汕头市外事侨务局提供。

第十四章
总 结

第一节 主要结论

一、汕头一直是海上丝绸之路的重要城市

得益于独特的地理位置，依仗季风，潮汕先民早于宋代就与东南亚一带国家有海上贸易往来与移民活动。虽然明王朝和清初实施海禁，但以海为生的潮汕先民仍然通过各种形式从事海上贸易活动。直到雍正年间开放海禁，潮汕地区海上贸易迎来了黄金发展时期，在清朝政府的许可下，潮商得以从事与东南亚国家的大米贸易，潮商开启了红头船海上贸易时代。

1860年，汕头被开辟为通商口岸，汕头与东南亚的贸易往来愈发密切，随着潮汕先民移民东南亚数量的增加，汕头一直是粤东、梅州地区移民进出境的主要口岸，汕头很快成为华侨投资和贸易的重要口岸，成为近代“汕头—香港—泰国—新加坡”贸易圈的重要一环，汕头也得以繁荣发展成为一个现代化都市。

即便是计划经济时代，汕头也与东南亚等国保持着密切的联系，依托海外的贸易关系，汕头向东南亚出口土特产，为国家发展经济争取外汇，特别是海外华侨保持着向国内亲属汇款的习惯，侨汇成为我国外汇的重要来源之一。

改革开放后，汕头成为我国第一批经济特区之一，是我国改革开放的前沿阵地，在对外贸易与吸引华侨资本方面走在全国前列。

汕头是海上丝绸之路最早的发祥地之一，从古代到现代，海上贸易活动从未中断，并始终与海上丝绸之路沿线诸国保持着频密的经贸联系，为中华文明与世界文明的交流发挥着重要的窗口作用。由海内外潮人构成的商业网络更是覆盖了潮汕地区和东南亚各国，这为汕头参与“一带一路”建设提供了得天独厚的优势。

因此，无论是改革开放之初设立汕头经济特区，还是《愿景与行动》中把汕头港列为21世纪海上丝绸之路的15个重要港口之一，国务院同意汕头作为21世纪海上丝绸之路重要门户的定位等，都体现了汕头在海上丝绸之路上的重要地位和国家对汕头参与“一带一路”建设寄予的厚望，期望汕头能发挥侨乡优势，进一步扩大开放，深化改革，为我国深化改革开放做出贡献。

二、汕头在海上丝绸之路的地位近年趋于下降

随着我国改革开放的逐步推进，经济特区的政策优势在日渐弱化，随着长三角、珠三角城市群的崛起，处于“省尾国角”的汕头在区域经济竞争中日渐失去优势，在对外贸易、吸引外商直接投资方面地位逐渐下降。

近年来，虽然东盟一直是汕头的第一贸易伙伴，华侨资本仍然是汕头的主要外资来源，但毕竟规模较小，特别是近年来与东盟的贸易规模增长比较疲软；而外商投资规模更是有限；在搭建海外华侨华人文化交流平台，深化与有关国家（地区）的人文合作等方面，也未能取得突破性进展。这些，都表明汕头的对外开放程度并不高，与改革开放初期相比，汕头在海上丝绸之路的地位已明显下降。

三、汕头有关“一带一路”规划建设滞后

“一带一路”倡议提出后，汕头市委市政府积极响应中央、广东的

要求和期望，积极参与“一带一路”建设，并逐步形成以建设华侨试验区、中以（汕头）科技创新合作区、广澳港、发展跨境电商和完善营商环境等一系列发展行动计划。虽然有关领导也经常对有关重大项目进行督促，要求加快建设。不过，从这些计划实际落实情况来看，相关建设工作进展比较缓慢，未能达到预期效果，更未能跟上国家“一带一路”建设的发展步伐。

①在华侨试验区的建设方面。在改革先行先试方面尚未取得突破性进展，如在引侨聚侨机制上，促进贸易和投资便利化方面，尚未取得突破性进展。虽然华侨板在金融创新方面取得一定成效，但在吸引海外华侨华人到试验区投资方面成效有限，跨境电商贸易也没能取得政策突破。②在中以（汕头）科技创新合作区建设方面。中以（汕头）科技创新合作区的发展战略规划已出台，可实施至今还没有较大的实质性进展，在对接转化以色列、欧美科技创新成果方面更是进展缓慢。③在广澳港建设方面。在《2017 年政府工作报告》中的“2017 年工作安排”中，提出“广澳港区 2 个 10 万吨级集装箱泊位、防波堤、航道二期工程同步建成”。可实际进展是要到 2019 年初首个 10 万吨级集装箱码头才达到试运营条件，到 2018 年底，广澳港区航道二期工程才能同步建成。④在建设海外华侨华人交流平台方面。2015 年的政府工作报告提出要设立“中国侨商大会”“中国华侨博览会”等具有国际影响力的永久会址；2016 年的政府工作报告再次提出积极申办“海上丝绸之路论坛”“中国侨商大会”等全球性大会，筹建世界华裔青年联合会，在华侨试验区设立永久性会址。本想借助侨乡优势，通过举办这些大会建立海外华侨华人交流平台，提升汕头的知名度和影响力等，可这些工作计划并没有得到落实，更未能发挥“海外华侨华人文化交流平台”“拓展文化传播渠道，不断扩大中华文化的影响力”等作用。

第二节 发展建议

一、加快推进“一带一路”建设规划的落实

一方面，汕头只有加快各项规划的落实，特别是加快华侨试验区、中以（汕头）科技创新合作区、广澳港的建设，才能有效融入国家“一带一路”建设中，进而推动汕头全面振兴发展。

另一方面，在当前区域经济竞争愈加激烈的环境下，汕头市只有主动出击，积极向上级政府及部门寻求支持，发挥华侨试验区先行先试的政策优势，积极主动复制广东省自贸区的经验，最好是能够申请成为广东省自贸区，才能在引侨聚侨机制、贸易和投资便利化等方面取得突破性进展。

二、发挥贸易优势，加快跨境电商等贸易新业态的发展

汕头与东南亚各国在发展阶段、产业结构等方面不尽相同，在国际生产网络和区域产业链中处于不同的位置，经济互补和产业合作具有较大潜力。加上东南亚潮籍华侨华人大多保留着潮汕地区传统风俗习惯，对潮汕地区的土特产、工艺产品等，保持着比较旺盛的需求。这为未来汕头加强与东南亚地区经济合作提供了广阔的时空条件。

汕头要加快海关特殊监管区域发展，满足当代小批量、多批次、单笔交易金额小的消费特点，发挥保税区 B 型保税物流中心“境内关外”的优惠政策，加快跨境电商发展，密切与东南亚各国的贸易往来，扩大贸易规模。

三、发挥海内外潮商网络作用，增进双边贸易与投资

海外潮商经济实力雄厚，特别在东南亚各国具有举足轻重的地位，而海内外潮商构成的商业网络更是蕴含着无穷的力量与机会，能够为汕头的经济社会发展提供重要的社会资本，但在发挥海内外潮商网络作用方面，汕头并没能起到应有的作用。

作为著名侨乡，潮汕华侨文化的发祥地，汕头市政府作为连接各方的桥梁，要在海内外潮商网络中发挥重要作用。一是可加快设立“中国侨商大会”或“全球潮商大会”等交流平台，以汕头市作为永久会址，每年举办一次。通过组织大会，提升汕头市在海内外潮商中的影响力和地位，通过共享乡情、国情，向海内外潮商宣传“一带一路”倡议，增进与海内外潮商的交流，激发海内外潮商爱乡爱国情感，让海内外潮商更好地了解“一带一路”倡议，更好参与“一带一路”建设等。二是引导海内外潮商成立“一带一路”联盟或投资基金等，通过集聚海内外潮商力量，特别是发挥东南亚潮商熟悉当地营商环境等优势，助力潮商“走出去”。

四、发挥海外华侨华人交流平台作用，建设“一带一路”对外传播的桥头堡

在《国务院关于支持汕头经济特区建设华侨经济文化合作试验区有关政策的批复》中，国务院明确提出“支持试验区搭建海外华侨华人文化交流平台，深化与有关国家（地区）的人文合作。拓展文化传播渠道，不断扩大中华文化的影响力”等。

但从近年来看，汕头与东南亚等国家和地区的文化合作交流活动并不是很活跃，更谈不上有较大的影响力，未能凸显海外华侨华人文化交流平台的作用。

当前，“一带一路”在沿线国家和地区的传播存在信息渠道缺失，文化交流与“民心相通”不足等问题。中国企业在境外遭到当地舆论

不友善对待、中国品牌形象遭受侵损的现象，必须引起高度重视。中国需要调整对外宣传策略，应多渠道、系统化、全面性地宣传中国企业整体的核心价值观、企业精神、企业文化、工程业绩、属地化成效等公正、准确的信息，更必须讲好中国故事，让中国思想、中国理念“走出去”，真正为世界理解。①

在跨境传播中，文化认同是最深沉、最持久的力量。海外潮籍华侨华人一向对潮汕文化、中华文化有高度的认同，并保持着许多传统的文化习俗。因此，汕头华侨试验区可依托海外潮籍华侨华人这一独特优势，为“一带一路”建设构建“民心相通”的交流平台，成为“一带一路”对外传播的桥头堡。

（1）华侨试验区可联合有关政府部门，借助海外潮籍华侨华人及潮团的传播力量，对中国从不同角度的深层次解读乃至“现身说法”，令海外传播中的中国形象更具有真实性、可信性和权威性，以此消除沿线国家对“一带一路”的疑虑，展现中国“亲诚惠容”理念，鼓励沿线各国与中国共同打造未来的利益和命运共同体。

（2）潮汕地区社会组织数量众多，特别是慈善社会组织、商会、文化艺术社会组织等，汕头可联合有关政府部门，加强引导扶持，支持社会组织参与“一带一路”民心相通的行动计划。有关行动计划包括：一是积极推动沿线国家经济社会发展。如参与减贫示范项目、减灾救灾及人道主义援助项目、农业交流和培训项目、环保项目和卫生项目等。二是加强与沿线国家人文与科学合作。如文化交流活动、国际人文交流培训、开展联合研究和技术创新等。三是与沿线国家非政府组织开展交流与合作。积极主动参加丝路沿线民间组织合作网络，邀请沿线国家非政府组织和人士来华考察“一带一路”建设相关项目及成果，积极发起、参与同沿线国家的非政府组织的交流，加强互学互鉴，共同提升参与社会治理和“一带一路”建设的能力和水平等。通过积极参与这些行动计划，让潮汕社会组织在“一带一路”建设中真正成为促进民心相通的重要力量。

---

① 红德智库：《“一带一路”建设遇见哪些困难与障碍？如何应对?》，http：//www. hongdezk. com/3973. html，2018 年 8 月 22 日。

参考文献

[1] J. H. Dunning. International Production and the Multinational Enterprise [M]. George Allen and Unwin Ltd. , 1981.

[2] Lin Nan. Social Resources and Instrumental Action. in Marsden, P. , Lippman and Rumelt. Uncertain Imitability: An Analysis of Interfirm Differences under Competition [J]. Bell Journal of Economics, 1982 (13): 418-438.

[3] Lin Nan, Social Capital. A Theory of Social Structure and Action [M]. Cambridge: Cambridge University Press, 2001.

[4] M. Granovetter. The Strength of Weak Ties [J]. American Journal of Sociology, 1973 (78): 7-14.

[5] M. Granovetter. Economic Action and Social Structure: The Problem of Embeddedness [J]. American Journal of Sociology, 1985 (1) 4-14.

[6] R. E. Burt. Structural Holes: The Social Structure of Competition [M]. MA: Harvard University Press, 1992.

[7] 北京大学"一带一路"五通指数研究课题组:《"一带一路"沿线国家五通指数报告》,经济日报出版社2016年版。

[8] 北京大学海洋研究院:《"一带一路"沿线国家五通指数报告》,经济日报出版社2016年。

[9] 陈达:《南洋华侨与闽粤社会》,商务印书馆2011年版。

[10] 陈凌翔:《华侨经济文化合作试验区跨境人民币业务发展研究》,汕头大学硕士学位论文,2018年。

[11] 陈瑞娟、陈松泽:《浅谈潮籍华侨华人与华侨经济文化合作试验区建设》,《广东省社会主义学院学报》,2018年第2期。

［12］陈玉红、袁晓莉、徐连基:《青岛市与“一带一路”国家产能合作产业选择研究》,《青岛科技大学学报》(社会科学版),2018 年第 2 期。

［13］戴磊:《逆全球化的演变及中国的经济对策》,《发展改革理论与实践》,2017 年第 5 期。

［14］戴维·赫尔德等:《全球大变革》,社会科学文献出版社 2001 年版。

［15］杜松年:《关于办好外商投资企业的探讨——从汕头调查想到的几个问题》,《南方经济》,1986 年第 6 期。

［16］范黎波、施屹舟:《理性看待和正确应对“逆全球化”现象》,《光明日报》,2017 年 4 月 2 日。

［17］冯并:《“一带一路”全球发展的中国逻辑》,中国民主法制出版社 2015 年版。

［18］福建师范大学福建自贸区综合研究院:《“一带一路”与中国自贸试验区融合发展战略》,2017 年版。

［19］广东海洋大学东盟研究院:《2015 中国—东盟研究蓝皮书:21 世纪海上丝绸之路上的中国与东盟》,中国经济出版社 2016 年版。

［20］郭业洲:《“一带一路”跨境通道建设研究报告》,社会科学文献出版社 2016 年版。

［21］国家信息中心“一带一路”大数据中心:《“一带一路”大数据报告(2016)》,商务印书馆 2016 年版。

［22］胡键:《“一带一路”战略构想及其实践研究》,时事出版社 2016 年版。

［23］黄挺:《潮商文化》,华文出版社 2008 年版。

［24］黄益平:《中国经济外交新战略下的“一带一路”》,《国际经济评论》,2015 年第 1 期。

［25］康远志:《潮汕地区融入“海上丝路”战略的平台构建与路径分析》,《韩山师范学院学报》,2016 年第 4 期。

［26］李杰:《“一带一路”视域下地方政府间竞合关系分析》,《改革与开放》,2017 年第 16 期。

［27］连云港市哲学社会科学界联合会:《连云港市参与“一带一路”建设发展战略》,《大陆桥视野》, 2017 年第 12 期。

［28］林济:《潮商史略》, 华文出版社 2008 年版。

［29］林济:《潮商》, 华中科技大学出版社 2001 年版。

［30］林家劲、罗汝材:《近代广东侨汇研究》, 中山大学出版社 1999 年版。

［31］林金枝、庄为玑:《近代华侨投资国内企业资料选辑》(广东卷), 福建人民出版社 1989 年版。

［32］林毅夫:《中国“一带一路”倡议对世界的影响》,《探索与争鸣》, 2018 年第 1 期。

［33］刘洪昌、刘洪:《“一带一路”背景下战略性新兴产业突破性创新发展路径研究——以连云港市为例》,《改革与战略》, 2018 年第 5 期。

［34］刘华芹:《“一带一路”战略: 中国全面对外开放新引擎》,《中共贵州省委党校学报》, 2015 年第 3 期。

［35］刘少杰:《以行动与结构互动为基础的社会资本研究——评林南社会资本理论的方法原则和理论视野》,《国外社会科学》, 2004 年第 2 期。

［36］刘伟、郭濂:《一带一路: 全球价值双环流下的区域互惠共赢》, 北京大学出版社 2016 年版。

［37］刘一又、赵西:《青岛市参与“一带一路”的倡议分析及建议》,《现代商贸工业》, 2018 年第 10 期。

［38］刘易斯·威尔斯:《第三世界跨国企业》, 上海翻译出版公司, 1986 年。

［39］卢荻、陈枫:《经济特区是怎样“杀出一条血路来”的——吴南生访谈录》,《广东党史》, 2008 年第 3 期。

［40］卢锋:《为什么是中国? ——“一带一路”的经济逻辑》,《国际经济评论》, 2015 年第 3 期。

［41］卢奕佳:《产业集群环境下传统产业转型的战略选择——基于汕头三大传统产业的案例研究》, 汕头大学硕士学位论文, 2018 年。

[42] 罗欣、王蝶婉、张晓虹等：《广州“侨梦苑”与汕头华侨经济文化合作试验区的比较分析》，《全国流通经济》，2017 年第 11 期。

[43] 迈克尔·波特：《国家竞争优势》，华夏出版社 2002 年版。

[44] 穆学英、任建兰、刘凯：《中国外贸依存度演变趋势与影响因素研究》，《工业经济论坛》，2016 年第 4 期。

[45] 倪鹏飞：《城市竞争力报告》，社会科学文献出版社 2008 年版。

[46] 皮凯蒂：《21 世纪资本论》，中信出版社 2014 年版。

[47] 汕头市港口管理局：《汕头开港 150 年图像编年史》，人民交通出版社 2010 年版。

[48] 王斌：《汕头：走出“黑色经济”》，《南风窗》，2001 年第 6 期。

[49] 王德蓉：《推进经济全球化进程，引领经济全球化发展方向——学习习近平关于经济全球化的重要论述》，《党的文献》，2018 年第 4 期。

[50] 王虎、袁琁：《理性看待全球化进程中的逆全球化思潮》，《财经科学》，2018 年第 4 期。

[51] 王琳乾、邓特：《汕头市志》（第三册），新华出版社 1999 年版。

[52] 王琳乾、邓特：《汕头市志》（第四册），新华出版社 1999 年版。

[53] 王勤：《东南亚国家产业结构的演进及其特征》，《南洋问题研究》，2014 年第 3 期。

[54] 王炜中、杨群熙、陈骅：《潮汕侨批简史》，公元出版有限公司 2007 年版。

[55] 吴承禧：《汕头的华侨汇款》，《华侨半月刊》，1936 年第 99-100 期。

[56] 吴敬琏、马国川：《重启改革议程——中国经济改革二十讲》，三联书店 2013 年版。

[57] 谢启标：《“一带一路”背景下厦门建设海洋经济强市的对策

思考》，《厦门特区党校学报》，2018年第2期。

［58］徐坚：《逆全球化风潮与全球化的转型发展》，《国际问题研究》，2017年第3期。

［59］徐希燕等：《"一带一路"与未来中国》，中国社会科学出版社2016年版。

［60］徐秀军：《全球化 vs. 逆全球化：砥砺前行的全球经济》，《环球》，2017年26期。

［61］杨金土、张西廷：《论地方政府在"一带一路"中的作用——以湖州茶产业、茶文化为例》，《农业考古》，2015年第5期。

［62］杨群熙：《华侨与近代潮汕经济》，汕头大学出版社1997年版。

［63］杨瑞龙、杨其静：《企业理论：现代观点》，中国人民大学出版社2005年版。

［64］杨善民：《青岛："一带一路"城市行动（2017）》，社会科学文献出版社2017年版。

［65］张晓光、夏雪、耿彦斌：《"一带一路"背景下港口城市综合交通发展战略研究——以连云港市为例》，《综合运输》，2018年第3期。

［66］张应龙：《海外潮团发展报告》，广东人民出版社2015年版。

［67］赵磊：《一带一路》，中信出版社2015年版。

［68］中国人民大学重阳金融研究院：《"一带一路"国际贸易支点城市研究》，中信出版社2015年版。